國家社科基金
GUOJIA SHEKE JIJIN HOUQI ZIZHU XIANGMU
後期資助項目

莊存與尚書詩經學三種箋

Three Works of Zhuang Cunyu on *Shangshu* and *Shijing* with Detailed Annotations

〔清〕莊存與 撰　辛智慧 箋

中華書局
ZHONGHUA BOOK COMPANY

圖書在版編目(CIP)數據

莊存與尚書詩經學三種箋/(清)莊存與撰;辛智慧箋. —北京:中華書局,2023.2
(國家社科基金後期資助項目)
ISBN 978-7-101-15840-3

Ⅰ.莊…　Ⅱ.①莊…②辛…　Ⅲ.①《尚書》-研究②《詩經》-文學研究　Ⅳ.①K221.04②I207.22

中國版本圖書館 CIP 數據核字(2022)第 188736 號

書　　名	莊存與尚書詩經學三種箋
撰　　者	〔清〕莊存與
箋　　者	辛智慧
叢 書 名	國家社科基金後期資助項目
責任編輯	王鵬鵬　朱兆虎
責任印製	陳麗娜
出版發行	中華書局
	(北京市豐臺區太平橋西里 38 號　100073)
	http://www.zhbc.com.cn
	E-mail:zhbc@zhbc.com.cn
印　　刷	三河市宏盛印務有限公司
版　　次	2023 年 2 月第 1 版
	2023 年 2 月第 1 次印刷
規　　格	開本/710×1000 毫米　1/16
	印張 16½　插頁 2　字數 260 千字
國際書號	ISBN 978-7-101-15840-3
定　　價	88.00 元

國家社科基金後期資助項目出版説明

　　後期資助項目是國家社科基金設立的一類重要項目，旨在鼓勵廣大社科研究者潛心治學，支持基礎研究多出優秀成果。它是經過嚴格評審，從接近完成的科研成果中遴選立項的。爲擴大後期資助項目的影響，更好地推動學術發展，促進成果轉化，全國哲學社會科學工作辦公室按照"統一設計、統一標識、統一版式、形成系列"的總體要求，組織出版國家社科基金後期資助項目成果。

全國哲學社會科學工作辦公室

前　言

一

《尚書既見》《尚書説》《毛詩説》，莊存與撰。莊存與，字方耕，號養恬，江南武進（今常州）人，生於康熙五十八年（1719），卒於乾隆五十三年（1788），壽七十，是清代著名的經學家，尤以清代公羊學和常州學的開創者而著稱于世。

莊存與"學貫六藝"，爲學不斤斤于訓詁考據，而獨得先聖大義于語言文字之外，即使置身在乾嘉儒者中間，也顯得深造而傑出，被朱珪譽爲"當代之儒宗，士林之師表"。[①]現存莊存與的《味經齋遺書》共有著作13種，均爲解經之作，含《易》類5種：《彖傳論》《彖象論》《繫辭傳論》《八卦觀象解》《卦氣論》；《尚書》類2種：《尚書既見》《尚書説》；《詩經》類1種：《毛詩説》；《周禮》類2種：《周官記》《周官説》；《春秋》類1種：《春秋正辭》（附《春秋舉例》《春秋要指》各一卷）；樂類1種：《樂説》；《四書》類1種：《四書説》。可見時人稱其精力"薈萃於六經四子之書"[②]，並非虛語。

莊存與一生，從乾隆十年榜眼及第之後，即入翰林，歷內閣，最終以禮部侍郎致仕。其間也像大多數翰林出身的文官一樣，數次入值上書房、南書房，出兼學政、試差，職任清華，足稱榮顯。作爲乾隆朝主管文教的官員，莊存與的著作皆與其職務有密切關係，劉桂生先生認爲或即是莊存與授讀皇子的教

①朱珪：《春秋正辭序》，莊存與：《春秋正辭》卷首，道光七年（1827）莊綬甲刊本。
②莊勇成：《少宗伯養恬兄傳》，莊魯駉（字斯才）等編：《武進莊氏增修族譜》卷二十六《譜傳》，道光十八年刻本（1838），第30頁b。

本①，揆諸莊存與著作大多沒有完成，且多留講說痕跡，這一論斷是可信的。

　　《尚書既見》《尚書說》《毛詩說》，是莊存與關於《詩》《書》二經的全部解說。由於《春秋正辭》非凡的學術水準，莊存與在後世的學術聲名幾爲之掩，後人均以"公羊家"目之，而忽視了莊存與在其他諸經上的造詣。實際上，據莊存與之孫莊綬甲所述，莊存與自己最爲得意者，並非其在春秋學上的成就，而是他的《詩》《書》之學。②可見《尚書既見》《尚書說》《毛詩說》在莊存與經說中的重要地位。這也是筆者在箋注《春秋正辭》之後，合併整理箋注此三書的根本理由。

　　《尚書既見》《尚書說》《毛詩說》的寫作年份已不可考知，不過莊存與初次入值上書房是乾隆三十三年，而其孫莊綬甲亦稱莊存與平生著作，多寫作於丁父憂服闋還朝的乾隆二十七年至乾隆四十一年之間③，並稱莊存與著述的順序是最早治《周禮》，其次治《詩》《書》④，是以此三書初始的寫作年份可大約推見。但是莊存與的現存著作，大多沒有完成，他致仕之後原本有整理出版的計劃，可惜由於身體不算康强，兩年

①劉桂生：《從莊存與生平看清初公羊學之起因》，趙和平等編：《周一良先生八十生日紀念論文集》，中國社會科學出版社，1993年，第430頁。
②莊綬甲《尚書既見跋》稱："先大父嘗自言生平於《詩》《書》之學最明。"見莊綬甲：《拾遺補藝齋文鈔》，《清代詩文集彙編》第512冊，上海古籍出版社，2009年，第401頁。
③莊綬甲：《味經齋遺書總跋》，《拾遺補藝齋文鈔》，《清代詩文集彙編》第512冊，第404頁。
④莊綬甲：《味經齋遺書總跋》稱莊存與"最初治《禮經》，次《詩》《書》，次《春秋》，次《周易》，次樂律，其間說《論語》《中庸》《大學》《孟子》，爲聖言釋指"。（《拾遺補藝齋文鈔》，《清代詩文集彙編》第512冊，第403頁）

後即卒，而没有實現。①現存著作均由其後人董理完成，刊刻
於其身後，這也包括《尚書既見》《尚書説》《毛詩説》三書。

二

由於莊存與的著作未及手定，因此在内容和體例上，多顯
得零碎和不完整。這在《尚書既見》《尚書説》《毛詩説》三書
中體現得同樣明顯。

《尚書既見》初版於乾隆癸丑（1793），由莊存與孫莊綏
甲整理並刊刻，當時未分卷，是莊存與著作中最早面世者。道
光七年（1827），莊綏甲在彙刻整理乃祖遺書時，重新對癸丑
刻本《尚書既見》進行了編輯（下稱道光本），綏甲曾叙述其
顛末如下：

> ［莊存與撰《尚書既見》］既脱稿，未及手定，但連累書
> 之。歲在癸丑，從父［莊述祖］由山東任所寄資促刊，仍原本未
> 分卷。今綏甲冥心諷誦，謹條其大旨，弟爲三卷。……《尚書既
> 見》刊成後，先大人又蒐輯零章斷句爲一卷，題曰《尚書説》，
> 今並附刊，都爲四卷。②

可見道光七年的整理，是將不分卷的初刻本析分爲三卷，
並增加了一卷綏甲父莊逢原所新收集的“零章斷句”爲《尚
書説》。經筆者比對，道光本《尚書既見》，除删去初刻本結

---

① 據莊存與門弟子魯九皋《祭莊座主文》稱：“前年尚奉手書，謂平生於
諸經疑義，皆有訓釋，今得歸田，將訂正成書，命九皋進與校字之役。
顧九皋以老母多疾，未克遄趨函丈朝夕請業。”該文作於乾隆五十四
年十二月（陽曆已跨入1790年）。見《魯山木先生文集》卷十二，《清
代詩文集彙編》第378册，第197頁。
② 莊綏甲：《尚書既見跋》，《拾遺補藝齋文鈔》，《清代詩文集彙編》第
512册，第401—402頁。

尾處四頁論禮的文字外①，其他內容完全相同，惟重新析分爲三卷，可證綏甲所言不虛。而《尚書説》即爲此次初刻，其"零章斷句"的特徵，也在現存的文本中可見。《尚書説》共收集22條莊存與論《尚書》的文字，除極個別者外，基本一條論述《尚書》中的一篇。篇幅有長有短，長者或就《尚書》某篇中的一個問題，闡述一己之看法；短者則或僅爲一句，解釋對某個字詞涵意的獨特理解；全書顯示出明顯的隨手筆錄特徵，非完稿可知。

　　由《尚書説》的存在及其文本特徵，可以推知，莊綏甲所言莊存與對《尚書既見》"既脱稿，未及手定"，既應理解作莊存與著述未及最後完成，同時也應看到莊氏並非有意寫作一本體例完整、内容全面的解經之作，而是更接近一本關於《尚書》的學術札記，隨手記録了自己對該書不同篇章的某些感想及發明，攻其一點，而不求其全，或即供當時上書房講授之用。這從現存《尚書既見》的内容上亦可以看出，綏甲曾對該書的内容有準確概括：

　　　　今綏甲冥心諷誦，謹條其大旨，弟爲三卷。一卷首篇正後儒之誤解《禹謨》爲再征有苗，重爲《書》誣，因以明不攻古文之意；次篇釋《盤庚》，而證以二《雅》，因以著以經解經之法；三篇闡《書》之言天、言命、言性至明切，而怪後儒鹵莽讀之也。二卷皆論周公相武王、輔成王之事，一衷於經與序，以明文武之志事，述顯承之艱難，辨成王不能菲作、周公踐阼攝政之誣。三卷皆論舜事父母之道，以孟子之言爲本，而證明逸《書》之《舜典》，後述伊尹、周公之遇，皆所以明聖人之於天道也。②

①初刻本《尚書既見》現已經收入《續修四庫全書》，所删文字爲："天子之義自受命之祖……而能孝其親者也。"見《續修四庫全書》第44册，上海古籍出版社，2003年，第249—250頁。
②莊綏甲：《尚書既見跋》，《拾遺補藝齋文鈔》，《清代詩文集彙編》第512册，第401—402頁。

　　可見《尚書既見》的三卷内容，也僅是少數主題的發揮，重在闡述心得。

　　《毛詩説》，同樣是重在闡述心得而不求其全的學術札記體著作，同樣是莊綏甲整理拾掇遺稿而來，初刻於道光七年（1827），共四卷。該書封面署“毛詩説”，前兩卷標題分别署“毛詩説卷一”“毛詩説卷二”，第三卷署“毛詩説補卷三”，第四卷署“毛詩説附卷四”，可見後兩卷或同樣爲莊存與後人二次收集而來，爲與前兩卷有所區别而附載於後。正因爲如此，前兩卷與第三卷多有重複解同一詩篇者，如卷一有解《邶風·柏舟》者，卷二有解《大雅·召旻》者，卷三同樣有解此二篇者。其他篇章，亦時見此類雷同，同樣顯示出此非莊存與手定之作。

　　《毛詩説》的前三卷涉及對《詩經》部分詩篇的講説，一詩一講，同樣長短不一，長者逐句申講詩意，短者僅爲個别字詞的新釋。顯然同樣重在心得，不在完整和全面。而第四卷僅包括兩篇文字，即《楚茨篇集釋》和《朱子柏舟詩序辨説正誤》。前者集毛傳、鄭箋、朱子集傳對《小雅·楚茨》篇的解説，另以按語闡述一己之見；後者乃對朱子《柏舟詩序辨説》提出不同看法。可見此卷體例與前三卷有别，此或爲綏甲以“毛詩説附”標題的原因。

　　在解經家法上，不論是莊存與的書學，還是詩學，皆遵信原《序》。《書》有百篇之《序》，莊存與常據以辨史事、明是非[1]；《詩》有《大序》《小序》，莊存與同樣據其所述之史事，來闡詩心、原詩旨。總體而言，《毛詩説》是宗序申毛而難鄭黜朱之作，雖在個别詩句的訓詁上，有采鄭、朱不悖毛（申毛、補毛）之處，但在詩旨的整體闡釋上，對他們是持否定態度而依從《序》説的。

_____

[1]莊綏甲亦稱：“［莊存與］爲説多取之於《序》，以《書》爲孔子論次，《序》與《書》相表裏，别嫌明微，推見至隱，與《春秋》同義，非聖人不能作，亦非游、夏所能贊也。”（《尚書既見跋》，《拾遺補藝齋文鈔》，《清代詩文集彙編》第512册，第401頁）

　　莊存與的經學闡釋，有着明確的方法意識，即在乾嘉長于求是、短于風議的時代氛圍中，他獨能擺落文字，以大義爲尚。稱："誦《詩》讀《書》，不深惟古人之終始，心意淺薄，俾盛德不宣究于後世"，"知其説者必明於天道，誦師之言僅能弗失者，何足以及此"（《尚書既見》卷二），可見莊存與治學，注重原始要終，體察古人之作意，以天道爲旨歸，而不斤斤於一字一句的謹守弗失，其爲學趣尚在其時代裏是非常特出的。

　　職是之故，莊存與的經説向來聚訟不一，毀譽參半。如就其尚書學而言，以莊氏之法讀莊氏之書者，推原莊氏用心，以爲莊存與不分辨《尚書》今古文真僞，乃因僞《書》中頗存聖人真言，尤疴癢關後世，"帝胄天孫，不能旁覽雜氏，惟賴幼習五經之簡，長以通于治天下"，故作爲皇子師傅的莊存與，不得不稍貶須臾之道以授之，所謂"自韜污受不學之名，爲有所權緩呕輕重，以求其實之陰濟于天下"。①並以爲"承學之士，誠思擴其胸、高其識，無域乎庸夫孺子之見，請由是［《尚書既見》］而之焉可乎！"②許其爲"寶書"③和"國朝"第一流。④而標榜"實事求是"，落脚在以字詞通篇章的學人，則不免驚異於莊存與的率爾臆説，稱："今讀其《尚書既見》，皆泛論大義，多主枚書，絕無考證發明之學"，"皆未免輕棄傳記，憑私臆造"，稱其

①龔自珍：《資政大夫禮部侍郎武進莊公神道碑銘》，王佩諍點校：《龔自珍全集》，上海人民出版社，1975年，第142、141頁。
②李兆洛：《莊方耕先生尚書既見序》，《養一齋文集》卷二，《清代詩文集彙編》第493册，第24頁。
③趙烈文天放樓舊藏道光七年《味經齋遺書》（八種），《尚書既見》末有識語稱："此所謂寶書也。世人於萬物皆能知其孰寶孰非寶，獨於書不知之。穿鑿文字，餖飣章句，自謂得之，何哉！久不攻讀，光緒己卯冬仲重誦點句一過并志，能靜。辛巳七月復讀。"並在《尚書既見》卷二頁四，莊存與論述誅管蔡後，聖人（周公）哀傷慘怛，"自念其過，終身閔焉。病己之不如舜也"等句上端，有批語稱："聖人之心，揭而表之如日月，則先生其殆聖矣。如此乃可謂之明經義，豈餖飣章句可得而儔哉。靜。"今藏南京圖書館，索書號GJ/95。
④范旭侖、牟曉朋整理：《譚獻日記》，中華書局，2013年，第6頁。

爲"附會糾纏, 浮辭妨要, 乾隆間諸儒經説, 斯最下矣"。①

如此有若天淵的評價, 在清代的學人中間, 似乎還並不多見。其分歧的根本原因, 端在於是從純學術考據角度, 還是從莊存與的關懷, 來衡斷莊氏之學。這從一個側面也透露出, 莊存與的經説並不純是爲了學術而學術, 這是我們今日準確理解莊存與所必須注意的前提。

三

莊存與經説的内容, 一貫主要著眼在家國君臣、理政安邦等與王朝政治密切相關的方面, 《尚書既見》《尚書説》《毛詩説》三書亦不例外。爲準確把握其具體意旨, 下面略述幾例, 以見端倪。

（一）聖王問題

莊存與從推原聖人之心的角度出發, 不斤斤于語言文字, 極力維護三代聖王的理想形象。

如《書》載兩次征有苗, 即《舜典》舜攝位之時, "竄三苗于三危", 而古文《大禹謨》又稱, 舜禪位、禹攝位之時, 舜再派禹征有苗, 即"帝［舜］曰：'咨, 禹! 惟時有苗弗率, 汝徂征。'"莊存與不相信《大禹謨》的記載, 認爲此乃一事二書, 《大禹謨》將後一事歸在禹攝位之時, 乃作《書》者之誤。然而他做出此一判斷的理由, 却並不是今古文《尚書》各有真僞, 而是舜敷文德, 則苗民自歸, 然後"舜哀矜不辜, 遏絶其君, 并竄其族於三危。"質言之, 蓋舜乃大德之君, 德化所被, "教化行, 淑慝辨", 不可能需要兩次出征, 即所謂"舜有天下, 選于衆, 舉皋陶, 不仁者遠矣。"（《尚書既見》卷一）

再如, 文王、武王伐紂滅商, 成王、周公誅管、蔡, 前者以

①李慈銘：《孟學齋日記》甲集首集下, 同治癸亥（1863）十月十七日,《越縵堂日記》第4册, 廣陵書社影印本, 2004年, 第2526、2528、2531頁。

臣弑君，後者骨肉相殘，皆難免于聖德有累。而莊存與認為，古之明德，莫如帝舜，“其德好生，其治人不殺”，而到了伊尹相商湯伐桀，雖然未嘗行一不義、殺一不辜，但是却不能做到像舜一樣未嘗殺一人。文王之心如舜，享國五十年而崩，而紂却不能自斃。武王之德如湯，太公之志如伊尹，因為行有誅伐，故不逮舜與文王，但“此則聖人於天道之命也”。言下之意，此類誅伐，乃緣于紂不自斃，是天命如此。不過他同樣强調，這類誅伐雖然不能無所傷，但其事則點到即止。因此，武王克商誅紂即罷，奄及飛廉、五十國則不誅（留待成王時方行誅除），多罪逋逃之大夫卿士亦不誅，而立紂之子武庚，俾守其宗廟、社稷，修其禮物以客事天子，“雖曰征誅，其與‘虞賓在位’何異哉！”（《尚書既見》卷二）莊存與對文武伐紂的態度由此可見。

　　而對于成王、周公誅管、蔡，莊存與首先痛責管蔡不道，稱“管叔及其弟，親在大姒十子之列，傷敗禮義，文王所以治國家者，破之缺之，淫酗肆虐，由行紂之所為”，而後凸顯周公在此一事件中的痛心疾首，以為“管叔，兄也，一旦致辟焉，聖人〔周公〕哀傷慘怛，豈復常情所能儗哉！”“作《常棣》弔二叔之不咸，自念其過，終身閔焉。病己〔周公〕之不如舜也。”實際上，在莊存與看來，骨肉相殘，終究不如親親相隱，“遭人倫之變者，必以舜為法于天下後世，而周公且曰有過也”[1]，但莊存與譴責管蔡無道，推原周公哀傷慘怛之心，已無異于在最大限度上為周公自解于天下後世了。

　　綜上可見，莊存與極力撇清三代聖王的道德瑕疵，維護他們純德純聖的形象，甚至不惜罔顧現存文本記載，而以大義推而論之，確有鮮明的個人立場。

---

[1]所謂“人倫之變”，指骨肉相殘、手足相殺等類事件。見莊存與：《春秋正辭》卷十《誅亂辭》“逐世子母弟”隱元年經例，道光七年（1827）莊綬甲刊本。

（二）治國問題

作爲札記體的學術著作，莊存與雖然不可能全面探討治國理政中的各種問題，但依舊論及不少方面，下面則略舉幾例，以見一斑。

一是君權旁落之害。莊存與舉犬戎滅周之例，以爲西周覆滅，絶非一朝一夕之事。即使姜戎攻入鎬京之後，西周都邑環峙，形勢尚存，而最終却不得不東遷者，乃是由于世家諸侯各顧私邑，皆莫以王室爲念所導致的。最終使得岐豐之地界秦，成就了秦襄公的霸業，而周轍遂不復西矣。莊存與質問，“鄉使大夫、邦君統於一尊，相親相救，岐豐之地何渠爲秦有？”並認爲造成這一狀況的初始原因是“君之不爲政，政之不出于君”，其結果就是權臣相爭相殺，若晉之欒、郤，齊之崔、慶，宋之戴、桓，鄭之駟、良，且不至盡殺不已也。莊存與總結道：“是故萬民之‘蕩析離居，罔有定極’，由國之不知有君也。‘命汝一’，命之一於大君也。”（《尚書既見》卷一）

二是治國以德禮爲本，以兵刑爲末。歷代《尚書》的注疏，多以爲周公攝政之初，奄與淮夷從管、蔡作亂，周公征而定之。成王即政之初，淮夷與奄又叛。莊存與却認爲，並不存在再叛的問題，兩次叛變實爲一次。武王既喪，周公居東，叛變發生，待三年之喪告畢，成王迎周公，周公相成王經過三年而平定天下。之所以花費三年時間，是因爲“蓋滅國者五十，皆俟其人之自歸，然後變置其君。故遲之又久，以至于三年，而實未嘗有行陳銜枚之事也”（《尚書既見》卷二）。莊存與以爲，成王即位之初，因文王之德化未洽，所以周公寬裕以容之，文理以別之，德盛化神以齊之，“蓋至於三年，而四國之有罪不敢赦、有教不能聽者，鮮矣。然後成王率其百君子、友民，東征以昭其文德，罰以義制，命以義降，用畢賞罰之政，富必善人，黜伏者必罪人”（《尚書既見》卷二）。在莊存與看來，成王、周公皆以德禮爲先，以兵刑爲末，導之以德，而後齊之以刑。在這種叙述中，將一己對治國之道的根本看法叙述而出。

三是治國任賢而反對世卿。莊存與以爲，人之身統于心，家統于父，國統于君，天下統于天子，天子可謂是君也，父也，心也，但他也並不是最高源頭，而還得"上繫于天"。因此，兒子完全聽從父令，並不能稱作孝，臣子完全聽從君令，並不能稱作貞，"然則曷從？曰：天也。天不言，能言惟聖，世有聖人則天矣，無古今一也。故曰：'要君者無上，非聖人者無法，非孝者無親。'以其逆天之大也"。可見莊存與將一切義理的源頭，最終歸之于聖人，以爲皇極建，則聖人合天。"天所貴惟聖，其次惟賢，高明非所畏也。"在這一看法之下，他自然極力推崇治國應以聖賢爲本，而反對世卿之制。以爲周德既衰，諸侯、卿、大夫、士皆世位，"而聖賢位在匹夫，帝王之制遂不可復振"（《尚書説·洪範》），其迭興迭廢的關鍵原因，就在于不能選賢任賢而已。

（三）繼位問題

莊存與非常關注繼位問題，多借對舜的解讀來予以闡述，主張非天命不敢嗣。《孟子·萬章》篇稱"天子不能以天下與人"，莊存與以此爲基礎，以爲天子能命人爲諸侯，但不能命人爲天子，因此其人苟無天命，則不得繼位爲天子。然而後世對開國之君如舜、禹得天命易知，但對繼體之君如啓、太甲、成王之受命于天則難知。故難免有以自身得天命，而強致之者，莊存與以爲"天命不可爲而致也"（《尚書既見》卷三）。職是之故，堯崩，舜避堯之子丹朱于南河之南，但天下之民不從丹朱而從舜。舜崩，禹避舜之子商均于陽城，而天下之民不從商均而從舜。禹崩，益避禹之子啓于箕山之陰，天下之民不從益而從啓。莊存與以爲，蓋天命在舜、禹、啓，而不在丹朱、商均、益也。與之類似，伊尹知天命在太甲，雖然因太甲不肖而放之于桐三年，但終迎太甲復位。反之即使聖德如周公、孔子，以不得天命故，也不得有位，即周公相成王而並不親踐祚，而孔子則不能有天下，即所謂"夫位之不尚於德也，天命之矣"（《尚書既見》卷三）。莊存與如此強調得天命在繼位中的作用，顯然有其防微杜漸的理由。

（四）后妃問題

莊存與以爲，后妃敬事人君，以司內治，故當以德不以色，並將其與賢相、賢士相比，所謂"賢相治外，多士升朝；賢妃治內，微妾進御。非以示恩也，以求助也；非以啓寵也，以共職也。士不惟其能，惟其德；女不惟其色，惟其賢。所以修潔百物，協和神人也"（《毛詩説卷一·關雎》）。甚至認爲人君未娶之時，"賢女不至則君德不成"（《毛詩説卷二·車舝》）。因此對於《毛詩》之中原本論及后妃之德的篇章，如《樛木》《螽斯》等篇，莊存與亦皆從此類視角予以闡發。而對于不能盡職的后妃，則多有貶詞，如衛莊公夫人莊姜，在莊公身後，不能阻止州吁弒殺新君，莊存與評論曰"爲人父母豈不負哉！"正是由於莊存與予后妃這樣的地位，他對於嫡庶禮法秩序異常堅持，對"內寵並后"之類的僭越禮法的行爲，持嚴肅批評態度，稱"嬖孽之僭，天所以禍人國也"，"嬖孽之僭，未有不亡者也"（《毛詩説卷一·緑衣》）。其態度是明確的。

（五）養民問題

在莊存與的經説體系中，教民、養民是非常重要的關注焦點。如對"鳧鷖在涇"一句詩文的理解，他没有依從之前如毛公、鄭玄或朱熹等人的解釋，而是給出了自己的理解，認爲所謂"鳧鷖"，乃指"大平君子"之民也。鳧鷖爲水中沙洲之鳥，來去靡定，以比喻民人不恒所依，但也不被拘縛，因此先王以德養民，而民莫不懷之，即"是故先王畜民，聚散而不離其所主，德也；浮沉而不失其所性，教也。德以懷之，民莫不懷；教以正之，民莫不正。夫民之繫於君子，非一世矣"（《毛詩説卷二·鳧鷖》）。由此，民有歸之之志，而神降之福也。因此，對於人君勞民傷財之舉，有妨民命、民生之舉，如戰爭、勞役等舉措，莊存與多持批評態度，如對《何草不黃》的解讀，即着重依照毛傳的説法，突出"征夫彌苦"之意（《毛詩説卷二·何草不黃》）。

通過以上梳理，我們可以看出，莊存與所説解的《尚書》和

《詩經》，重在推原歷史語境，圍繞政治問題展開，其立説針對的對象明顯是在人君。以上聖王問題、治國問題、繼位問題、后妃問題、養民問題等，不過是樹立取法典型，闡述治國要道，規範皇子、后妃的行爲，突出民本而已。考慮到莊存與曾兩次出任皇子師傅，可以斷定，此類經説確與其職業密切相關，包含着爲皇子指出治國理政當效法的正面榜樣，以及應該重視的根本原則。作爲朝廷選派的師傅，這樣的説教，既是王朝上下對他的職業期待，當然更可能包含有莊存與作爲一位經學通明的儒者，處在權力核心中所期望發揮的一己職效。因此可以説，他的經説乃是時代、職業、儒學義理、個人抱負等多種因素共同作用的結果，有著明確的政治意圖，這與清代一般的普通儒者是有所差別的。

四

《尚書既見》《尚書説》《毛詩説》三書的版本情況如下：

莊存與著作皆爲後人董理遞刻而來，其最早刊刻者，爲不分卷本《尚書既見》，刊刻於乾隆癸丑（1793）。後經莊綬甲重新編輯，析分爲三卷本《尚書既見》，並增補一卷《尚書説》，合刊于道光七年（1827），是爲《味經齋遺書》六種本中的二種。

道光七年莊綬甲刊刻的《味經齋遺書》六種本中，同樣包括《毛詩説》四卷，是爲該書首刻。

道光十八年（1838），李兆洛繼承亡友莊綬甲遺願，整理莊存與未刊著作，刊成《味經齋遺書》七種本。約在此時稍後，莊氏後人合六種本與七種本匯印《味經齋遺書》十三種本，此即爲該書最完整之寶硯堂本。《尚書既見》《尚書説》《毛詩説》同樣包括在内，是爲此三書的再次印刷。

光緒八年（1882），莊氏後人重刊《味經齋遺書》十三種中的九種，同樣包括上揭三書，是爲第三次刊印，且是目前最常見之版本。

　　此次箋注，均以道光七年本爲底本，校以相關經籍。其中
《尚書既見》《尚書説》二書，莊存與從《書序》出發，主要援據
孔安國傳及蔡沈集傳爲論説基礎，箋注時亦以此二書爲本，以
儘量貼近莊存與著述原意。另外莊存與治《書》不分今古文眞
僞，但出於讀者研究參考考慮，在必要時亦箋出所引《尚書》篇
目的眞僞。而《毛詩説》乃莊存與遵從小序與毛傳，料簡鄭箋、
朱傳之作，故在箋注上，亦依莊存與之意，每篇皆先箋出小序，
後依其文意選箋三家注語。在標示方式上，一般不再使用書名
號，而直接略爲著者加著述方式，如：蔡沈《書集傳》略爲“蔡
沈集傳”，毛公《毛詩故訓傳》略爲“毛傳”等。

　　莊存與説經，多借部分經文以發揮大義，而不斤斤于經書
全篇全文的完整疏釋。加之莊氏著作皆爲後人董理而成，零
章斷句較多，更顯殘碎。故在很多情況下，不通曉所論之《詩》
《書》全篇，必然難明一二零章殘句。但因一二殘句之箋注，轉
至串講原經全篇之意指，則勢必勞而寡功、費辭難行。故請讀
者必要時自參《詩》《書》原篇，以徹究其背後之義。

　　此外，《尚書既見》乾隆癸丑初刻本，較道光本在全書末尾
多兩節論禮的文字。或因其與《尚書》關係不大，故在莊綬甲重
新編定道光本時予以刪除。本次爲保存莊存與文字，供研究者
參考，特予保留，以楷體形式標出。另在箋稿之末，附録了龔自
珍等六人涉及莊存與生平及尚書學、詩經學的碑銘、序跋、札記
等，以備參考。

　　同時爲了便於閲讀，酌情對三書原文進行了分段。但爲保
持原書舊有之段落痕跡以利理解，則以空一行表示原分段處，
並於段首加“○”以清眉目。另在援引典籍原文出箋時，爲使文
意更爲完整顯豁，偶有據典籍上下文補充數字者，則統一以方
括號標出。凡遇“日曰”“人入八”等刻工混用字及避諱闕筆字
等處，皆據文意徑改，不出校記。

　　箋稿完成之後，偶然發現南京圖書館所藏《味經齋遺書》

（八種）①乃趙烈文天放樓舊藏，其中《尚書既見》有趙氏紅筆句點及批注，筆者又據之進一步核正了箋稿標點。更承中華書局朱兆虎及王鵬鵬二兄，爲校讀原稿一過，糾繆補缺，多有教正，特此致謝。莊存與素稱魁儒，文辭奧衍，且經學深沉，筆者學力有限，必多訛誤，敬請海內通人教正。

---

①即爲莊綬甲道光七年所刻六種本，因南京圖書館將《春秋正辭》所附《春秋舉例》《春秋要指》單獨另計，故著録爲"八種"。

目　録

毛詩説箋

毛詩説卷一

尚書既見箋

尚書既見卷一

○讀《典》《謨》之《書》，舜征有苗，再乎？[1]曰：一征則已，未嘗再也。舜攝則命禹徂征，事在《禹謨》，史文曰"帝"，時舜實未在位也。[2]禹三旬則振旅，振旅七旬而有苗格，舜豈自此乃敷文德？又豈恒舞干羽至七旬乎？[3]苗之格也，其民自歸，所謂"鰥寡有辭"[4]也。舜哀矜不辜，遏絕其君，并竄其族於三危。洞庭、彭蠡之間，無縉雲氏子孫焉。[5]故曰"無世在下"。[6]苗民不格，其君焉可得而罪邪？不可追記其年以爲誣，知其爲二十有八載[7]以前事，則可矣。分北三苗，在命官九

---

[1]《書》載兩次征有苗，即《舜典》載，舜攝位之時，"竄三苗于三危，殛鯀于羽山"；僞《大禹謨》載，舜禪位、禹攝位之時，"帝［舜］曰：'咨，禹！惟時有苗弗率，汝徂征。'"蔡沈集傳："徂，往也。"莊存與認爲，此爲一事二書，《大禹謨》將後一事歸在禹攝位之時，乃作《書》者之誤。詳見下文。

[2]據《堯典》及《舜典》，堯在位七十載而求繼位者，試舜三年而讓於舜。但舜讓弗嗣，僅攝於位。二十有八載，堯崩，舜始正式即位。

[3]僞《書·大禹謨》："三旬苗民逆命。益贊于禹曰……禹拜昌言曰：'俞！'班師振旅。帝乃誕敷文德，舞干羽于兩階，七旬有苗格。"蔡沈集傳："格，至也。"

[4]《書·呂刑》："皇帝清問下民，鰥寡有辭于苗。"蔡沈集傳："皇帝，舜也。""清問，虛心而問也。有辭，聲苗之過也。"

[5]《書·舜典》："［舜］竄三苗于三危"。孔安國傳："三苗，國名。縉雲氏之後，爲諸侯，號饕餮。三危，西裔。"《左傳·文公十八年》："縉雲氏有不才子，貪于飲食，冒于貨賄。侵欲崇侈，不可盈厭。聚斂積實，不知紀極。不分孤寡，不恤窮匱。天下之民，以比三凶，謂之饕餮。舜臣堯，賓于四門，流四凶族，渾敦、窮奇、檮杌、饕餮，投諸四裔，以禦螭魅。"

[6]《書·呂刑》："皇帝哀矜庶戮之不辜，報虐以威，遏絕苗民，無世在下。"蔡沈集傳："遏絕之，使無繼世在下國。"

[7]堯退位禪舜，舜攝政二十八年而堯薨。《書·舜典》："二十有八載，帝乃殂落。"孔安國傳："殂落，死也。堯年十六即位，七十載求禪，試舜三載，自正月上日至崩二十八載，堯死壽一百一十七歲。"

載之後①，教化行，淑慝辨，此即工②而丕叙③之也。《益稷》之篇，君臣相誥，左禹右皋陶，以化民成俗之任付之。禹曰“苗頑弗即工”，帝曰“皋陶方祗厥叙，方施象刑惟明”。④至治畫衣冠、異章服而民不犯⑤，《周官》謂之“明刑”。⑥舜甚盛德，尤垂意於叙三苗，蓋以其俗之難化也。及其既同，衡山之陽多虞帝之跡焉，野人遂神其封土，以帝陟方而死且葬焉。⑦楚南其齊東乎？⑧夫鳴條⑨，固夏之近邑也⑩，禹曰：“朕德罔克，民不

①據《舜典》，舜即位之後，任命禹作司空，契作司徒，皋陶作士，垂作工，益作虞，伯夷作秩宗，夔典樂，龍作納言，“三載考績，三考，黜陟幽明，庶績咸熙，分北三苗。”三載考績，三考，共九年。蔡沈集傳：“三考，九載也。九載則人之賢否、事之得失可見。北，猶背也。其善者留，其不善者竄徙之，使分背而去也。”

②語出《書·益稷》：“苗頑弗即工。”孔安國傳：“惟三苗頑凶，不得就官。”蔡沈集傳：“惟三苗頑慢不率，不肯就工。”

③語出《書·禹貢》：“三危既宅，三苗丕叙。”孔安國傳：“西裔之山已可居，三苗之族大有次叙。美禹之功。”蔡沈集傳：“三苗之竄在洪水未平之前，及是三危已既可居，三苗於是大有功叙。”

④《書·益稷》：“［禹曰］‘苗頑弗即工，帝其念哉！’帝曰：‘迪朕德，時乃功惟叙。皋陶方祗厥叙，方施象刑惟明。’”蔡沈集傳：“帝言四海之内，蹈行我之德教者，是汝功惟叙之故；其頑而弗率者，則皋陶方敬承汝之功叙，方施象刑惟明矣。曰明者，言其刑罰當罪，可以畏服乎人也。”

⑤《史記·孝文本紀》：“蓋聞有虞氏之時，畫衣冠、異章服以爲僇，而民不犯。何則？至治也。”張守節正義：“《晉書·刑法志》云：‘三皇設言而民不違，五帝畫衣冠而民知禁。犯黥者皁其巾，犯劓者丹其服，犯臏者墨其體，犯宫者雜其屨，大辟之罪、殊刑之極，布其衣裾而無領緣，投之於市，與衆棄之。’”

⑥《周禮·地官·司救》：“三罰而士加明刑。”鄭玄注：“加明刑者，去其冠飾，而書其邪惡之狀，著之背也。”

⑦《書·舜典》：“舜生三十徵庸，三十在位，五十載陟方乃死。”孔安國傳：“方，道也。舜即位五十年，升道南方巡守，死於蒼梧之野而葬焉。”

⑧《孟子·萬章上》：“孟子曰：‘否。此非君子之言，齊東野人之語也。’”此處莊氏意爲楚南經舜化導，已與齊東野人之鄉不同。

⑨《孟子·離婁下》：“舜生於諸馮，遷於負夏，卒於鳴條。”

⑩《書序》：“伊尹相湯伐桀，升自陑，遂與桀戰于鳴條之野。作《湯誓》。”孔穎達正義引鄭玄云：“鳴條，南夷地名。”

依，皋陶邁種德，德乃降，黎民懷之。"①斯"化民易俗，近者
説服，而遠者懷之"也。②帝念苗之頑，故念皋陶之績哉！子夏
曰："舜有天下，選於衆，舉皋陶，不仁者遠矣。"③此"君子之
言信而有徵"④也。異哉！"譖而無徵"，後之爲《書》者，以有
苗叛服不常，而禹既"率百官，若帝之初"，又爲一將之任，而
且紀之年以實之也。⑤

　　○孟子曰："由湯至於武丁，賢聖之君六七作。"⑥武丁之
去盤庚，閒兩君。⑦雍己時，諸侯或不至。⑧大戊修德，諸侯歸
之。⑨自仲丁以後，河亶甲殷復衰，祖乙興之。⑩祖辛至陽甲，

①僞《書·大禹謨》。孔安國傳："邁，行。種，布。降，下。懷，歸也。言己
　無德，民所不能依。皋陶布行其德，下治於民，民歸服之。"
②語出《禮記·學記》："古之教者，家有塾，黨有庠，術有序，國有學。比
　年入學，中年考校。一年視離經辨志，三年視敬業樂群，五年視博習親
　師，七年視論學取友，謂之小成。九年知類通達，强立而不反，謂之大
　成。夫然後足以化民易俗，近者説服，而遠者懷之，此大學之道也。"
③《論語·顔淵》。
④《左傳·昭公八年》："君子之言信而有徵，故怨遠於其身。小人之言
　譖而無徵，故怨咎及之。"
⑤僞《書·大禹謨》："正月朔旦，受命于神宗，率百官若帝之初。帝曰：
　'咨！禹！惟時有苗弗率，汝徂征。'"蔡沈集傳："神宗，堯廟也。""正
　月朔旦，禹受攝帝之命於神宗之廟。總率百官，其禮一如帝舜受終之初
　等事也。"莊存與認爲舜征有苗僅一次，此處批評《大禹謨》所記不實。
⑥《孟子·公孫丑上》。
⑦據《史記·殷本紀》，帝盤庚崩，弟小辛立。帝小辛崩，弟小乙立。帝小
　乙崩，子帝武丁立。
⑧據《史記·殷本紀》，湯崩，太子太丁未立而卒，於是乃立太丁之弟外
　丙。帝外丙崩，立外丙之弟中壬。帝中壬崩，伊尹乃立太丁之子太甲。
　太甲崩，子沃丁立。沃丁崩，弟太庚立。帝太庚崩，子帝小甲立。"帝小
　甲崩，弟雍己立，是爲帝雍己。殷道衰，諸侯或不至。"
⑨《史記·殷本紀》："帝雍己崩，弟太戊立，是爲帝太戊。帝太戊立伊
　陟爲相。亳有祥，桑穀共生於朝，一暮大拱。帝太戊懼，問伊陟。伊陟
　曰：'臣聞妖不勝德，帝之政其有闕與？帝其修德。'太戊從之，而祥
　桑枯死而去。……殷復興，諸侯歸之，故稱中宗。"
⑩據《史記·殷本紀》，中宗崩，子帝中丁立。帝中丁崩，弟外壬立。帝外
　壬崩，弟河亶甲立。"河亶甲時，殷復衰。河亶甲崩，子帝祖乙立。帝祖
　乙立，殷復興。"

廢適而更立諸弟子，或相爭代立，比世亂，於是諸侯莫朝。①盤
庚以弟嗣陽甲，殷復興。②弟小辛立，殷復衰，百姓思盤庚而作
《書》。③讀《盤庚》三篇，必考司馬遷之記，則《書》所言，若
數一二、辨白黑也。

　　伊尹作書曰：“民非后，罔克胥匡以生。”④書契以來，治亂
多矣。上有明天子，天下未嘗不安，百姓未嘗不相生養於其間，
德詎必若堯舜？胥戕胥虐⑤則可以決其必無也。古之時，甸服
以外皆爲邦國，⑥諸侯兵刑二事與天子分理之。内有卿大夫、
王子弟采邑，謂之都鄙，以八則治之⑦，統於六官⑧，不得專斷，

①據《史記·殷本紀》，祖乙崩，子帝祖辛立。帝祖辛崩，弟沃甲立。帝沃
甲崩，立沃甲兄祖辛之子祖丁。帝祖丁崩，立弟沃甲之子南庚。帝南庚
崩，立帝祖丁之子陽甲。帝陽甲之時，殷衰。“自中丁以來，廢適而更
立諸弟子，弟子或爭相代立，比九世亂，於是諸侯莫朝。”

②《史記·殷本紀》：“帝陽甲崩，弟盤庚立，是爲帝盤庚。帝盤庚之時，
殷已都河北，盤庚渡河南，復居成湯之故居，乃五遷，無定處。殷民咨
胥皆怨，不欲徙。盤庚乃告諭諸侯大臣曰：‘昔高后成湯與爾之先祖
俱定天下，法則可修。舍而弗勉，何以成德！’乃遂涉河南，治亳，行湯
之政，然後百姓由甯，殷道復興。諸侯來朝，以其遵成湯之德也。”

③《史記·殷本紀》：“帝盤庚崩，弟小辛立，是爲帝小辛。帝小辛立，殷
復衰。百姓思盤庚，乃作《盤庚》三篇。”

④僞《書·太甲中》：“［伊尹］作書曰：‘民非后，罔克胥匡以生；后非民，
罔以辟四方。’”蔡沈集傳：“民非君，則不能相正以生；君非民，則誰
與爲君者。”

⑤語出《書·梓材》：“無胥戕，無胥虐。”蔡沈集傳：“無相與戕殺其民，
無相與虐害其民。”

⑥《書·禹貢》：“五百里甸服。”蔡沈集傳：“甸服，畿内之地也。甸，
田。服，事也。以皆田賦之事，故謂之‘甸服’。五百里者，王城之外，
四面皆五百里也。”

⑦《周禮·天官·大宰》：“以八則治都鄙：一曰祭祀，以馭其神；二曰灋
則，以馭其官；三曰廢置，以馭其吏；四曰禄位，以馭其士；五曰賦貢，
以馭其用；六曰禮俗，以馭其民；七曰刑賞，以馭其威；八曰田役，以
馭其衆。”鄭玄注：“都鄙，公卿大夫之采邑，王子弟所食邑。”孫詒
讓正義：“凡公卿大夫貴戚有功德、得世禄者，皆頒邑以爲禄，是謂采
邑；在王子弟無官者，雖無禄，而得以恩澤食邑。”

⑧六官，周六卿之官。《周禮》以天官冢宰、地官司徒、春官宗伯、夏
官司馬、秋官司寇、冬官司空分掌邦國之政，總稱六官或六卿。《周
禮·秋官·司寇》：“凡邦之大盟約，蒞其盟書而登之於天府；大史、内
史、司會及六官，皆受其貳而藏之。”鄭玄注：“六官，六卿之官也。”
孫詒讓正義：“謂大宰等六官之正。”

其詳在邑，其要在朝。春秋之大夫交政于中國，私邑之兵甲、刑罰、動静，惟視其大夫之令焉。

《禮運記》曰：“天子有田以處其子孫，諸侯有國以處其子孫，大夫有采以處其子孫，是謂制度。”此則三代所同也。一代之興，自始受命之祖傳之子孫，子又生子，孫又生孫，人日益多，世日益疏。地不日廣，官職不日增，事要有所在。人主各有其親且愛者，莫不欲貴而富之，肺腑亦皆自許必富貴。因而不易，則疏踰戚者，必然之勢也；各寵所任，則新閒舊者，又必然之勢也。不有伐也，將以何樹？不有奪也，將以何予？非疏踰戚，必新閒舊矣，皆逆之名與其實也。踰者、閒者必驕，爲所踰、所閒者必怨，驕亦卒歸於怨，皆亡之情與其狀也。去順效逆，好亡惡定，《春秋》所記亂敗多矣。以此知古，皆可燭照而數計也。

王國定而後可以爲諸夏之父母，《詩》曰：“莫肯念亂，誰無父母。”①王室寧而後可以爲磐石之宗子，《詩》曰：“懷德維寧，宗子維城。”②大小二《雅》，傷王政所由廢③，未嘗不反復丁寧之。誦詩至《雨無正》之章，而後寤幽王身殺遂亡宗室，固非一歲月事也。④鎬京不守，姜戎豈能久居？都邑環峙，形勢尚存，其卒至於東遷者，由大家世禄各顧私邑，皆莫以王室爲

①《詩·小雅·沔水》：“嗟我兄弟，邦人諸友，莫肯念亂，誰無父母！”毛傳：“邦人諸友，謂諸侯也。兄弟，同姓臣也。京師者，諸侯之父母也。”
②《詩·大雅·板》：“懷德維寧，宗子維城。”毛傳：“懷，和也。”鄭箋：“和女德，無行酷虐之政，以安女國，以是爲宗子之城，使免於難。宗子，謂王之適子。”
③《國風·周南·關雎》大序：“言天下之事，形四方之風，謂之雅。雅者，正也，言王政之所由廢興也。政有小大，故有小雅焉，有大雅焉。”
④《詩·小雅·雨無正》小序：“大夫刺幽王也。雨自上下者也，衆多如雨，而非所以爲政也。”孔穎達正義：“雨從上而下於地，猶教令從王而下於民。而王之教令衆多如雨，然事皆苛虐，情不恤民，而非所以爲政教之道，故作此詩以刺之。”

念。①或畏有所屬不得以自恣適己，或持兩端以觀望成敗。且東西各立一君，雖終替攜王而建王嗣②，侵尋歲月，西方之大都小邑孤危喪敗，日以仆滅，厪有存者，以成秦襄公之業，而周轍遂不復西矣。③哀其“衆多如雨，而非所以爲政”，鄉使大夫、邦君統於一尊，相親相救，岐、豐之地何渠爲秦有？以言乎攜王，則“覆出爲惡”④，而其下“不能胥匡以生”⑤矣。以言乎平王，則“又窘陰雨”⑥，“來東底”者，恃有富人⑦，而惸獨則莫收恤也，無復有肯遷于王都者矣。揆厥所原，實以幽王大壞，王政不能復行，亦非一嗣王之罪。《詩》皆曰“刺幽王”焉⑧。讀《正月》之上章，刺幽王滅宗周也；其下章，刺平王貪天禍

①《史記·周本紀》：“西夷犬戎攻幽王。幽王舉烽火徵兵，兵莫至。遂殺幽王驪山下，虜褒姒，盡取周賂而去。於是諸侯乃即申侯而共立故幽王太子宜臼，是爲平王，以奉周祀。平王立，東遷於雒邑，辟戎寇。平王之時，周室衰微，諸侯强並弱，齊、楚、秦、晉始大，政由方伯。”

②《左傳·昭公二十六年》：“攜王奸命，諸侯替之，而建王嗣，用遷郟鄏。”杜預集解：“攜王，幽王少子伯服也。王嗣，宜臼也。幽王后申姜，生太子宜臼。王幸褒姒，生伯服，欲立之而殺太子，太子奔申。申伯與鄫及西戎伐周，戰於戲。幽王死，諸侯廢伯服而立宜臼，是爲平王，東遷郟鄏。”

③《史記·秦本紀》：“［秦襄公］七年春，周幽王用褒姒廢太子，立褒姒子爲適，數欺諸侯，諸侯叛之。西戎犬戎與申侯伐周，殺幽王酈山下。而秦襄公將兵救周，戰甚力，有功。周避犬戎難，東徙雒邑，襄公以兵送周平王。平王封襄公爲諸侯，賜之岐以西之地。曰：‘戎無道，侵奪我岐、豐之地，秦能攻逐戎，即有其地。’與誓，封爵之。襄公於是始國，與諸侯通使聘享之禮。”

④《詩·小雅·雨無正》：“庶曰式臧，覆出爲惡。”毛傳：“覆，反也。”鄭箋：“人見王之失所，庶幾其自改悔而用善人。反出教令，復爲惡也。”

⑤語出《書·盤庚上》。孔安國傳：“不能相匡以生。”

⑥《詩·小雅·正月》：“終其永懷，又窘陰雨。”毛傳：“窘，困也。”鄭箋：“陰雨喻君有泥陷之難。”

⑦語出《左傳·襄公十年》：“王叔之宰曰：‘篳門閨竇之人，而皆陵其上，其難爲上矣。’瑕禽曰：‘昔平王東遷，吾七姓從王，牲用備具，王賴之而賜之騂旄之盟，曰：世世無失職。若篳門閨竇，其能來東底乎！’”杜預集解：“篳門，柴門。閨竇，小戶，穿壁爲戶，上銳下方，狀如圭也。言伯輿微賤之家。”“平王徙，時大臣從者有七姓，伯輿之祖皆在其中。”

⑧《詩·小雅》之《正月》及《雨無正》篇，小序皆曰：“大夫刺幽王也。”

也。《雨無正》之上章,刺攜王奸天位也;其下章,刺平王棄舊
都也。

因《詩》以知《書》,盤庚之世,雖曰商不至若周之大壞,
然而亂者數世,諸侯莫朝,則東遷以後事勢也。"今不承于古,
罔知天之斷命"①,非盤庚之賢,孰能綱紀而統理之哉!讀其
《書》曰"率籲衆慼,出矢言"②,斯周公所謂"肯慼言于民"③
也。"不能胥匡以生",下莫知君之在上而奉其命也。"若顛木
之有由蘗"④,君爲百姓之主,求所以生之,造端更始不底著⑤
而"陳于兹"⑥也。夫木何以顛?非以數世爭立,各樹私人,莫
相統壹之故乎?曰"汝猷黜乃心"⑦,非各私其身與其子孫,罔
以王室爲念乎?曰"傲",非畏有所稟命,而惟以自恣適己乎?
曰"從康",非習亂爲常,持兩端以觀望乎?曰"不畏戎毒"⑧,
"惟汝自生毒,乃敗禍姦宄"⑨,非怙亂始禍⑩,興造戈矛,互

①《書·盤庚上》。蔡沈集傳:"今不承先王而遷,且不知上天之斷絶我命。"
②《書·盤庚上》:"盤庚遷于殷,民不適有居。率籲衆慼,出矢言,
　　曰:……"蔡沈集傳:"史臣言盤庚欲遷於殷,民不肯往適有居,盤庚
　　率呼衆憂之人,出誓言以喻之,如下文所云也。"
③《書·多方》:"[周公曰]有夏誕厥逸,不肯慼言于民。"孔安國傳:
　　"有夏桀不畏天戒而大其逸豫,不肯憂言於民,無憂民之言。"
④《書·盤庚上》。孔安國傳:"言今往遷都,更求昌盛,如顛仆之木,有
　　用生蘗哉。"
⑤底著,停滯;滯留。《國語·晉語四》:"底著滯淫,誰能興之?"韋昭
　　注:"底,止也;著,附也。"
⑥《書·盤庚中》:"失于政,陳于兹,高后丕乃崇降罪疾,曰:'曷虐朕
　　民?'"孔安國傳:"今既失政,而陳久於此而不徙,湯必大重下罪疾
　　於我,曰:'何爲虐我民而不徙乎?'"
⑦《書·盤庚上》:"王若曰:'格汝衆,予告汝訓,汝猷黜乃心,無傲,從
　　康。'"孔安國傳:"謀退汝違上之心,無傲慢,從心所安。"
⑧《書·盤庚上》:"乃不畏戎毒于遠邇。"孔安國傳:"戎,大。言不欲
　　徙,則是不畏大毒於遠近。"
⑨《書·盤庚上》:"汝不和吉言于百姓,惟汝自生毒,乃敗禍姦宄,以自
　　災于厥身。"孔安國傳:"責公卿不能和喻百官,是自生毒害。言汝不
　　相率共徙,是爲敗禍奸宄以自災之道。"
⑩語出《春秋·僖公十五年》:"史佚有言曰:'無始禍,無怙亂,無重
　　怒。'"

相翦除，如春秋强大夫乎？曰"若火之燎于原"①，非以讒慝貪婪事君，而多殺不辜，患及數世而未已乎？曰"起信險膚，予弗知乃所訟"②，非讒人造惡言以變亂視聽，使君臣相疑、親戚相忌乎？斯時之民，既各爲私屬，"倚乃身，迂乃心"③，則所謂"食君之禄，是以聚黨，有黨而爭命"④也。"汝誕勸憂"，"起穢以自臭"⑤，則所謂"因群喪職之族"⑥，"帥群不弔之人"⑦也。"汝有戕，則在乃心"⑧，則所謂"殺人不忌"⑨，"有亂心無厭"⑩，"得主爲之死而無悔"⑪也。"亂政同位，具乃貝玉"⑫，則所謂"盜憎主人"⑬，"心焉數之"⑭，"足欲，

---

① 《書·盤庚上》："若火之燎于原，不可嚮邇，其猶可撲滅？"孔安國傳："火炎不可嚮近，尚可撲滅。浮言不可信用，尚可得遏絶之。"
② 《書·盤庚上》："今汝聒聒，起信險膚，予弗知乃所訟。"孔安國傳："聒聒，無知之貌。起信險爲膚受之言，我不知汝所訟言何謂。"
③ 《書·盤庚中》："恐人倚乃身，迂乃心。"蔡沈集傳："恐浮言之人倚汝之身，迂汝之心，使汝邪僻而無中正之見也。"
④ 《左傳·成公十七年》："受君之禄，是以聚黨，有黨而爭命，罪孰大焉。"
⑤ 《書·盤庚中》："汝不謀長，以思乃災，汝誕勸憂。今其有今罔後，汝何生在上？今予命汝一，無起穢以自臭，恐人倚乃身，迂乃心。"孔安國傳："汝不謀長久之計，思汝不徙之災，苟不欲徙，是大勸憂之道。""我一心命汝，汝違我是自臭敗。"
⑥ 指依靠因喪失職位而懷憤作亂之衆，詳見《左傳·昭公十三年》。
⑦ 指帶領無良而作亂之衆，詳見《左傳·昭公二十六年》。
⑧ 《書·盤庚中》："汝共作我畜民。汝有戕，則在乃心。"孔安國傳："戕，殘也。汝共我治民，有殘人之心而不欲徙，是反父祖之行。"
⑨ 謂殺人不畏，詳見《左傳·昭公十四年》。
⑩ 謂好亂無厭，詳見《左傳·昭公二年》。
⑪ 謂擁戴主人作亂犯上，死而無悔，詳見《左傳·襄公二十三年》。
⑫ 《書·盤庚中》："兹予有亂政同位，具乃貝玉。"孔安國傳："亂，治也。此我有治政之臣，同位於父祖，不念盡忠，但念貝玉而已。言其貪。"
⑬ 語出《左傳·成公十五年》。
⑭ 語出《詩·小雅·巧言》："往來行言，心焉數之。蛇蛇碩言，出自口矣。"孔穎達正義："往來可行之言，亦君子口所出之也。言君子出言，必心焉思數，知善而後出之。小人則不然，蛇蛇然淺意之大言徒出自口矣，都不由於心，得言即言，必不思數也。"

亡無日”①也。曰“自上其罰汝”②，“不救乃死”③，“丕乃崇
降弗祥”④，其端必始于君之不爲政，政之不出于君。爲政者
無信多私⑤，好讒而甘佞，其大人則蓄怨滋多，汰侈已甚，加之
以安忍，重之以貪冒，如易刀兵而相殺也。若晉之欒、郤⑥，齊
之崔、慶⑦，宋之戴、桓⑧，鄭之駟、良⑨，其胥戕胥虐而“不能
胥匡以生”，如此不其“盡劉”而後已乎！⑩“汝何生在上”⑪
矣！是故萬民之“蕩析離居，罔有定極”⑫，由國之不知有君也。
“命汝一”⑬，命之一於大君也。“不吉不迪，顛越不恭，暫遇姦

①語出《左傳·襄公二十八年》：“慶氏之邑，足欲故亡。吾邑不足欲也，
　益之以邶殿，乃足欲。足欲，亡無日矣。”
②《書·盤庚中》：“故有爽德，自上其罰汝，汝罔能迪。”孔安國傳：
　“湯有明德在天，見汝情，下罰汝，汝無能道。言無辭。”
③《書·盤庚中》：“我先后綏乃祖乃父，乃祖乃父乃斷棄汝，不救乃
　死。”孔安國傳：“言我先王安汝父祖之忠，今汝不忠汝父祖，必斷絕
　棄汝命，不救汝死。”
④《書·盤庚中》：“迪高后，丕乃崇降弗祥。”孔安國傳：“言汝父祖開
　道湯，大重下不善以罰汝。”
⑤無信多私，語出《左傳·昭公二十年》。
⑥欒、郤皆爲晉卿族，欒書與三郤（郤錡、郤犨、郤至）交惡，挑唆晉厲
　公誅三郤，已而又弑厲公。詳見《左傳·成公十七年》。
⑦崔、慶皆爲齊卿族，崔杼弑齊莊公，慶封助之。後慶封因崔氏內亂而
　滅崔氏，獨攬國政。詳見《左傳》襄公二十五年、二十七年傳。
⑧戴、桓爲宋公族，即宋戴公、宋桓公之後。戴族，華氏；桓族，向氏。華
　定、華亥、向寧等結黨誅諸公子而攻宋元公，失敗出逃後又引諸侯兵
　攻宋，再敗，出亡楚國。詳見《左傳》昭公二十年、二十一年、二十二年
　傳。
⑨駟、良爲鄭公族，“七穆”之子駟、子良之後。子晢，駟氏；伯有，良氏。
　二人攜群公子互鬥的本事，詳見《左傳·襄公三十年》。
⑩《書·盤庚上》：“〔盤庚曰〕我王來，既爰宅于茲。重我民，無盡劉。”
　孔安國傳：“我王祖乙居耿。爰，於也。言祖乙已居於此。劉，殺也。所
　以遷此，重我民，無欲盡殺故。”
⑪《書·盤庚中》：“今其有今罔後，汝何生在上？”孔安國傳：“言不徙
　無後計，汝何得久生在人上，禍將及汝。”
⑫《書·盤庚下》：“今我民用蕩析離居，罔有定極。”孔安國傳：“水泉
　沉溺，故蕩析離居，無安定之極，徙以爲之極。”
⑬《書·盤庚中》：“今予命汝一。”蔡沈集傳：“爾民當一心以聽上。”

宄"①，由貪於貨寶也。告之以"不肩好貨"②，使知君之不欲，則賞之不竊也。③

　　嗚呼！"亂越我家"④久矣，天時殆不可得而浮。⑤盤庚作則，信乎上帝將復成湯之德也！其必遷而治亳殷，何也？敬姜之言曰"擇瘠土而處之，勞其民而用之，故長王天下"⑥，《烈祖》之所"申錫"也。⑦"無俾易種于兹新邑"，溓⑧惡民皆留之而不遷。世族能從教者，因而與之；不能改者，因而去之。"殖有禮，覆昏暴"⑨，成湯之所欽崇也。子產能為鄭國，實由虎帥以聽⑩，而子

---

① 《書·盤庚中》："乃有不吉不迪，顛越不恭，暫遇姦宄。我乃劓殄滅之，無遺育，無俾易種于兹新邑。"蔡沈集傳："乃有不善不道之人，顛隕逾越、不恭上命者，及暫時所遇，為姦為宄，劫掠行道者。我小則加以劓，大則殄滅之，無有遺育，毋使移其種於此新邑也。"

② 《書·盤庚下》："朕不肩好貨。"孔安國傳："肩，任也。我不任貪貨之人。"

③ 語出《論語·顏淵》："季康子患盜，問於孔子。孔子對曰：'苟子之不欲，雖賞之不竊。'"

④ 《書·盤庚下》："肆上帝將復我高祖之德，亂越我家。"蔡沈集傳："乃上天將復我成湯之德，而治及我國家。"

⑤ 《書·盤庚中》："嗚呼！古我前后，罔不惟民之承，保后胥慼，鮮以不浮于天時。"孔安國傳："浮，行也。少以不行於天時者，言皆行天時。"

⑥ 《國語·魯語下》。敬姜，魯大夫穆伯之妻，文伯歜之母。

⑦ 《詩·商頌·烈祖》："嗟嗟烈祖！有秩斯祜，申錫無疆，及爾斯所。"鄭箋："嗟嗟乎！我功烈之祖成湯，既有此王天下之常福，天又重賜之以無竟界之期，其福乃及女之此所。女，女中宗也。言承湯之業，能興之也。"

⑧ 溓，即渫。《史記·匈奴列傳》："今聞渫惡民貪降其進取之利，倍義絕約，忘萬民之命，離兩主之驩，然其事已在前矣。"瀧川資言考證："渫，污也。晉灼曰：'邪惡不正之民。'"

⑨ 語出偽《書·仲虺之誥》："嗚呼！慎厥終，惟其始。殖有禮，覆昏暴。欽崇天道，永保天命。"

⑩ 虎，即罕虎，字子皮，魯襄公二十九年嗣父為政，知子產賢，授以政，且帥公族以聽。即《左傳·襄公三十年》："鄭子皮授子產政，辭曰：'國小而偪，族大寵多，不可為也。'子皮曰：'虎帥以聽，誰敢犯子，子善相之。國無小，小能事大，國乃寬。'"

産亦惟以禮息之。①矧盤庚爲君，及其篤敬之臣乎？爲君難矣，守成尤難，盤庚其難之至者也。“百姓由寧，殷道復興，諸侯來朝，以其遵成湯之德也。”②百世視諸此矣。曰：何后“惟民之承”，民惟“保后”？③自上以下，“胥慼”而不敢一日耽樂。“天時”固不能無險阻，慢之者殃，敬之者昌，長王天下又何疑焉！

○讀祖己、祖伊之《書》④，而不知天，不知性，不知命，何其人多且久也？其《書》曰“惟天監下民，典厥義”⑤，天以生爲

---

① 子産執政情形，詳見《左傳》。另《左傳·襄公二十九年》：“天禍鄭久矣，其必使子産息之，乃猶可以戾，不然，將亡矣。”《左傳·昭公二十五年》：“簡子問揖讓周旋之禮焉，［子大叔］對曰：‘是儀也，非禮也。’簡子曰：‘敢問何謂禮？’對曰：‘吉也聞諸先大夫子産曰，夫禮，天之經也，地之義也，民之行也。天地之經，而民實則之。則天之明，因地之性，生其六氣，用其五行。氣爲五味，發爲五色，章爲五聲。淫則昏亂，民失其性，是故爲禮以奉之。爲六畜、五牲、三犧，以奉五味。爲九文、六采、五章，以奉五色。爲九歌、八風、七音、六律，以奉五聲。爲君臣上下，以則地義。爲夫婦外内，以經二物。爲父子、兄弟、姑姊、甥舅、昏媾、姻亞，以象天明。爲政事、庸力、行務，以從四時。爲刑罰、威獄，使民畏忌，以類其震曜殺戮。爲溫、慈、惠、和，以效天之生殖長育。民有好惡喜怒哀樂，生于六氣，是故審則宜類，以制六志。哀有哭泣，樂有歌舞，喜有施舍，怒有戰鬭。喜生於好，怒生於惡，是故審行信令，禍福賞罰，以制死生。生，好物也。死，惡物也。好物樂也，惡物哀也。哀樂不失，乃能協于天地之性，是以長久。’簡子曰：‘甚哉禮之大也！’對曰：‘禮，上下之紀，天地之經緯也，民之所以生也，是以先王尚之。故人之能自曲直以赴禮者，謂之成人，大不亦宜乎。’”
② 《史記·殷本紀》：“帝陽甲崩，弟盤庚立，是爲帝盤庚。帝盤庚之時，殷已都河北，盤庚渡河南，復居成湯之故居，乃五遷，無定處。殷民咨胥皆怨，不欲徙。盤庚乃告諭諸侯大臣曰：‘昔高后成湯與爾之先祖俱定天下，法則可修。捨而弗勉，何以成德！’乃遂涉河南，治亳，行湯之政，然後百姓由寧，殷道復興，諸侯來朝，以其遵成湯之德也。”
③ 《書·盤庚中》：“嗚呼！古我前后，罔不惟民之承，保后胥慼，鮮以不浮于天時。”孔安國傳：“言我先世賢君，無不承安民而恤之。民亦安君之政，相與憂行君令。”后，指君王。
④ 《書序》：“高宗祭成湯，有飛雉升鼎耳而雊，祖己訓諸王，作《高宗肜日》《高宗之訓》。殷始咎周，周人乘黎。祖伊恐，奔告于受，作《西伯戡黎》。”《高宗之訓》，已亡佚。
⑤ 《書·高宗肜日》。蔡沈集傳：“典，主也。言天監視下民，其禍福予奪，惟主義如何爾。”

德，人之慈父母也，愛人甚矣。慈父愛子必教之義，天之愛人猶是也。親賢下無能，尊賢之義，天所大也①，義行而民各得其性，故曰：“堯舜行德，則民仁壽；桀紂行暴，則民鄙夭。”②天於人君，常監下民之善不善，而嚮之以福，威之以極焉③，“典厥義”也。

“降年有永有不永”④，大命世，小命身。⑤不永者，“非天夭民，民中絕命”也。豈稟於有生之初，必然不可易哉！六極其下乃不可救，然而仁愛人君，欲止其亂之心，猶父母之於其子也。“不若德、不聽罪”⑥，“乃先出災害以譴告之，不知自省，又出怪異以警懼之。”⑦不知者謂之災害、謂之怪異，知之者曰此天之“孚命”也，所以正人君之德，“扶持安全之”也。

不“正厥德”，乃曰“其如何”？一以爲非天所能禁，一以

---

① 《禮記·表記》：“今父之親子也，親賢而下無能。母之親子也，賢則親之，無能則憐之。”孔穎達正義：“言父之於子，若見賢者則親愛之，若見無能者則下賤之。以父立於義，分別善惡也。”

② 《漢書·董仲舒傳》。

③ 《書·洪範》：“嚮用五福，威用六極。……五福：一曰壽，二曰富，三曰康寧，四曰攸好德，五曰考終命。六極：一曰凶短折，二曰疾，三曰憂，四曰貧，五曰惡，六曰弱。”

④ 《書·高宗肜日》：“惟天監下民，典厥義。降年有永有不永，非天夭民，民中絕命。”孔安國傳：“言天之下年與民，有義者長，無義者不長，非天欲夭民，民自不修義以致絕命。”

⑤ 《逸周書·命訓解》：“夫天道三，人道三。天有命、有禍、有福，人有醜、有紼絻、有斧鉞。……凡此六者，政之殆也，明王是故昭命以命之，曰：大命世，小命身。”孔晁注：“違大命則世受罰，犯小命則罰身。”

⑥ 《書·高宗肜日》：“民有不若德，不聽罪。天既孚命正厥德，乃曰：‘其如台？’”蔡沈集傳：“不若德，不順於德。不聽罪，不服其罪。謂不改過也。孚命者，以妖孽爲符信而譴告之也。言民不順德，不服罪，天既以妖孽爲符信而譴告之，欲其恐懼修省以正德。民乃曰：‘妖祥其如我何？’則天必誅絕之矣。”

⑦ 《漢書·董仲舒傳》：“國家將有失道之敗，而天乃先出災害以譴告之，不知自省，又出怪異以警懼之，尚不知變，而傷敗乃至。以此見天心之仁愛人君而欲止其亂也。自非大亡道之世者，天盡欲扶持而全安之，事在強勉而已矣。”

爲非人所能回，則“弗克庸帝”，而“天罔念聞”矣。①夫上天以億兆生齒之大且多，付諸一人，而寵之四方，俾“受天之豐福，享民之勳力”②，不能使百姓若恒性③而終其所受之命，且怨上天，何生此無良之民，以爲己勞、以爲己憂，甚或爲己之敵讎，曰天生烝民，若此其多惡也，氣化之衰也，氣數之窮也，氣禀之濁而薄也。譬如父母授子孫以田宅、器用、財賄、臣妾，光顯豐美矣，不知追念前人之德，乃日以作勞爲苦、修治爲煩，於是憎其楛惡焉，厭其朽敗焉，曰昔之人予我者如此，不如無有也。父母其肯曰此吾孝子順孫邪？以此事天，天其不絕之邪？“嗚呼！王司敬民”④，民之不善，不可惡也，敬之敬之。從教則治，而君以民存；犯刑則亂，而君以民亡。⑤

　　親親尊尊，教之大者。⑥罔非天嗣，典祀豐于禰，知自仁率親，而不知自義率祖⑦，以親親害尊尊也。王爲下土之式⑧，先害尊尊之義，則民將安傚哉！禮俗不刑⑨，義德遂替⑩，此不可

---

①語出《書・多士》：“弗克庸帝，大淫泆有辭。惟時天罔念聞，厥惟廢元命，降致罰。”孔安國傳：“桀不能用天戒，大爲過逸之行，有惡辭聞於世。惟是桀惡有辭，故天無所念聞，言不佑，其惟廢其天命，下致天罰。”

②語出《國語・周語下》。

③語出《書・湯誥》：“若有恒性，克綏厥猷惟后。”孔安國傳：“順人有常之性，能安立其道教，則惟爲君之道。”

④《書・高宗肜日》：“嗚呼！王司敬民，罔非天胤，典祀無豐于昵。”蔡沈集傳：“司，主。胤，嗣也。王之職，主於敬民而已，徼福於神非王之事也。況祖宗莫非天之嗣，主祀其可獨豐於昵廟乎？”

⑤《禮記・緇衣》：“君以民存，亦以民亡。”

⑥《禮記・喪服小記》：“親親、尊尊、長長、男女之有別，人道之大者也。”

⑦《禮記・大傳》：“自仁率親，等而上之至于祖，名曰輕。自義率祖，順而下之至于禰，名曰重。一輕一重，其義然也。”鄭玄注：“自，猶用也。率，循也。用恩則父母重而祖輕，用義則祖重而父母輕。恩重者爲之三年，義重者爲之齊衰。然，如是也。”

⑧語出《詩・大雅・下武》：“成王之孚，下土之式。”毛傳：“式，法也。”

⑨不刑，猶不成。《禮記・學記》：“教之不刑，其此之由乎！”鄭玄注：“刑，猶成也。”

⑩語出《書・立政》：“不敢替厥義德”。

不正之事也！以此知古，以此察今，明世宗實隕厥元命矣！①

民所以生，"康食"也，"天性"也，"迪率典"也。②上天之所棄，莫著於降喪饑饉③，阻兵④以相滅，虐刑而戮及不辜，皆"不虞天性"之所致也。夫在勢者不虞天性，制短長之命⑤，而惟見下之無道，作威殺戮，糜爛其民，在呼吸矣。必且以彝倫爲詞，實則暴蔑之甚也。"忠諫謂之誹謗，深計謂之訞言"⑥，邪説暴行作，而典刑法度盡矣。商之民所以"罔弗欲喪"⑦也。天既訖殷命矣，祖伊奔告⑧，豈復望其迓續⑨之邪？或庶幾少有悔於心，獲保厥身。如夏桀之逢殃⑩，王乃曰："嗚呼！我生不有命在天。"則望絶而不可爲也已。夫王亦言天，王亦言命，而祖伊曰此"責命于

①即指明世宗以藩王入承大統，欲尊本生父母而卑承統之孝宗，實爲墜大命之舉。
②語出《書·西伯戡黎》："故天棄我，不有康食。不虞天性，不迪率典。"孔安國傳："以紂自絶於先王，故天亦棄之，宗廟不有安食於天下。而王不度知天性命所在，而所行不蹈循常法。"
③語出《詩·小雅·雨無正》："浩浩昊天，不駿其德。降喪饑饉，斬伐四國。"鄭箋："昊天下此死喪饑饉之災"。
④阻兵，猶恃兵。《左傳·隱公四年》："州吁阻兵而安忍"。
⑤語出《書·盤庚中》："矧予制乃短長之命"。孔安國傳："況我制汝死生之命。"
⑥語出《大戴禮記·保傅》："忠諫者謂之誹謗，深爲計者謂之訞誣。"
⑦《書·西伯戡黎》："今我民罔弗欲喪，曰：'天曷不降威？大命不摯？'今王其如台？王曰：'嗚呼！我生不有命在天。'祖伊反曰：'嗚呼！乃罪多，參在上，乃能責命于天？殷之即喪，指乃功，不無戮于爾邦！'"孔安國傳："摯，至也。民無不欲王之亡，言：'天何不下罪誅之？有大命宜王者何以不至？'王之凶害，其如我所言。言我生有壽命在天，民之所言，豈能害我。言汝罪惡衆多，參列於上天，天誅罰汝，汝能責命于天，拒天誅乎？言殷之就亡，指汝功事所致，汝不得無死戮於殷國，必將滅亡，立可待。"
⑧《書·西伯戡黎》："西伯既戡黎，祖伊恐，奔告于王曰：'天子！天既訖我殷命。'"孔安國傳："文王率諸侯以事紂，內秉王心，紂不能制，今又克有黎國，迫近王圻，故知天已畢訖殷之王命。言將化爲周。"
⑨語出《書·盤庚中》："予迓續乃命于天，予豈汝威？"孔安國傳："迓，迎也。言我徒欲迎續汝命于天，豈以威脅汝乎？"
⑩《楚辭·離騷》："夏桀之常違兮，乃遂焉而逢殃。"王逸章句："殃，咎也。言夏桀上偝於天道，下逆於人理，乃遂以逢殃咎，終爲殷湯所誅滅。"

天"也，自作孽而曰天作孽乎？後之人皆以所自作爲天所作，於是以性爲惡[①]，或曰性可以爲不善，或曰有性不善，皆紂之遺教，不虞天性而責命于天者也。故其言曰："以瞽瞍爲父而有舜，以紂爲兄之子且以爲君，而有微子啓、王子比干。"[②]此非誦桀之言，而不知父子之道者乎！父子一體也，尊卑首足也。[③]體之至尊，性爲不善；體之至卑，性獨爲善[④]；將毋父子非一體乎？無父之教，逆天之辭，可不畏哉！吾故曰奚不知天、不知性、不知命人之多且久也！二篇不亡[⑤]，必有覺寤之者。

①如《荀子・性惡》："人之性惡，其善者僞也。"
②《孟子・告子上》："公都子曰：'告子曰：性無善，無不善也。或曰：性可以爲善，可以爲不善，是故文、武興，則民好善；幽、厲興，則民好暴。或曰：有性善，有性不善，是故以堯爲君而有象，以瞽瞍爲父而有舜，以紂爲兄之子且以爲君，而有微子啓、王子比干。今曰性善，然則彼皆非歟？'"
③《儀禮・喪服傳》："父子一體也，夫妻一體也，昆弟一體也。故父子首足也，夫妻牉合也，昆弟四體也。"賈公彥正義："人身首足爲上下，父子亦是尊卑之上下，故父子比於首足。"
④謂天性至尊，而誣爲不善；己自作孽爲不善，而誣曰己性善。
⑤二篇，即指本節所論祖己之《高宗肜日》、祖伊之《西伯戡黎》。

尚書既見卷二

○“伐柯伐柯，其則不遠”①，此周公之詩也，《傳》曰：“以其所願乎上交乎下，以其所願乎下事乎上，不遠求也。”周公，文王之子，武王之弟，成王之臣，以太公、召公爲朋友。商奄習於紂之惡久且大矣②，多方③小大之邦多至五十國。④管叔及其弟，親在大姒十子之列⑤，傷敗禮義，文王所以治國家者，破之缺之，淫酗肆虐，由行紂之所爲。⑥“除惡務本”，績幾弗成，且益我國之疵⑦，在親骨肉之閒⑧，其於去民之穢，不啻

① 《詩·豳風·伐柯》。小序：“《伐柯》，美周公也，周大夫刺朝廷之不知也。”毛傳：“以其所願乎上交乎下，以其所願乎下事乎上，不遠求也。”鄭箋：“則，法也。伐柯者必用柯，其大小長短近取法於柯，所謂不遠求也。王欲迎周公使還，其道亦不遠，人心足以知之。”
② 《書·多方》：“惟五月丁亥，王來自奄，至于宗周。”蔡沈集傳：“成王即政之明年，商奄又叛，成王征滅之。杜預云：奄，不知所在。”
③ 多方，泛指衆邦國。《書·泰誓下》：“惟我有周，誕受多方。”孔安國傳：“多方，衆方之國。”
④ 《孟子·滕文公下》：“周公相武王，誅紂伐奄，三年討其君，驅飛廉於海隅而戮之，滅國者五十，驅虎豹犀象而遠之，天下大悦。”
⑤ 《史記·管蔡世家》：“武王同母兄弟十人。母曰太姒，文王正妃也。其長子曰伯邑考，次曰武王發，次曰管叔鮮，次曰周公旦，次曰蔡叔度，次曰曹叔振鐸，次曰成叔武，次曰霍叔處，次曰康叔封，次曰冉季載。冉季載最少。同母昆弟十人，唯發、旦賢，左右輔文王，故文王舍伯邑考而以發爲太子。”
⑥ 武王克商，以殷餘民封紂子武庚禄父，並令其弟管叔、蔡叔監殷。武王崩，管叔、蔡叔與武庚禄父叛，周公以成王命興師伐殷，殺武庚禄父、管叔，放蔡叔。詳見《書序》及《金縢》等篇。
⑦ 《書·大誥》：“天降威，知我國有疵，民不康。”孔安國傳：“天下威，謂三叔流言。故禄父知我周國有疵病。”
⑧ 《書序》：“武王崩，三監及淮夷叛，周公相成王，將黜殷。作《大誥》。”蔡沈集傳：“三監，管叔、蔡叔、霍叔也。以其監殷，故謂之三監。”《書·蔡仲之命》：“惟周公位冢宰，正百工，群叔流言。乃致辟管叔于商，囚蔡叔于郭鄰，以車七乘，降霍叔于庶人，三年不齒。”

“病加於小愈”①也。

　　武王勝殷，皇皇然若天下之未定，然乃偃武修文。②豈不念哉！天下雖有小人，亦既祗畏誠服，須暇之③，則日遷善而不自知，武王之心，天之道也。夫武王固知命之不長矣，所以貽孫謀安翼成王者④，則以有周公也。周公當仁則不可以讓，太公在，不讓也。流言作則不可以不避，避朝廷之位，宅東方諸侯之任。⑤二公迪知之矣，則惟教成王以居喪之禮、思慕之忱而已，未大失也。武王之喪畢，“成乃寧考圖功”⑥，在此時矣。武王不復用兵矣，三年之喪不二事矣。⑦於此不圖，而自誦曰“繼序

---

① 語出《韓詩外傳》卷八：“官怠於有成，病加於小愈，禍生於懈惰，孝衰於妻子，察此四者，慎終如始。”亦見《説苑・敬慎》，個別文字有異。

② 據《史記・周本紀》，武王克殷，營周居於雒邑，而後縱馬於華山之陽，放牛于桃林之虛，偃干戈，振兵釋旅，示天下不復用也。

③ 須暇，亦作“須夏”，等待寬暇，猶言放寬時間。《書・多方》：“天惟五年須暇之子孫。誕作民主，罔可念聽。”

④ 《詩・大雅・文王有聲》：“豐水有芑，武王豈不仕？詒厥孫謀，以燕翼子。”毛傳：“芑，草也。仕，事。燕，安。翼，敬也。”鄭箋：“詒，猶傳也。孫，順也。豐水猶以其潤澤生草，武王豈不以其功業爲事乎？以之爲事，故傳其所以順天下之謀，以安其敬事之子孫，謂使行之也。”

⑤ 《書・金縢》：“武王既喪，管叔及其群弟乃流言於國曰：‘公將不利於孺子。’周公乃告二公曰：‘我之弗辟，我無以告我先王。’周公居東二年，則罪人斯得。”

⑥ 《書・大誥》：“［成王曰］義爾邦君，越爾多士，尹氏、御事綏予曰：‘無毖于恤，不可不成乃寧考圖功。’”蔡沈集傳：“然以義言之，于爾邦君、于爾多士及官正治事之臣，當安我曰：‘無勞于憂，誠不可不成武王所圖之功，相與戮力致討可也。’”

⑦ 文王崩，武王服喪三年，不興師滅紂。《書・多方》：“天惟五年，須暇之子孫，誕作民主，罔可念聽。”孔安國傳：“天以湯故，五年須暇湯之子孫，冀其改悔。而紂大爲民主，肆行無道，事無可念，言無可聽。武王服喪三年，還師二年。”《禮記・王制》：“喪不貳事”。鄭玄注：“貳之言二也。庶人終喪無二事，不使從政也。”

思不忘"①，武王之神靈，毋乃有"忘我實多"②之戚乎？貽女以叔旦③，"居東二年"，不知所以親之敬之。"罪人斯得"，釁起于兄弟④，不能"垂涕泣而道之"。⑤朝歌沫土⑥以東，北循海而南至于淮夷，多罪顯聞于天⑦，不知罪在有天下之一人。⑧則所云"日就月將"，學何事乎？⑨及大誥多邦，則曰"若昔朕其逝"⑩，夫乃知之矣。

---

① 《詩·周頌·閔予小子》："於乎皇王，繼序思不忘。"毛傳："序，緒也。"鄭箋："我小子早夜慎行祖考之道，言不敢懈倦也。於乎君王，嘆文王、武王也。我繼其緒，思其所行不忘也。"我小子，指成王。

② 語出《詩·秦風·晨風》："如何如何？忘我實多！"鄭箋："此以穆公之意責康公。如何如何乎？女忘我之事實多。"小序："《晨風》，刺康公也，忘穆公之業，始棄其賢臣焉。"

③ 指周公旦，乃成王之叔。

④ 罪人，指管、蔡，乃武王、周公之兄弟。

⑤ 語出《孟子·告子下》："有人於此，越人關弓而射之，則己談笑而道之，無他，疏之也；其兄關弓而射之，則己垂涕泣而道之，無他，戚之也。"

⑥ 沫土，即朝歌，殷故都，武王以封武庚。《詩·鄘風·桑中》："爰采唐矣，沫之鄉矣。"毛傳："沫，衛邑。"孔穎達正義："《酒誥》注云：'沫邦，紂之都所處也。'於詩國屬鄘。……今鄘并於衛，故言衛邑。紂都朝歌，明朝歌即沫也。"

⑦ 語出《書·康誥》："惟厥罪無在大，亦無在多，矧曰其尚顯聞于天。"《書序》："武王崩，三監及淮夷叛，周公相成王，將黜殷。作《大誥》。成王既黜殷命，殺武庚，命微子啓代殷後。作《微子之命》。成王既伐管叔、蔡叔，以殷餘民封康叔。作《康誥》《酒誥》《梓材》。"

⑧ 語出《書·湯誥》："其爾萬方有罪，在予一人。予一人有罪，無以爾萬方。"予一人，湯自稱，此處代指成王。

⑨ 《詩·周頌·敬之》："維予小子，不聰敬止。日就月將，學有緝熙于光明。"毛傳："小子，嗣王也。將，行也。光，廣也。"鄭箋："緝熙，光明也。群臣戒成王以'敬之敬之'，故承之以謙云：我小子耳，不聰達於敬之之意。日就月行，言當習之以積漸也。且欲學於有光明之光明者，謂賢中之賢也。"

⑩ 《書·大誥》："王曰：'若昔朕其逝，朕言艱日思。'"孔安國傳："順古道，我其往東征矣。我所言國家之難備矣，日思念之。"另本篇蔡沈解題："武王克殷，以殷餘民封受子武庚，命三叔監殷。武王崩，成王立，周公相之。三叔流言：'公將不利於孺子。'周公避位居東。後成王悟，迎周公歸。三叔懼，遂與武庚叛。成王命周公東征以討之，大誥天下。"

　　當周公貽王以《鴟鴞》之詩[①]，此二公及王歌《閔予小子》之三之時也。[②]二公雖賢聖，得毋曰我先君文王、武王之至德，克享天心[③]，而東西南北“無思不服”如故也。[④]今嗣王之典學[⑤]好問，思哀、思敬[⑥]、思難[⑦]，未有過也，何其憂患迫切，如不可以終日者？心不然之，特未敢誚公爾。夫以耆艾盛德如二公，尚不克知，則沖人[⑧]之不及知，年非幼也，德不足以及知也。蓋周公之志，自孔子、孟子没，夫孰有克知之者矣？矧前寧人之功未休畢[⑨]，明德未光于上下四方之日哉！

　　古之明德，虞帝其不可及已[⑩]，其德好生，其治人不殺。伊尹以其道相湯伐桀，未嘗行一不義、殺一不辜[⑪]，然欲如舜未嘗

①《書·金縢》：“周公居東二年，則罪人斯得。于後，公乃爲詩以貽王，名之曰《鴟鴞》。”

②指《詩·周頌》“閔予小子之什”的前三篇，即《閔予小子》《訪落》和《敬之》。小序分別稱：“《閔予小子》，嗣王朝於廟也。”“《訪落》，嗣王謀於廟也。”“《敬之》，群臣進戒嗣王也。”鄭箋：“嗣王者，謂成王也。”

③語出《書·咸有一德》。孔安國傳：“享，當也。”

④《詩·大雅·文王有聲》：“鎬京辟廱，自西自東，自南自北，無思不服。”毛傳：“武王作邑於鎬京。”鄭箋：“自，由也。武王於鎬京行辟廱之禮，自四方來觀者，皆感化其德，心無不歸服者。”

⑤典學，皇子或帝王致力於學。《書·説命下》：“念終始典於學。”孔穎達正義：“念終念始，常在於學。”

⑥《論語·子張》：“祭思敬，喪思哀，其可已矣。”

⑦《論語·季氏》：“忿思難，見得思義。”

⑧《書·金縢》：“昔公勤勞王家，惟予沖人弗及知。”孔安國傳：“言己童幼，不及知周公昔日忠勤。”予，成王自稱。

⑨《書·大誥》：“予曷敢不于前寧人攸受休畢？”孔寧國傳：“我何敢不於前文王所受美命終畢之？”

⑩《禮記·表記》：“子言之曰：‘後世雖有作者，虞帝弗可及也已矣。君天下，生無私，死不厚其子。子民如父母，有憯怛之愛，有忠利之教。親而尊，安而敬，威而愛，富而有禮，惠而能散。其君子尊仁畏義，耻費輕實，忠而不犯，義而順，文而静，寬而有辨。《甫刑》曰：“德威惟威，德明惟明。”非虞帝，其孰能如此乎！’”虞帝，即舜。

⑪《孟子·公孫丑上》：“曰：‘伯夷、伊尹於孔子，若是班乎？’曰：‘否。自有生民以來，未有孔子也。’‘然則有同與？’曰：‘有。得百里之地而君之，皆能以朝諸侯、有天下。行一不義，殺一不辜，而得天下，皆不爲也，是則同。’”

殺一人而不能也。文王之心如舜，享國五十年而崩①，紂不能以自斃也。武王之德如湯，太公之志如伊尹，不逮舜與文王，此則聖人於天道之命也。詩人丁寧而重思之，作曰"伐柯如何，匪斧不克"②，夫伐之謂不能無所傷，克之謂事不可以再。《商頌》曰："韋顧既伐，昆吾夏桀。"③此伊尹相湯，用武不再之詩也。武王克商誅紂則已，奄及飛廉、五十國不誅④，多罪逋逃之爲大夫卿士者不誅，立武庚俾守其宗廟社稷，修其禮物以客事天子。⑤《書》曰："我不爾動，自乃邑。"⑥雖曰征誅，其與"虞賓在位"⑦何異哉！

　　雖然，太公之志不如此。箕子以仁人爲紂之親戚⑧，亦且詰曰："於其無好德，女雖錫之福，其作女用咎。"⑨詰微子："王

①《書·無逸》："文王受命惟中身，厥享國五十年。"
②《詩·豳風·伐柯》。
③《詩·商頌·長發》。毛傳："有韋國者，有顧國者，有昆吾國者。"鄭箋："韋，豕韋，彭姓也。顧、昆吾，皆己姓也。三國黨於桀惡。湯先伐韋、顧，克之。昆吾、夏桀則同時誅也。"
④據《書序》，武王克商之後，封紂子武庚以存其後。待武王崩，三監與武庚及淮夷叛，周公相成王黜殷命，殺武庚，東伐淮夷，遂滅奄。此一説法與孟子略有出入，《孟子·滕文公下》稱："周公相武王，誅紂伐奄，三年討其君，驅飛廉於海隅而戮之，滅國者五十，驅虎豹犀象而遠之，天下大悦。"莊存與以《書序》爲依據，疏通孟子之説，認爲武王僅伐紂即止，誅奄、飛廉、五十國等均爲成王所爲。
⑤語出《書·微子之命》："統承先王，修其禮物，作賓于王家。"孔安國傳："言二、王之後，各修其典禮、正朔、服色，與時王並通三統。"蔡沈集傳："禮，典禮。物，文物也。賓，以客禮遇之也。"
⑥《書·多士》："予其曰：'惟爾洪無度，我不爾動，自乃邑。'"孔安國傳："我其曰：'惟汝大無法度'，謂紂無道。'我不先動誅汝，亂從汝邑起'，言自召禍。"
⑦《書·益稷》："虞賓在位，群后德讓。"蔡沈集傳："虞賓，丹朱也。堯之後，爲賓于虞，猶微子作賓于周也。"
⑧《史記·宋微子世家》："箕子者，紂親戚也。"司馬貞索隱："馬融、王肅以箕子爲紂之諸父。服虔、杜預以爲紂之庶兄。"
⑨《書·洪範》箕子語。孔安國傳："於其無好德之人，汝雖與之爵禄，其爲汝用惡道以敗汝善。"

子弗出，我乃顛隮。"①知武庚之必不克享，紂之卒無後，而憂帝乙之不祀也。若先哲王孫子不億矣②，奚必在"王子"？夫箕子之所憂，太公之所去也。③武王不早爲之所④，文王之心也，惟周公知之矣。曰"豐水有芑，武王豈不仕"⑤，其貽子孫以憂哉！武庚雖狂，惟克念，則可念聽而作民主也。⑥奔走臣我，可五祀⑦，則百祀可也。紂不血食於殷之宗廟乎？天其不以武庚之孝，而逭紂無後之罰乎？"鯀則殛死，禹乃嗣興"⑧，虞帝所以奉天道，四罪⑨惟苗民乃"無世在下"⑩，孰謂殷之頑壹若苗

①《書·微子》："［箕子曰］我舊云刻子，王子弗出，我乃顛隮。"蔡沈集傳："刻，害也。箕子舊以微子長且賢，勸帝乙立之。帝乙不從，卒立紂，紂必忌之。是我前日所言，適以害子。子若不去，則禍必不免，我商家宗祀，始隕墜而無所托矣。"

②《詩·大雅·文王》："商之孫子，其麗不億。"毛傳："麗，數也。"鄭箋："商之孫子，其數不徒億，多言之也。"

③去，誅除。《史記·樂書》："總干而山立，武王之事也；發揚蹈厲，太公之志也。"張守節正義："太公相武王伐紂，志願武王之速得，自奮其威勇以助也。"

④謂武王誅紂即止，而未殺武庚防其叛亂。

⑤《詩·大雅·文王有聲》："豐水有芑，武王豈不仕？詒厥孫謀，以燕翼子。"毛傳："芑，草也。仕，事。燕，安。翼，敬也。"鄭箋："詒，猶傳也。孫，順也。豐水猶以其潤澤生草，武王豈不以其功業爲事乎？以之爲事，故傳其所以順天下之謀，以安其敬事之子孫，謂使行之也。"

⑥語出《書·多方》："惟聖罔念，作狂；惟狂克念，作聖。天惟五年，須暇之子孫，誕作民主，罔可念聽。"孔安國傳："惟聖人無念於善，則爲狂人；惟狂人能念於善，則爲聖人。言桀紂非實狂愚，以不念善，故滅亡。天以湯故，五年須暇湯之子孫，冀其改悔。而紂大爲民主，肆行無道，事無可念，言無可聽。武王服喪三年，還師二年。"

⑦《書·多方》："［成］王曰：'嗚呼！猷告爾有方多士，暨殷多士，今爾奔走臣我監五祀。'"蔡沈集傳："監，監洛邑之遷民者也，猶諸侯之分民，有君道焉，所以謂之'臣我監'也。言商士遷洛，奔走臣服我監，于今五年矣。"

⑧《書·洪範》。

⑨《書·舜典》："［舜］流共工于幽州，放驩兜于崇山，竄三苗于三危，殛鯀于羽山。四罪而天下咸服。"

⑩《書·吕刑》："皇帝哀矜庶戮之不辜，報虐以威，遏絕苗民，無世在下。"孔安國傳："皇帝，帝堯也。哀矜衆被戮者之不辜，乃報爲虐者以威，誅遏絕苗民，使無世位在下國也。"

之頑？屑播天命①至此邪！武王、周公有刑不誅，有兵不用，有太公、箕子之言弗聽，而修諸侯自爲正之教，惟是以人治人，欲天下之人胥保其宗廟、守其社稷、蕃育其子孫、撫有其臣庶，以承上天之降休。豈欲踐奄命魯公②，以殷爲墟侯康叔③，滅唐封大叔、屬諸參④而策“其後必大”⑤哉！忠恕故也。己所欲，人所欲也；己所不欲，人所不欲也。天下之人盡然，況於其親乎！管叔，兄也，一旦致辟焉，聖人哀傷慘怛，豈復常情所能儗哉！《鴟鴞》之詩曰“既取我子”⑥，言無若何已。“天大雷電以

①語出《書·多方》：“爾乃不大宅天命，爾乃屑播天命。”孔安國傳：“汝乃不大居安天命，是汝乃盡播棄天命。”
②《書序》：“成王東伐淮夷，遂踐奄。”《左傳·定公四年》：“昔武王克商，成王定之。選建明德，以藩屏周。故周公相王室以尹天下，於周爲睦。……因商奄之民，命以伯禽，而封於少皞之虛。”伯禽，即魯公。
③《史記·周本紀》：“周公奉成王命，伐誅武庚、管叔，放蔡叔。以微子開代殷後，國于宋。頗收殷餘民，以封武王少弟，封爲衛康叔。”《左傳·定公四年》：“分康叔以大路、少帛、綪茷、旃旌、大呂，殷民七族，陶氏、施氏、繁氏、錡氏、樊氏、饑氏、終葵氏。封畛土略，自武父以南，及圃田之北竟，取於有閻之土，以共王職。取於相土之東都，以會王之東蒐。聃季授土，陶叔授民，命以《康誥》，而封於殷虛。”
④《左傳·昭公元年》：“當武王邑姜，方震大叔，夢帝謂己：‘余命而子曰虞，將與之唐，屬諸參而蕃育其子孫。’及生有文在其手曰‘虞’，遂以命之。及成王滅唐而封大叔焉，故參爲晉星。”杜預集解：“邑姜，武王后，齊大公之女。懷胎爲震。叔虞封唐，是爲晉侯。”
⑤《左傳·僖公十五年》：“且吾聞唐叔之封也，箕子曰：‘其後必大！’”
⑥《詩·豳風·鴟鴞》：“鴟鴞鴟鴞，既取我子，無毀我室！”毛傳：“無能毀我室者，攻堅之故也。寧亡二子，不可以毀我室。”孔穎達正義：“周公既誅管、蔡，王意不悅，故作詩以遺王。假言人取鴟鴞子者，言鴟鴞鴟鴞，其意如何乎？其言人已取我子，我意寧亡此子，無能留此子以毀我巢室，以其巢室積日累功作之，攻堅故也。以興周公之意如何乎？其意言：寧亡管、蔡，無能留管、蔡以毀我周室，以其周室自后稷以來，世修德教，有此王基，篤厚堅固故也。又言管、蔡罪重，不得不誅之意。周公言己甚愛此、甚惜此二子，但爲我稚子成王之病，以此之故，不得不誅之也。”

風”①，可“乃雨，反風”②也。“風雨所漂搖，予維音嘵嘵”③，
“胥伐于厥室”④，憂患迫切，王雖寐猶不可攄也。“我東曰
歸，我心西悲”⑤，“如其倫之喪”，則同父同母之人也。死喪已
威矣，遂至不得“以疾死”哉！⑥作《常棣》“弔二叔之不咸”，
自念其過，終身閔焉。⑦病己之不如舜也。⑧

　　抑又聞之，“司寇行戮，君爲之不舉”⑨，“戰勝以喪禮處

---

① 《書·金縢》：“武王既喪，管叔及其群弟乃流言於國曰：‘公將不利
　　於孺子。’周公乃告二公曰：‘我之弗辟，我無以告我先王。’周公居
　　東二年，則罪人斯得。于後，公乃爲詩以貽王，名之曰《鴟鴞》。王亦
　　未敢誚公。秋大熟，未穫，天大雷電以風，禾盡偃，大木斯拔，邦人
　　大恐。”
② 《書·金縢》：“［成王曰］‘今天動威，以彰周公之德。惟朕小子其新
　　逆，我國家禮亦宜之。’王出郊，天乃雨，反風，禾則盡起。”
③ 《詩·豳風·鴟鴞》：“予室翹翹，風雨所漂搖，予維音嘵嘵！”毛傳：
　　“翹翹，危也。嘵嘵，懼也。”鄭箋：“巢之翹翹而危，以其所托枝條弱
　　也。以喻今我子孫不肖，故使我家道危也。風雨，喻成王也。音嘵嘵然
　　恐懼，告愬之意。”孔穎達正義：“由管、蔡作亂使憂懼若此，故不得
　　不誅之意也。”
④ 《書·大誥》：“［周公曰］惟大艱人，誕鄰胥伐于厥室，爾亦不知天命
　　不易。”孔安國傳：“惟大爲難之人，謂三叔也。大近相伐於其室家，
　　謂叛逆也。若不早誅汝，天下亦不知天命之不易也。”
⑤ 《詩·豳風·東山》。毛傳：“公族有辟，公親素服，不舉樂，爲之變，如
　　其倫之喪。”孔穎達正義：“周公既序歸士之情，又復自言己意。我在
　　東方言曰歸之時，我心則念西而悲，何則？管、蔡有罪不得不誅，誅殺
　　兄弟慙見父母之廟，故心念西而益悲傷。”另小序稱：“《東山》，周公
　　東征也。周公東征，三年而歸，勞歸士，大夫美之，故作是詩也。”
⑥ 《公羊傳·莊公三十二年》：“季子殺母兄何善爾？誅不得辟兄，君臣
　　之義也。然則曷爲不直誅而酖之？行誅乎兄，隱而逃之使託若以疾死
　　然，親親之道也。”
⑦ 《詩·小雅·常棣》小序：“《常棣》，燕兄弟也。閔管、蔡之失道，故作
　　《常棣》焉。”鄭箋：“周公弔二叔之不咸，而使兄弟之恩疏，召公爲
　　作此詩而歌之以親之。”孔穎達正義：“咸，和也。言周公閔傷此管、
　　蔡二叔之不和睦，而流言作亂，用兵誅之，致令兄弟之恩疏，恐其天
　　下見其如此，亦疏兄弟，故作此詩以燕兄弟，取其相親也。”
⑧ 《史記·五帝本紀》：“舜父瞽叟頑，母嚚，弟象傲，皆欲殺舜。舜順適
　　不失子道，兄弟孝慈。欲殺，不可得；即求，嘗在側。”
⑨ 《左傳·莊公二十年》。

之"①，則武王於紂之死，成王、周公於武庚之誅，必有加厚於此常數者矣。此箕子所以爲周陳洪範②，而微子所以來見乎周之祖廟也。其《詩》曰"既有淫威"③，天之威也，周人不敢閉④，而未嘗加之怒，且未嘗不加之禮也。"降福孔夷"，天之福也，周人不敢後，日致其禮之嘉，而殊不以爲多也。不然，武王雖聖人，微子、箕子皆仁人，義亦終身不相見。人道親親，"不奪人之親，且不可奪親也。"⑤忠恕之盡人道、即人心，固如此。

公爲文王之子則孝，武王之弟則弟，成王之臣則臣，二公之友則能先施之⑥，四者周公實親行之。"有所不足，不敢不勉"，憂勤以終身，而不一日以己樂。作《誥》曰"予惟用閔于天越民"⑦，"閔"之言病也⑧，天命則信難終其事矣，民性則信難終其道矣，病乎？不病乎？又曰"文王，我師也"⑨，文王視民如傷，望道如未之見⑩，故曰："天休滋至，惟時二人弗戡。"⑪

①《老子·第三十一章》。
②據《書·洪範》，武王克殷，訪于箕子，箕子爲陳《洪範》。
③《詩·周頌·有客》："既有淫威，降福孔夷。"毛傳："淫，大。威，則。夷，易也。"鄭箋："既有大則，謂用殷正朔行其禮樂如天子也。神與之福，又甚易也。言動作而有度。"另小序稱："《有客》，微子來見祖廟也。"
④《書·大誥》："予不敢閉于天降威用。"孔安國傳："天下威用，謂誅惡也。言我不敢閉絕天所下威用而不行，將欲伐四國。"
⑤《禮記·曾子問》："君子不奪人之親，亦不可奪親也。"
⑥《中庸》："君子之道四，丘未能一焉。所求乎子以事父，未能也；所求乎臣以事君，未能也；所求乎弟以事兄，未能也；所求乎朋友先施之，未能也。庸德之行，庸言之謹，有所不足，不敢不勉；有餘，不敢盡。"
⑦《書·君奭》："[周公曰]予惟用閔于天越民。"蔡沈集傳："予惟用憂天命之不終，及斯民之無賴也。"
⑧如《詩·邶風·柏舟》："覯閔既多，受侮不少。"毛傳："閔，病也。"
⑨《孟子·滕文公上》："'文王，我師也。'周公豈欺我哉！"
⑩《孟子·離婁下》："文王視民如傷，望道而未之見。"朱熹集注："而，讀爲如，古字通用。"
⑪《書·君奭》："[周公曰]言曰在時二人，天休滋至，惟時二人弗戡。"孔安國傳："發言常在是文、武，則天美周家，日益至矣。惟是文、武不勝受，言多福。"

文王、武王且弗敢勝任，周公其收之①，莫或勖之②，必不及矣。聖人之於天道，固若是乎？其難之也。豈其曰道在忠恕③而已哉？夫忠恕近人，其則信不遠矣。④"執柯以伐柯"，不能無所傷，慎之而不輕措其刃焉。"睨而視之，猶以爲遠"，東征三年，善師不陳⑤，慎之至也。"不以其所能病人，不以人之所不能愧人"⑥，惟恐其遠也。誥多方曰"尚永力田爾田，天惟畀矜爾，我有周惟其大介賚爾"⑦，誥多士曰"爾厥有幹有年于茲洛，爾小子乃興"⑧，其猶或遠人乎？周公救東方之亂，而致之百姓寧者，"以人治人，改而止"⑨爾。《書》曰"爾乃尚寧幹止"⑩，夫君

----

① 《詩·周頌·維天之命》："文王之德之純，假以溢我，我其收之。"毛傳："純，大。假，嘉。溢，慎。收，聚也。"另小序稱："《維天之命》，[周公]大平告文王也。"鄭箋："告大平者，居攝五年之末也。"

② 《書·泰誓中》："勖哉，夫子！"孔安國傳："勖，勉也。"

③ 語出《論語·里仁》："子曰：'參乎，吾道一以貫之！'曾子曰：'唯。'子出，門人問曰：'何謂也？'曾子曰：'夫子之道，忠恕而已矣。'"

④ 《中庸》："子曰：'道不遠人，人之爲道而遠人，不可以爲道。《詩》云："伐柯伐柯，其則不遠。"執柯以伐柯，睨而視之，猶以爲遠。故君子以人治人，改而止。忠恕違道不遠，施諸己而不願，亦勿施於人。'"朱熹章句："柯，斧柄。則，法也。睨，邪視也。言人執柯伐木以爲柯者，彼柯長短之法，在此柯耳。然猶有彼此之別，故伐者視之猶以爲遠也。若以人治人，則所以爲人之道，各在當人之身，初無彼此之別。故君子之治人也，即以其人之道，還治其人之身。其人能改，即止不治。蓋責之以其所能知能行，非欲其遠人以爲道也。"

⑤ 《詩·豳風·東山》："制彼裳衣，勿士行枚。"鄭箋："亦初無行陳衛枚之事，言前定也。《春秋傳》曰：'善用兵者不陳。'"小序："《東山》，周公東征也。周公東征，三年而歸，勞歸士，大夫美之，故作是詩也。"

⑥ 《禮記·表記》："子曰：'仁之難成久矣，惟君子能之。是故君子不以其所能者病人，不以人之所不能者愧人。'"

⑦ 《書·多方》周公轉述成王語。"田爾田"，原文作"畋爾田"。孔安國傳："長力畋汝田矣"，"汝能修善，天惟與汝憐汝，我有周惟其大夫賜汝。言受多福之祚。"

⑧ 《書·多士》周公轉述成王語。蔡沈集傳："有營爲，有壽考，皆於茲洛焉，爾之子孫乃興。"

⑨ 《中庸》。

⑩ 《書·多士》。蔡沈集傳："幹，事。止，居也。庶幾安爾所事，安爾所居也。"

子不止，百姓何以寧哉？若乃曰"今卜并吉，以爾東征"①，己所不願，不敢不施於人，是天命之不僭也。忠恕如弗敢及天，而實不敢後，不遠也。必將天明威致王罰，必協於人情致不得已之實焉。《書》曰"惟我事不貳適，惟爾王家我適"②，上帝命德討罪之枋，非其人不畀也。二公日在王所，而不能弭雷風之變，則知惡惡不可疾貞③，而忠恕之道惟周公面稽天若④而奉之矣。

　　《書》曰"今⑤惟我周王，丕靈承帝事"⑥，非成王惟周公之爲聽，何以敬天休而克有成績哉？⑦《豳詩》卒章曰"公孫碩膚，德音不瑕"⑧，《詩故》曰："公孫，成王也，豳公之孫也。碩，大也；膚，美也。"⑨至是而孺子"聽朕教汝"⑩之功成，必至於是而後公"不失其聖"，是之謂"王功曰勳"。⑪《洛誥》曰："惟公德明，光于上下，勤施于四方。旁作穆穆迓衡，不迷文武

① 《書·大誥》："矧今卜并吉，肆朕誕以爾東征。天命不僭，卜陳惟若兹。"蔡沈集傳："卜而不吉，固將伐之，況今卜而并吉乎！故我大以爾東征。天命斷不僭差，卜之所陳蓋如此。"
② 《書·多士》。孔安國傳："言天下事已之我周矣，不貳之佗，惟汝殷王家已之我，不復有變。"
③ 語出《易·明夷》："九三：明夷于南狩，得其大首，不可疾貞。"王弼注："既誅其主，將正其民，民之迷也，其日固已久矣，化宜以漸，不可速正，故曰'不可疾貞'。"
④ 面稽天若，語出《書·召誥》。孔安國傳："面考天心而順之。"
⑤ 今，原作"天"，據《尚書》原文改。
⑥ 《書·多士》。蔡沈集傳："靈，善也。大善承天之所爲也。《武成》言'祗承上帝，以遏亂略'是也。"
⑦ 《書·洛誥》："［周公曰］萬邦咸休，惟王有成績。"王，指成王。
⑧ 《詩·豳風·狼跋》。毛傳："瑕，過也。"鄭箋："不瑕，言不可疵瑕也。"另小序稱："《狼跋》，美周公也。周公攝政，遠則四國流言，近則王不知周，大夫美其不失其聖也。"
⑨ 《詩·豳風·狼跋》："公孫碩膚，赤舄几几。"毛傳語。毛傳全名爲《毛詩故訓傳》。
⑩ 《書·洛誥》："［周公曰］乃惟孺子，頒朕不暇，聽朕教汝于棐民彝。"孔安國傳："我爲政常若不暇，汝爲小子當分取我之不暇而行之，聽我教汝於輔民之常而用之。"孺子，指成王。
⑪ 《周禮·夏官·司勳》："王功曰勳。"鄭玄注："輔成王業，若周公。"

勤教。予沖子夙夜毖祀。”①成王無爲以守至正，有聖人之德，允爲孝子，饗帝、饗親，毖在夙夜矣。②於是大周公之恭德，勖公所不暇言曰“未定于宗禮，亦未克敉公功”③，又曰“無斁其康事”④，蓋成王至是爲不可及矣。成王不有“丕顯德”，周公雖聖，能以之揚文武烈乎！⑤“文武之烈”何等也？“奉答天命”何事也？且“頒朕不暇”，作禮樂也，非聖人不敢與焉。⑥成王有其德，故周公詔之，成王讓于德，必授之周公。蓋自“執書以泣”⑦，而成王之於周公，咸有一德⑧矣。《洛誥》，君臣一德之書也。⑨《顧命》，成王之德之成也。⑩日月歷離⑪，昭然明視⑫，誦《詩》讀《書》，不深惟古人之終始，心意淺薄，俾盛德

①《書·洛誥》。孔安國傳：“言［周］公明德光於天地，勤政施於四海，萬邦四夷服仰公德而化之。四方旁來爲敬敬之道，以迎太平之政，不迷惑於文武所勤之教。言化治。言政化由公而立，我童子徒早起夜寐，慎其祭祀而已，無所能。”
②《禮記·祭義》：“唯聖人爲能饗帝，孝子爲能饗親。”
③《書·洛誥》成王語。孔安國傳：“言四方雖道治，猶未定於尊禮。禮未彰，是亦未能撫順［周］公之大功。明不可以去。”
④《書·洛誥》：“公［周公］無困哉！我［成王］惟無斁其康事，公勿替刑，四方其世享。”孔安國傳：“公必留，無去以困我哉！我惟無厭其安天下事。公勿去以廢法，則四方其世世享公之德。”
⑤《書·洛誥》：“［成王曰］公稱丕顯德，以予小子揚文武烈，奉答天命，和恒四方民，居師。”孔安國傳：“言公當留，舉大明德，用我小子襃揚文武之業而奉順天。又當奉當天命，以和常四方之民，居處其衆。”
⑥《中庸》：“雖有其位，苟無其德，不敢作禮樂焉。雖有其德，苟無其位，亦不敢作禮樂焉。”
⑦《書·金縢》。指成王啓金縢見周公禱辭，消除隔閡，重新重用周公之時。
⑧語出《書·咸有一德》。書序：“伊尹作《咸有一德》。”孔安國傳：“言君臣皆有純一之德，以戒太甲。”
⑨《書序》：“召公既相宅，周公往營成周，使來告卜，作《洛誥》。”孔安國傳：“召公先相宅卜之，周公自後至，經營作之，遣使以所卜吉兆逆告成王。”
⑩《書序》：“成王將崩，命召公、畢公，率諸侯相康王，作《顧命》。”
⑪語出《大戴禮記·五帝德》：“歷離日月星辰。”孔廣森補注：“離，謂七政行所次也。”
⑫語出《大戴禮記·少閒》：“粒食之民，昭然明視。”孔廣森補注：“楊簡曰：‘昭然明見舜之功德。’”

不宣究于後世，猥以成王不若漢昭者①，然則周公何人哉！

　　○司馬遷嘗讀百篇之《序》，而不知成王、周公之事爲荀卿②、蒙恬③所汩亂。④漢居秦故地，世習野人之言，於是有周公輔成王朝諸侯圖賜霍光者⑤，成王幼不能涖阼，遂記於大、小《戴》而列於學官矣。⑥周公踐阼，君子有知其誣者，而不能知成王即位，其年不幼也。何以徵之？徵之於《書》。《書》曰："于後，公乃爲詩以貽王，名之曰《鴟鴞》。王亦未敢誚公。"⑦豈教誨稚子之言乎？王又能通其說，心不謂然能不宣之於口，豈尚

---

① 《漢書·昭帝本紀贊》："昔周成以孺子繼統，而有管、蔡四國流言之變。孝昭幼年即位，亦有燕、蓋、上官逆亂之謀。成王不疑周公，孝昭委任霍光，各因其時以成名，大矣哉！"後世論周成不若漢昭者衆，多見於史論。

② 《荀子·儒效》："武王崩，成王幼，周公屏成王而及武王，以屬天下，惡天下之倍周也。履天子之籍，聽天下之斷，偃然如固有之，而天下不稱貪焉。"及，兄死弟繼曰及。

③ 《史記·蒙恬列傳》："［蒙恬曰］昔周成王初立，未離襁緥，周公旦負王以朝，卒定天下。及成王有病甚殆，公旦自揃其爪以沈於河，曰：'王未有識，是旦執事。有罪殃，旦受其不祥。'乃書而藏之記府，可謂信矣。及王能治國，有賊臣言：'周公旦欲爲亂久矣，王若不備，必有大事。'王乃大怒，周公旦走而奔于楚。成王觀於記府，得周公旦沈書，乃流涕曰：'孰謂周公旦欲爲亂乎！'殺言之者而反周公旦。"

④ 《史記·魯周公世家》："武王既崩，成王少，在强葆之中。周公恐天下聞武王崩而畔，周公乃踐阼代成王攝行政當國。"

⑤ 《史記·外戚世家》："衛太子廢後，未復立太子。而燕王旦上書，願歸國入宿衛。武帝怒，立斬其使者于北闕。上居甘泉宮，召畫工圖畫周公負成王也。於是左右群臣知武帝意欲立少子也。"《漢書·霍光金日磾傳》："征和二年，衛太子爲江充所敗，而燕王旦、廣陵王胥皆多過失。是時上年老，寵姬鈎弋趙倢伃有男，上心欲以爲嗣，命大臣輔之。察群臣唯光任大重，可屬社稷。上乃使黃門畫者畫周公負成王朝諸侯以賜光。後元二年春，上游五柞宮，病篤，光涕泣問曰：'如有不諱，誰當嗣者？'上曰：'君未諭前畫意邪？立少子，君行周公之事。'"

⑥ 《禮記·文王世子》："成王幼，不能涖阼，周公相，踐阼而治。"《大戴禮記·保傅》："昔者周成王幼，在襁褓之中，召公爲太保，周公爲太傅，太公爲太師。"

⑦ 《書·金縢》。

須人抱負邪？夫“孺子”①、“沖子”②，家人壽耈相與之常言；“予沖人”③、“予小子”④，古天子通言上下之恒辭，不以長幼而異者。⑤則《書》之訓，絕無可據爲幼不能涖阼之徵矣。《書》曰“王與大夫盡弁”，曰“王執書以泣”，曰“王出郊”⑥，此孰抱負之而然耶？曾有提其耳而面命之者邪？且必非羈丱⑦成童⑧之所能然也。當其時，二公未嘗有一言，王獨深信天道，而曰“今天動威以彰周公之德”⑨，上比商之高宗，曾不俟祖己之“正厥事”也⑩，此非所謂不惑者乎？其視“悉思朕之過失，句以啓告

①孺子，《書》以之稱成王，如《金縢》：“武王既喪，管叔及其群弟，乃流言於國曰：‘公將不利於孺子。’”
②沖子，年幼之人，《書》亦以之稱成王，如《召誥》：“今沖子嗣，則無遺壽耈。”孔安國傳：“童子，言成王少嗣位治政，無遺棄老成人之言，欲其法之。”
③《書·金縢》：“昔公勤勞王家，惟予沖人弗及知。”予沖人，成王自稱。
④《書·金縢》：“予小子新命于三王。”予小子，周公自稱。
⑤“予沖人”，如《盤庚下》：“肆予沖人，非廢厥謀，弔由靈。”孔安國傳：“沖，童。童人，謙也。”乃盤庚自稱。《大誥》：“肆予沖人永思艱。”孔安國傳：“故我童人成王長思此難。”乃成王自稱。“予小子”，如《泰誓上》：“肆予小子發”，乃武王自稱；《洛誥》：“以予小子，揚文武烈”，乃成王自稱；《文侯之命》：“閔予小子嗣”，乃周平王自稱。
⑥皆見《書·金縢》。弁，冠之一種，此處指加弁。
⑦羈丱，猶羈角。丱，兒童髮髻的樣式，因以指童年。
⑧成童，年齡稍大的兒童。或謂八歲以上，或謂十五歲以上。《穀梁傳·昭公十九年》：“羈貫成童，不就師傅，父之罪也。”范寧集解：“成童，八歲以上。”《禮記·內則》：“成童，舞象，學射御。”鄭玄注：“成童，十五以上。”
⑨《書·金縢》成王語。
⑩《書·高宗肜日》：“高宗肜日，越有雊雉。祖己曰：‘惟先格王，正厥事。’乃訓于王。”孔穎達正義：“高宗既祭成湯，肜祭之日，於是有雊鳴之雉在於鼎耳，此乃怪異之事。賢臣祖己見其事而私自言曰：‘惟先世至道之王遭遇變異，則正其事而異自消也。’既作此言，乃進言訓王。史錄其事，以爲訓王之端也。”

朕”①者何如也？且曰“我國家禮亦宜之”②，不待父兄百官議其儀法，即日具親逆周公之禮，遄行出郊矣，孟子所謂“若決江河，沛然莫之能禦”③者。以此應天，誠矣；以此改過，勇矣。必非漢以後守文良主之所能然也，寧復童蒙之順以聽哉！勿庸贊也。史不記二公云何，惟記“二公命邦人”以卒歲事④，所以昭成王之爲君，有如此其信以發志⑤者，斯其能尚周公之聖，而成文、武之德也。

　　曰：成王有人君之大節如此，而又以二公爲左右，天即不篤生周公，亦自可成一家之事；王縱不迎周公，商奄、淮夷亦自可以安集之。天必動威以明周公，公必以不任事作詩救亂⑥，周

①《漢書·文帝本紀》：“十一月癸卯晦，日有食之。詔曰：‘朕聞之，天生民，爲之置君以養治之。人主不德，布政不均，則天示之災以戒不治。乃十一月晦，日有食之，適見于天，災孰大焉！朕獲保宗廟，以微眇之身託于士民君王之上，天下治亂，在予一人，唯二三執政猶吾股肱也。朕下不能治育羣生，上以累三光之明，其不德大矣。令至，其悉思朕之過失，及知見之所不及，匄以啓告朕。’”顏師古注：“匄，音蓋。匄亦乞也。啓，開也。言以過失開告朕躬，是則於朕爲恩惠也。”
②《書·金縢》：“［成王曰］‘今天動威，以彰周公之德。惟朕小子其新逆，我國家禮亦宜之。’王出郊，天乃雨，反風，禾則盡起。”蔡沈集傳：“今天動威以明周公之德，我小子其親迎公以歸，於國家禮亦宜也。”
③《孟子·盡心上》：“孟子曰：‘舜之居深山之中，與木石居，與鹿豕遊，其所以異於深山之野人者幾希。及其聞一善言，見一善行，若決江河，沛然莫之能禦也。’”
④《書·金縢》：“王出郊，天乃雨，反風，禾則盡起。二公命邦人，凡大木所偃，盡起而築之，歲則大熟。”歲事，指一年的農事。顏延之《重釋何衡陽書》：“薄從歲事，躬斂山田。”
⑤信以發志，語出《易·大有》。孔穎達正義：“由己誠信，發起其志。”
⑥《書·金縢》：“武王既喪，管叔及其羣弟乃流言於國曰：‘公將不利於孺子。’周公乃告二公曰：‘我之弗辟，我無以告我先王。’周公居東二年，則罪人斯得。于後，公乃爲詩以貽王，名之曰《鴟鴞》。王亦未敢誚公。秋大熟，未穫，天大雷電以風，禾盡偃，大木斯拔。邦人大恐，王與大夫盡弁，以啓金縢之書，乃得周公所自以爲功代武王之説。二公及王，乃問諸史與百執事，對曰：‘信。噫！公命，我勿敢言。’王執書以泣，曰：‘其勿穆卜！昔公勤勞王家，惟予沖人弗及知。今天動威，以彰周公之德，惟朕小子其新逆，我國家禮亦宜之。’王出郊，天乃雨，反風，禾則盡起。二公命邦人，凡大木所偃，盡起而築之，歲則大熟。”

大夫必刺朝廷以美周公①，何故也？《書》自《康誥》以下，每事
必周公主之，《多方》以“周公曰：‘王若曰’”發其凡，著成王之
言，悉周公言之也。②夫啓金縢之書，不煩二公贊一詞，王非不能
作命，乃必周公爲之言，不可解也。子思、孟子論述聖人之德，無
一言及成王，惟周公之聖繼文、武也，“不能涖阼”，不其然乎？
曰：知其說者，必明於天道，誦師之言僅能弗失者，何足以及此。
雖然，竊嘗讀《詩》《書》之文而繹之矣，嘗試言之。孟子曰：“聖
人之於天道也，命也。”③商周之際，文王之德純矣，武王身之
也。④迪知上帝命者十人⑤，周公至矣，太公、伯夷、微子、箕子
皆仁人。太公爲師⑥，而武王必訪于箕子也。⑦《君奭》之篇曰
“伊尹格于皇天”⑧，不及仲虺⑨；禹讓百揆，三人也⑩，後之

---

①《詩·豳風》之《伐柯》《九罭》，小序皆曰：“美周公也，周大夫刺朝
　廷之不知也。”鄭箋：“成王既得雷雨大風之變，欲迎周公，而朝廷群
　臣猶惑於管蔡之言，不知周公之聖德，疑於王迎之禮，是以刺之。”
②蔡沈集傳：“呂氏曰：‘先曰“周公曰”，而復曰“王若曰”，何也？明周
　公傳王命，而非周公之命也。周公之命誥終于此篇，故發例于此。’”
③《孟子·盡心下》。趙岐注：“聖人得以天道王於天下，此皆命禄，遭遇
　乃得居而行之，不遇者不得施行。”
④身之，語出《孟子·盡心上》：“孟子曰：‘堯舜，性之也。湯武，身之也。’”
　趙岐注：“性之，性好仁，自然也。身之，體之行仁，視之若身也。”
⑤《書·大誥》：“今翼日，民獻有十夫……亦惟十人，迪知上帝命。”孔
　安國傳：“言其故有明國事、用智道十人，蹈知天命。謂人獻十夫來
　佐周。”
⑥《史記·周本紀》：“武王即位，太公望爲師，周公旦爲輔，召公、畢公
　之徒左右王師，修文王緒業。”
⑦《書·洪範》：“惟十有三祀，王訪于箕子。”
⑧蔡沈集傳：“伊尹佐湯，以聖輔聖，其治化與天無間。”
⑨僞《書》有《仲虺之誥》篇，蔡沈集傳：“仲虺，臣名，奚仲之後，爲湯
　左相。”
⑩舜即政，求百揆之官，四岳舉禹，禹讓于稷、契與皋陶，舜帝不許其
　讓。詳見《書·舜典》。

讓,惟皋陶①;舜讓于德不嗣②,而無其人。由是觀之,聖人並
生於一時,必有爲天所屬意之一人。誠在此一人,則天下之人皆
以爲宜;苟非此一人,雖亦得一聖人而天下已不悦矣。其不悦
者何也?天命不在焉,則人心不與也;天道不至焉,則天命不歸
也。武王不以天下與叔旦,天命在武王,必武之子孫實享文、武
之功。《詩》曰:"有命自天,命此文王。"武王蓋申命焉,故曰:
"保佑命爾,燮伐大商。"③命之伐商,而去民之穢也。文王既
受命,武王不稱始焉。"在昔上帝割,申勸寧王之德,其集大命
于厥躬"④,武王也。"周雖舊邦,其命維新"⑤,文王也。周人
以文王爲始受命之王,天子之位,必在武之子孫。天不二其命,
則命不在周公,故曰"猶益之於夏,伊尹之於殷也"。⑥夫與文
王一德者,惟周公;與文、武一心者,惟周公。父子一體,兄弟一
體⑦,與文、武一體者,惟周公。天欲以聖人之德爲法於天下後
世,舍周公誰屬哉!是故天下諸侯皆欲武王之子爲吾君,不疑周

①舜宅帝位,三十有三載,耄期倦于勤,將禪禹,禹讓于皋陶,舜帝不許
　其讓。詳見僞《書·大禹謨》。
②《書·舜典》:"帝曰:'格!汝舜。詢事考言,乃言底可績,三載。汝陟
　帝位。'舜讓于德,弗嗣。"孔穎達正義:"帝堯乃謂之曰:'來,汝舜,
　有所謀之事,我考驗汝舜之所言。汝言致可以立功,於今三年,汝功已
　成,汝可升處帝位。'告以此言,欲禪之也。舜辭讓於德,言己德不堪
　嗣成帝也。"
③《詩·大雅·大明》:"有命自天,命此文王,于周于京。纘女維莘,長
　子維行,篤生武王。保右命爾,燮伐大商。"朱熹集傳:"纘,繼也。
　莘,國名。長子,長女大姒也。行,嫁。篤,厚也。言既生文王,而又生
　武王也。右,助。燮,和也。言天既命文王於周之京矣,而克纘大任之
　女事者,維此莘國,以其長女來嫁於我也。天又篤厚之,使生武王。保
　之助之命之,而使之順天命以伐商也。"
④《書·君奭》。蔡沈集傳:"申,重。勸,勉也。在昔上帝降割于殷,申勸
　武王之德,而集大命于其身,使有天下也。"
⑤《詩·大雅·文王》:"文王在上,於昭于天。周雖舊邦,其命維新。"
　毛傳:"在上,在民上也。於,嘆辭。昭,見也。乃新在文王也。"
⑥《孟子·萬章上》:"繼世而有天下,天之所廢,必若桀、紂者也,故
　益、伊尹、周公不有天下。……周公之不有天下,猶益之於夏,伊尹之
　於殷也。"
⑦《儀禮·喪服傳》:"父子一體也,夫妻一體也,昆弟一體也。"

公于吾君也；皆欲周公爲吾君之相，不介二公于周公也。是故成王不與公爲一德，則雷風變於上，風刺作於下，雖二公尚在，克扶持而安全之，寶命①闇而不章，曷以比隆堯、舜、禹、湯哉！成王既與公爲一德，則天下之人既樂吾君之子爲吾君，又樂吾先君之子德如文王、武王者爲吾相，終樂吾君之德卒亦如吾先君文王、武王之聖也。

其在《詩》曰：“嘉樂君子，顯顯令德。宜民宜人，受禄于天。保佑命之，自天申之。”②“卜世三十，卜年七百”③，天所以命文王也，故曰：“我二人共貞。”④召公之誥，“我不敢知曰不其延”⑤，天必有所以申命成王者矣。至幽王而竟墜之。於幽王之詩，思成王之德，其辭有哀焉。⑥意在斯乎？夫天人之心，文、武之旨，惟在周公。周公何得不作詩乎？成王迎周公，與周公爲一心，周公何得不作命乎？成王惟恐率行公之訓不足以慰公之志，務俾天下後世咸見周公之德之勤，故書之訓辭必尚周公，而自處於弗敢及，誠以基命定命，上帝之事⑦，文、武之盛德至善，非周公不克大順而致成之，以立其極也。豈曰一家之事

①寶命，語出《書·金縢》：“無墜天之降寶命”。蔡沈集傳：“寶命，即帝庭之命也。謂之寶者，重其事也。”

②《詩·大雅·假樂》。小序：“《假樂》，嘉成王也。”朱熹集傳：“嘉，美也。君子，指王也。民，庶民也。人，在位者也。申，重也。言王之德既宜民人而受天禄矣，而天之於王，猶反覆眷顧之不厭，既保之右之命之，而又申重之也。”嘉樂，《詩》原文作“假樂”，毛傳：“假，嘉也。”

③《左傳·宣公三年》：“成王定鼎于郟鄏，卜世三十，卜年七百，天所命也。”

④《書·洛誥》：“公既定宅，伻來，來視予卜休恒吉。我二人共貞。”孔安國傳：“言公前已定宅，遣使來，來視我以所卜之美、常吉之居，我與公共正其美。”蔡沈集傳：“二人，成王、周公也。”

⑤《書·召誥》：“［召公誥成王曰］我不可不監于有夏，亦不可不監于有殷。我不敢知曰：有夏服天命，惟有歷年；我不敢知曰：不其延；惟不敬厥德，乃早墜厥命。”

⑥《詩·小雅·信南山》小序：“《信南山》，刺幽王也。不能脩成王之業，疆理天下，以奉禹功，故君子思古焉。”

⑦《書·洛誥》：“王如弗敢及天基命定命。”蔡沈集傳：“凡有造，基之而後成，成之而後定。基命，所以成始也；定命，所以成終也。”

而私周公也哉！

　　而周公則不自大其事、尚其功也。《詩》無不備，亦嘗歌洛京以繼鎬京乎？歌伐奄以繼伐商乎？制禮作樂①告文王，不過曰"我其收之"②而已，作《武》曰"耆定爾功"③，不曰"予旦以沖子戡定厥功"也。爲人臣子，任君父之事者，自古如此。後有聖人、賢人，必大周公之事，而尚周公之德。蓋自周人作《書》，而天下萬世之公論定矣。《中庸》曰："周公成文、武之德。"則施于我沖子者，在此矣。寧文、武神靈，眂其子孫爲庸主，而無恫心乎哉！孟子曰：周公相武王，必本諸文王，而道《書》之言曰"丕顯哉！文王謨。丕承哉！武王烈。佑啓我後人，咸以正無缺"④，寧獨不佑啓成王，而俾之正無缺乎？"《嘉樂》，嘉成王也"⑤，孔子、孟子皆徵之。⑥夫不以成王爲大德而遵先王之法乎？以爲中材之主者，可以寤矣。

---

①《禮記·明堂位》：周公輔成王，"以治天下。六年，朝諸侯於明堂，制禮作樂，頒度量，而天下大服。"

②《詩·周頌·維天之命》："於乎不顯，文王之德之純。假以溢我，我其收之。"毛傳："純，大。假，嘉。溢，慎。收，聚也。"小序："《維天之命》，大平告文王也。"鄭箋："告大平者，居攝五年之末也。"

③《詩·周頌·武》："於皇武王，無競維烈。允文文王，克開厥後。嗣武受之，勝殷遏劉，耆定爾功。"朱熹集傳："於，嘆辭。皇，大。遏，止。劉，殺。耆，致也。周公象武王之功爲《大武》之樂。言武王無競之功，實文王開之。而武王嗣而受之，勝殷止殺，以致定其功也。"小序："《武》，奏《大武》也。"

④《孟子·滕文公下》："周公相武王，誅紂伐奄，三年討其君，驅飛廉於海隅而戮之。滅國者五十，驅虎豹犀象而遠之，天下大悅。《書》曰：'丕顯哉，文王謨。丕承哉，武王烈。佑啓我後人，咸以正無缺。'"

⑤《詩·大雅·假樂》。小序："《假樂》，嘉成王也。"毛傳："假，嘉也。"朱熹集傳："嘉，美也。"

⑥《中庸》："子曰：'舜其大孝也與？德爲聖人，尊爲天子，富有四海之內，宗廟饗之，子孫保之。故大德必得其位，必得其祿，必得其名，必得其壽。故天之生物，必因其材而篤焉。故栽者培之，傾者覆之。《詩》曰：'嘉樂君子，憲憲令德。宜民宜人，受祿于天。保佑命之，自天申之。'故大德者必受命。'"《孟子·離婁上》："《詩》云：'不愆不忘，率由舊章。'遵先王之法而過者，未之有也。"以上孔子、孟子所引詩語，皆出自《假樂》。

　　○"惟我幼沖人,嗣無疆大歷服"①,非成王幼不能踐阼之徵於《書》乎?曰:東征之誥,誥天下也②,故曰:"猷!大誥爾多邦,越爾御事。"多邦,六服諸侯;而御事,王之邇臣也。成王爲黜殷命之政,遠邇之臣,罔不復於王曰不可。③而謂周公擁童蒙之君自行其意,人人知非天子之指,而矯誣以播告天下乎?

　　人之大數,自三十以往,歷四十、五十,而或庶幾于知天命。《論語》曰:"五十而知天命。"聖人也,豈常人也?成王在不能踐阼朝諸侯之年④,則民政通率壹由笮執樞機⑤之臣。雖愚夫愚婦,莫以不康而怨吾君之"弗造哲"者,夫孰有謂其不識天命者乎?⑥

　　而造巽辭⑦爲幼沖人讓未能也。《鄉飲酒義》曰:"六十者坐,五十者立侍,以聽政役。"《文王世子記》曰:"養老幼于東序。"非幼也,五十視六十以上,則謂之幼,至今未改。"幼沖人"非謂年之不強,特未艾⑧云爾也。"孺子王"⑨之謂亦然。唐叔得禾而獻諸天子,王命歸周公於東。⑩弟非小弱也,不可視

①《書·大誥》。蔡沈集傳:"沖人,成王也。歷,歷數也。服,五服也。""我幼沖之君,嗣守無疆之大業。"
②《書·大誥》蔡沈解題:"武王崩,成王立,周公相之。……三叔懼,遂與武庚叛。成王命周公東征以討之,大誥天下。"
③詳見《書·大誥》。
④《禮記·明堂位》:"武王崩,成王幼弱。周公踐天子之位,以治天下。六年,朝諸侯於明堂。制禮作樂,頒度量,而天下大服。"
⑤笮執樞機,語出《漢書·劉向傳》。笮執,執掌;樞機,權要部門。
⑥《書·大誥》:"[王若曰]洪惟我幼沖人,嗣無疆大歷服。弗造哲,迪民康,矧曰其有能格知天命。"孔安國傳:"不能爲智道以安人,故使叛。先自責。安人且猶不能,況其有能至知天命者乎?"
⑦巽辭,指柔媚的言辭。錢大昕《十駕齋養新錄·史通》:"恥巽辭以諛今,假大言以蔑古。"
⑧艾,年長,亦指年老之人。《楚辭·九歌·少司命》:"竦長劍兮擁幼艾,蓀獨宜兮爲民正。"王逸注:"艾,長也。"《荀子·致士》:"耆艾而信,可以爲師。"楊倞注:"五十曰艾,六十曰耆。"
⑨語出《書·立政》。孔安國傳:"稚子今以爲王矣。"
⑩《書序》:"唐叔得禾,異畝同穎,獻諸天子。王命唐叔歸周公于東。作《歸禾》。"唐叔,即叔虞,成王之弟,封于唐。

爲小子侯裁勝衣趨拜而已。《嘉禾》"旅天子之命"①，豈不能
涖阼之孺子乎！謂幼沖人不能黜殷，則主黜殷者，周公也。天
下皆信聖人之知天命，斯無敢以聖人爲不可者。苟以周公爲不
可，亦明告周公曰不可，而曰王曷不違卜。②夫王幼不能黜殷，
則不能用卜也，不能用卜，焉能違卜乎？兹日不能用、違，曩日何
以能"勿穆卜"乎？③疑故卜，疑既決則勿煩卜，所謂"聖人不煩
卜筮"④，成王誠近之矣。日讀其《書》不能知其人，而曰"幼沖
人"，《易》之所謂"童蒙"也。⑤

　　夫成王則遏惡揚善，順天休命之君子也。《傳》曰"武王克
商，成王靖四方"⑥，天下諸侯之所明知也。"畢協賞罰，戡定
厥功"，以新陟王之休，告天子也。⑦"思古明王賞善罰惡"⑧，
則思成王在洛之政也。惟尊周公爲一德，故能爲"明王"。豈周
公復政之後，成王又自爲賞罰，而戡定文、武之功乎？夫周公
既身任文、武未竟之事，而又以戡定四方之事遺成王，彼誣於
《書》者，固有若此之言。然而子思告後世則曰"周公成文、武

①《書序》："周公既得命禾，旅天子之命，作《嘉禾》。"孔安國傳："已
　得唐叔之禾，遂陳成王歸禾之命。"
②《書·大誥》："越予小子考翼不可征，王害不違卜？"蔡沈集傳："害，
　曷也。越我小子與父老敬事者，皆謂不可征，王曷不違卜而勿征乎？"
③《書·金縢》："王執書以泣，曰：'其勿穆卜。昔公勤勞王家，惟予沖人
　弗及知。今天動威，以彰周公之德，惟朕小子其新逆，我國家禮亦宜
　之。'"孔安國傳："本欲敬卜吉凶，今天意可知，故止之。"
④《左傳·哀公十八年》。
⑤《易·蒙》："匪我求童蒙，童蒙求我。"朱熹本義："童蒙，幼稚而蒙
　昧。"
⑥《左傳·昭公二十六年》："昔武王克殷，成王靖四方，康王息民。"
⑦《書·康王之誥》："［太保、芮伯曰］惟新陟王畢協賞罰，戡定厥功，
　用敷遺後人休。"蔡沈集傳："陟，升遐也。成王初崩，未葬未諡，故曰
　'新陟王'。畢，盡。協，合也。好惡在理不在我，故能盡合其賞之所
　當賞，罰之所當罰，而克定其功，用施及後人之休美。"
⑧《詩·小雅·瞻彼洛矣》小序："《瞻彼洛矣》，刺幽王也。思古明王能
　爵命諸侯，賞善罰惡焉。"

之德"①矣，孟子則曰"周公兼夷狄、驅猛獸，而百姓寧"②矣，
"兼三王以施事"③矣，其誣乎？子思、孟子不誣，則大保、芮
伯其誣乎？必不然矣。

　　曰：成王非童蒙也，周公告召公曰"小子同未在位"④，何
哉？《多方》曰"王來自奄"，《多士》曰"昔朕來自奄"，一役
也。親踐奄⑤，不誣也。何未在位乎？曰在位也。在位故曰"同
未在位"，不在位則焉得曰"同未在位"？祀則主鬯⑥，戎則載
太常⑦，豈不在位而曰"同未在位"？成王惟周公之爲聽，尚周
公之聖，而尊之至也。天子之義，義莫大於此矣。"事之云乎？
豈曰友之云乎？"⑧召公之《書》，言稱"臣"。⑨周公之《書》，
言稱名則已⑩，夫不"臣"非殊禮也，周公不讓也。夫受天子之
獨尊己，必受天下之衆責己，不得以天子在位辭天下之一事。必
畢收之，無劬之者⑪，必不及受尊於一人，必求助於天下，矧其
相爲左右乎！彼謂求天下之助，不足以受一人之尊，由是自用自

---

① 《中庸》。
② 《孟子·滕文公下》。
③ 《孟子·離婁下》："周公思兼三王，以施四事。其有不合者，仰而思
　之，夜以繼日。幸而得之，坐以待旦。"趙岐注："三王，三代之王也。
　四事，禹、湯、文、武所行之事也。"
④ 《書·君奭》。蔡沈集傳："小子，成王也。成王幼沖，雖已即位，與未
　即位同。"
⑤ 《書序》："成王東伐淮夷，遂踐奄。作《成王政》。"
⑥ 主鬯，主掌宗廟祭祀。鬯，祭祀所用之香酒。韓愈《順宗實録三》："付
　爾以承祧之重，勵爾以主鬯之勤。"
⑦ 《周禮·夏官·司勳》："凡有功者，銘書於王之大常。"鄭玄注："銘之
　言名也。生則書於王旂，以識其人與其功也。"
⑧ 《孟子·萬章下》："繆公亟見於子思曰：'古千乘之國以友士，何
　如？'子思不悦，曰：'古之人有言曰：事之云乎？豈曰友之云乎？'子
　思之不悦也。豈不曰'以位，則子君也，我臣也，何敢與君友也？以德，
　則子事我者也，奚可以與我友？'"
⑨ 《書·召誥》篇，召公自稱"予小臣"。
⑩ 見《書》之《洛誥》《君奭》《立政》等篇，周公皆自稱"予旦"或"予小
　子旦"。
⑪ 《左傳·襄公二十七年》："何以恤我，我其收之。"杜預集解："逸
　詩。恤，憂也。收，取也。"

專相望也。孰知德非聖人，則必不能求助於天下哉！明天子有天下，莫若求助於天下；求助於天下之人，莫若求助於天下之聖人。成王既逆周公而尊事之①，而《小毖》之頌作，序曰"嗣王求助也"。②夫有"佛時仔肩"③之言，而顧不謂之求助，則未及知周公也。故曰"沖人之弗及知"④，德之幼，而非年之幼矣。

　　○吾聞諸孟子："周公兼夷狄、驅猛獸，而百姓寧。"⑤今曰"成王即政，奄與淮夷又叛"⑥，此何説也？曰：非也。武王既喪，周公居東，商奄叛，三年之喪畢而風雷告變，成王迎周公⑦，公於是相成王東征，黜殷、伐管、蔡⑧，東伐淮夷，遂踐奄而遷其君⑨，皆成王主之而周公相之。凡三年而天下畢定矣。

---

① 《書·金縢》："惟朕小子其新逆〔周公〕，我國家禮亦宜之。"逆，迎接。

② 《詩·周頌·小毖》小序："嗣王求助也。"鄭箋："毖，慎也。天下之事，當慎其小。小時而不慎，後爲禍大，故成王求忠臣早輔助己爲政，以救患難。"

③ 《詩·周頌·敬之》："維予小子，不聰敬止。日就月將，學有緝熙于光明。佛時仔肩，示我顯德行。"毛傳："小子，嗣王也。"鄭箋："佛，輔也。時，是也。仔肩，任也。群臣戒成王以'敬之敬之'，故承之以謙云：我小子耳，不聰達於敬之之意。日就月行，言當習之以積漸也。且欲學於有光明之光明者，謂賢中之賢也。輔佛是任，示道我以顯明之德行。"

④ 《書·金縢》："昔公勤勞王家，惟予沖人弗及知。"

⑤ 《孟子·滕文公下》。

⑥ 《書序》："成王東伐淮夷，遂踐奄，作《成王政》。"孔安國傳："成王即政，淮夷、奄國又叛，王親征之，遂滅奄而徙之，以其數反覆。"孔穎達正義："周公攝政之初，奄與淮夷從管、蔡作亂，周公征而定之。成王即政之初，淮夷與奄又叛，成王親往征之。成王東伐淮夷，遂踐滅奄國。""《洛誥》之篇言周公歸政成王，《多士》已下皆是成王即政初事。編篇以先後爲次，此篇在成王書內，知是'成王即政，淮夷、奄國又叛，王親征之。'"

⑦ 詳見《書·金縢》。

⑧ 《書序》："武王崩，三監及淮夷叛。周公相成王，將黜殷，作《大誥》。"

⑨ 《書序》："成王東伐淮夷，遂踐奄，作《成王政》。成王既踐奄，將遷其君於蒲姑，周公告召公，作《將蒲姑》。"

《公羊春秋》曰：“東征西國怨，西征東國怨。”①昭周公之明德也。蓋滅國者五十②，皆俟其人之自歸，然後變置其君。故遲之又久③，以至于三年，而實未嘗有行陳銜枚之事也。④豈獨無鋒刃害，天患民病⑤，不加於王師之所居，見天地之盛德氣焉。故其《詩》曰“敦彼獨宿，亦在車下”⑥，斯誠袵席之上乎還師者已。

　　盍亦繹《書序》而遜心求之乎？序三監之事曰“成王既黜殷命、殺武庚”⑦，“成王既伐管叔、蔡叔”⑧，序淮夷之事曰“成王東伐淮夷，遂踐奄。”⑨“成王既踐奄，將遷其君于亳姑。”⑩而其初則以“武王崩，三監及淮夷畔”⑪始之，其後則以“成王既黜殷命，滅淮夷，還歸在豐”⑫終之。此可以見東征

①《公羊傳·僖公四年》：“古者周公東征則西國怨，西征則東國怨。”
②《孟子·滕文公下》：“周公相武王，誅紂伐奄，三年討其君。驅飛廉於海隅而戮之，滅國者五十，驅虎豹犀象而遠之，天下大悦。”
③《禮記·樂記》：“周道四達，禮樂交通，則夫《武》之遲久，不亦宜乎！”孔穎達正義：“‘則夫《武》之遲久，不亦宜乎’者，凡功小者易就，其時速也。功大者難成，其時久也。周之禮樂功大，故作此《大武》之樂，遲停而久。‘不亦宜乎’者，其宜合當然也。以其功德盛大，故須遲久重慎之也。”
④《詩·豳風·東山》：“制彼裳衣，勿士行枚。”鄭箋：“勿猶無也。女制彼裳衣而來，謂兵服也。亦初無行陳銜枚之事，言前定也。《春秋傳》曰：‘善用兵者不陳。’”小序：“《東山》，周公東征也。周公東征，三年而歸，勞歸士，大夫美之，故作是詩也。”
⑤天患民病，語出《周禮·地官·司救》。鄭玄注：“天患，謂災害也。”
⑥《詩·豳風·東山》。孔穎達正義：“敦敦然彼獨宿之軍士，亦常在車下而宿，甚爲勞苦。”
⑦《書序》：“成王既黜殷命，殺武庚，命微子啓代殷後。作《微子之命》。”
⑧《書序》：“成王既伐管叔、蔡叔，以殷餘民封康叔。作《康誥》《酒誥》《梓材》。”
⑨《書序》：“成王東伐淮夷，遂踐奄。作《成王政》。”
⑩亳姑，即蒲姑。《書序》：“成王既踐奄，將遷其君於蒲姑，周公告召公。作《將蒲姑》。”《公羊傳·哀公四年》：“蒲社災。”阮元校勘記：“薄、蒲、亳三字古通。”
⑪《書序》：“武王崩，三監及淮夷叛。周公相成王，將黜殷。作《大誥》。”
⑫《書序》：“成王既黜殷命，滅淮夷，還歸在豐。作《周官》。”

之役，成王自將，而云"予惟小子"①者，殆非"幼不能涖阼"之説也。又以見周公爲相，實未嘗"踐阼而治"也。②且"居東"之不可以爲"東征"③，而"弗辟"之不可以爲"致辟"也。④《多方》曰"王來自奄"，《多士》曰"昔朕來自奄"，是故《多方》之誥在營成周之先，《多士》之誥在遷頑民之後。而《序》如今之第者，以事類叙，不以時先後叙也。⑤古人欲天下後世，知三監之事艱大於淮夷之事，而成王、周公所以定先代之宗祀，全血脉之親臣者，既以微子代殷、叔封居衛⑥，而此心惻怛，默不自釋，必俟蔡仲踐諸侯位⑦，而後文王、武王之心至是爲無憾也。嗚呼！雖親見古人而受命焉，未有若此之深切著明者矣。

　　且古人所謂有天下者，豈受其朝覲、納其貢税、役其民人之謂哉！服其心，革其俗，各正其性命，而受禄于所瞻仰之天。是故民心未同，罰殛不怨⑧，周公所以"嘵嘵"也。⑨"既破我

①《書·大誥》。
②《禮記·文王世子》："成王幼，不能涖阼。周公相，踐阼而治。"
③《書·金縢》："周公居東二年，則罪人斯得。"蔡沈集傳："居東，居國之東也。鄭氏謂避居東都，未知何據。孔氏以居東爲東征，非也。"
④《書·金縢》："周公乃告二公曰：'我之弗辟，我無以告我先王。'"蔡沈集傳："鄭氏《詩傳》言，周公以'管、蔡流言，辟居東都'，是也。漢孔氏以爲'致辟于管叔'之'辟'，謂誅殺之也。夫三叔流言，以公將不利于成王，周公豈容遽興兵以誅之邪？且是時王方疑公，公將請王而誅之邪？將自誅之邪？請之固未必從，不請自誅之，亦非所以爲周公矣。'我之弗辟，我無以告我先王'，言我不辟，則于義有所不盡，無以告先王于地下也。公豈自爲身計哉！亦盡其忠誠而已矣。"
⑤現存《書序》，《多士》在《多方》之前。
⑥《史記·周本紀》："周公奉成王命，伐誅武庚、管叔，放蔡叔。以微子開代殷後，國于宋。頗收殷餘民，以封武王少弟封爲衛康叔。"少弟封，即衛康叔，名封。
⑦《書序》："蔡叔既没，王命蔡仲踐諸侯位，作《蔡仲之命》。"
⑧《書·康誥》："今惟民不静，未戾厥心，迪屢未同。爽惟天其罰殛我，我其不怨。"蔡沈集傳："民不安静，未能止其心之狠疾。迪之者雖屢，而未能使之上同乎治。明思天其殛罰我，我何敢怨乎？"
⑨《詩·豳風·鴟鴞》："予室翹翹，風雨所漂搖，予維音嘵嘵。"毛傳："翹翹，危也。嘵嘵，懼也。"孔穎達正義："周公言己亦嘵嘵然而危懼，由管蔡作亂，使憂懼若此。"

斧，又缺我斨"①，禮義傷敗，大夫所以惡四國也。然而維此聖人，牖民孔易②，作新大邑，民大和會③，告商王士④，邑明而事勤矣。周公於是制作禮樂，單文祖德⑤，而以大平告焉，《維天之命》是也。⑥《行葦》⑦《既醉》⑧，人有士君子之行，則刑既措矣。若之何兵猶未弭乎？"周道四達，禮樂交通"，《武》之遲久，俟周公也。⑨公猶在洛，"成王即政，而奄與淮夷又叛"⑩，曾不能自保其及身，而曰"佑啓我後人，咸以正無缺"⑪，其孰"承"之乎？誰爲此傳者？畔經誣聖，豈不甚哉！

　　○讀百篇之《序》，則知成王之於四國，皆自征之。⑫《豳詩》曰："周公東征，四國是皇。"⑬曾不云成王，何哉？曰：武

---

① 《詩·豳風·破斧》："既破我斧，又缺我斨。周公東征，四國是皇。"毛傳："隋銎曰斧。斧斨，民之用也。禮義，國家之用也。四國，管、蔡、商、奄也。皇，匡也。"朱熹集傳："方銎曰斨"。小序："《破斧》，美周公也。周大夫以惡四國焉。"
② 語出《詩·大雅·板》，鄭箋："道民在己，甚易也。"
③ 《書·康誥》："惟三月，哉生魄。周公初基，作新大邑于東國洛，四方民大和會。"孔安國傳："初造基，建作王城大都邑於東國洛汭，居天下土中，四方之民大和悦而集會。"
④ 《書·多士》："惟三月，周公初于新邑洛，用告商王士。"
⑤ 語出《書·洛誥》周公之語，蔡沈集傳："彈盡文王之德。"
⑥ 《詩·周頌·維天之命》小序："《維天之命》，大平告文王也。"孔穎達正義："周公攝政，繼父之業，致得大平，將欲作樂制禮。其所制作，皆是文王之意，故以大平之時，告於文王，謂設祭以告文王之廟。"
⑦ 《詩·大雅·行葦》小序："《行葦》，忠厚也。周家忠厚，仁及草木，故能内睦九族，外尊事黄耈，養老乞言，以成其福禄焉。"
⑧ 《詩·大雅·既醉》小序："《既醉》，大平也。醉酒飽德，人有士君子之行焉。"
⑨ 《禮記·樂記》："周道四達，禮樂交通，則夫《武》之遲久，不亦宜乎。"
⑩ 《書·多方》蔡沈解題："成王即政，奄與淮夷又叛。成王滅奄，歸作此篇。"又叛，指再次叛亂，此類説法爲莊存與所反對。
⑪ 《孟子·滕文公下》："《書》曰：'丕顯哉！文王謨。丕承哉！武王烈。佑啓我後人，咸以正無缺。'"亦見僞《書·君牙》，其中"佑啓"，作"啓佑"。
⑫ 《書序》："成王既伐管叔、蔡叔，以殷餘民封康叔。作《康誥》《酒誥》《梓材》。""成王東伐淮夷，遂踐奄。作《成王政》。"
⑬ 《詩·豳風·破斧》。毛傳："四國，管、蔡、商、奄也。皇，匡也。"

王、周公，救民於水火之中，其取殘也，一誅則已，不得已至於再誅。“須暇之”，“開厥顧天”，然而多方小大邦“罔堪顧之”①，至五十國②，此之謂“多”矣。驟正之，傷王道；緩之而多殺人，益傷王道。小有疵焉，寶命墜矣。③周公所“自以爲功”代武王之説④，懼文、武受命既純，而後之人雜之也。豈謂“爾不許我”⑤，遂失天下哉！

越今既蠢⑥，民出水火而復入焉，非天子自暇之日，復非自用⑦之日。不因民心而以敬往，任武以圖功而非敉寧之武，大事何以休乎？⑧《詩》曰：“勝殷遏劉。”⑨遏之而又啓之，“事不

①《書·多方》：“惟聖罔念，作狂；惟狂克念，作聖。天惟五年，須暇之子孫，誕作民主，罔可念聽。天惟求爾多方，大動以威，開厥顧天。惟爾多方，罔堪顧之。”孔安國傳：“惟聖人無念於善，則爲狂人；惟狂人能念於善，則爲聖人。言桀紂非實狂愚，以不念善，故滅亡。天以湯故，五年須暇湯之子孫，冀其改悔。而紂大爲民主，肆行無道，事無可念，言無可聽。武王服喪三年，還師二年。天惟求汝衆方之賢者，大動紂以威，開其能顧天可以代者。惟汝衆方之中，無堪顧天之道者。”

②《孟子·滕文公下》：“周公相武王，誅紂伐奄，三年討其君。驅飛廉於海隅而戮之，滅國者五十，驅虎豹犀象而遠之，天下大悦。”

③語出《書·金縢》：“無墜天之降寶命。”蔡沈集傳：“寶命，即帝庭之命也。謂之寶者，重其事也。”

④指周公因武王有疾，乃禱於周之三王，請代武王死。詳見《書·金縢》。“公乃自以爲功”，孔安國傳：“周公乃自以請命爲己事。”

⑤《書·金縢》：“〔周公禱曰〕今我即命于元龜，爾之許我，我其以璧與珪歸俟爾命；爾不許我，我乃屏璧與珪。”

⑥越，于；蠢，蠢動。《書·大誥》：“有大艱于西土，西土人亦不静，越兹蠢。”孔安國傳：“四國作大難於京師，西土人亦不安，于此蠢動。”

⑦自用，自行其是。《書·仲虺之誥》：“好問則裕，自用則小。”孔安國傳：“問則有得，所以足；不問專固，所以小。”

⑧《書·大誥》：“今蠢，今翼日，民獻有十夫，予翼以于敉寧武圖功，我有大事休，朕卜并吉。”蔡沈集傳：“于，往。敉，撫。大事，戎事。”莊存與此處釋“予翼”之“翼”爲“敬”（《詩·小雅·六月》：“有嚴有翼，共武之服。”毛傳：“翼，敬也。”），與孔安國、蔡沈皆不同。

⑨《詩·周頌·武》：“嗣武受之，勝殷遏劉，耆定爾功。”朱熹集傳：“言武王無競之功，實文王開之。而武王嗣而受之，勝殷止殺，以致定其功也。”

貳適"①之謂何？非武王之心，則非周公之心也。夫再誅而終
不殺，非周公之明德，其孰能與於此哉？殘不可不取，武庚也；
刑于隱者②，管叔也；五十國之討其君者，奄也；遷之而已，驅
之海隅之藪而戮之者，飛廉也③；其餘則變置其君與社稷，故曰
"滅"。④皆因民心之所欲去，而又以采邑畀賢子孫，俾血食其
始封之祖⑤，惟紂一人爲無後。《書》雖闕，苟求其故，焕如也。
《詩》曰："我徂東山，慆慆不歸。"未嘗有行陳銜枚之事，而至
於三年之久，周公需⑥之也。⑦曩日云"罪人斯得"⑧，知之未
盡也。清問于民，鰥寡胥有辭⑨，然後盡知"圖天之命"者⑩，主
名⑪與其事狀，且盡知殺人、歷人、戕敗人之醜類⑫，孰自作不

---

①《書·多士》："惟我事不貳適，惟爾王家我適。"孔安國傳："言天下
　事已之我周矣，不貳之佗，惟汝殷王家已之我，不復有變。"
②《禮記·文王世子》："刑于隱者，不與國人慮兄弟也。"孔穎達正義：
　"此覆釋上致刑於甸人之事。若異姓則刑之於市，此同姓刑於甸師隱
　僻之處者，不與國人謀慮兄弟也。"
③《孟子·滕文公下》："周公相武王，誅紂伐奄，三年討其君。驅飛廉
　於海隅而戮之，滅國者五十，驅虎豹犀象而遠之，天下大悦。"
④《書序》："成王既黜殷命，滅淮夷。還歸在豐，作《周官》。"
⑤如《書序》："成王既黜殷命，殺武庚。命微子啓代殷後。作《微子之
　命》。"
⑥需，等待。《易·需》："需，須也。"孔穎達正義："需，待之義，故云
　'需，須也'。"
⑦《詩·豳風·東山》："制彼裳衣，勿士行枚。"鄭箋："勿猶無也。女制
　彼裳衣而來，謂兵服也。亦初無行陳銜枚之事，言前定也。《春秋傳》
　曰：'善用兵者不陳。'"小序："《東山》，周公東征也。周公東征，三
　年而歸，勞歸士，大夫美之，故作是詩也。"
⑧《書·金縢》："周公居東二年，則罪人斯得。"罪人，指管、蔡。
⑨語出《書·呂刑》："皇帝清問下民，鰥寡有辭于苗。"蔡沈集傳："清
　問，虛心而問也。有辭，聲苗之過也。"
⑩《書·多方》："洪惟圖天之命，弗永寅念于祀。"蔡沈集傳："圖，謀
　也。言商奄大惟私意圖謀天命，自底滅亡，不深長敬念以保其祭祀。"
⑪主名，當事者或爲首者的姓名。《史記·扁鵲倉公列傳》："意家居，詔
　召問所爲治病死生驗者幾何人也，主名爲誰。"
⑫語出《書·梓材》："肆往，姦宄、殺人、歷人，宥。肆亦見厥君事，戕
　敗人，宥。"蔡沈集傳："歷人者，罪人所過，律所謂知情藏匿資給也。
　戕敗者，毀傷四肢面目，漢律所謂'疻'也。"

典視人以式者，孰惟眚災適遇其亂者①，孰可教告之而聽？孰必戰要囚之而聽？②孰至于再、至于三而卒不聽？然後明致天罰，則"明威"也。③

　　"遷居西爾"，非奉德不康寧也。④以七族封康叔，六族分伯禽⑤，非翦以賜諸侯⑥，而實居賢德以善俗也。⑦太公因薄姑⑧，

① 語出《書·康誥》："人有小罪，非眚，乃惟終自作不典式爾。……乃有大罪，非終，乃惟眚災，適爾。"金履祥注："不典式，猶云不法也。"莊存與此處，"式"取"榜樣、楷模"意，與《書·微子之命》"世世享德，萬邦作式"同。蔡沈集傳："適，偶也。""人有大罪，非是故犯，乃其過誤，出於不幸，偶爾如此。"

② 語出《書·多方》："爾乃自作不典，圖忱于正。我惟時其教告之，我惟時其戰要囚之。至于再，至于三，乃有不用我降爾命，我乃其大罰殛之。"蔡沈集傳："我惟是教告而誨諭之，我惟是戒懼而要囚之。今至於再，至於三矣。"

③ 《書·多士》："我有周佑命，將天明威。"孔安國傳："言我有周受天佑助之命，故得奉天明威。"

④ 《書·多士》："王曰：'猷！告爾多士，予惟時其遷居西爾，非我一人奉德不康寧，時惟天命。'"孔安國傳："以道告汝眾士，我惟汝未達德義，是以徙居西汝於洛邑，教誨汝。我徙汝，非我天子奉德，不能使民安之，是惟天命宜然。"

⑤ 《左傳·定公四年》："昔武王克商，成王定之。選建明德，以藩屏周。故周公相王室以尹天下，於周爲睦。分魯公以大路、大旂，夏后氏之璜，封父之繁弱，殷民六族，條氏、徐氏、蕭氏、索氏、長勺氏、尾勺氏，使帥其宗氏，輯其分族，將其類醜，以法則周公，用即命于周。……分康叔以大路、少帛、綪茷、旃旌、大呂，殷民七族，陶氏、施氏、繁氏、錡氏、樊氏、饑氏、終葵氏，封畛土略，自武父以南，及圃田之北竟，取於有閻之土，以共王職。"

⑥ 語出《左傳·宣公十二年》："其翦以賜諸侯，使臣妾之，亦唯命。"杜預集解："翦，削也。"

⑦ 語出《易·漸》："《象》曰：山上有木，漸。君子以居賢德善俗。"孔穎達正義："君子求賢德使居位，化風俗使清善。"

⑧ 薄姑，即蒲姑。《左傳·昭公二十年》："飲酒樂，公[齊侯]曰：'古而無死，其樂若何？'晏子對曰：'古而無死，則古之樂也，君何得焉？昔爽鳩氏始居此地，季萴因之，有逢伯陵因之，蒲姑氏因之，而後大公因之。古者無死，爽鳩氏之樂，非君所願也。'"

叔虞處參墟①，召公封北燕②，箕子居朝鮮③，皆文王之德所未
洽，周公寬裕以容之，文理以別之④，德盛化神以齊之。蓋至於
三年，而四國之有罪不敢赦、有教不能聽者，鮮矣。然後成王率
其百君子、友民⑤，東征以昭其文德，罰以義制，命以義降，用畢
賞罰之政，富必善人，黜伏者必罪人，《序》曰：“黜殷命”、“伐
管叔、蔡叔”、“伐淮夷遂踐奄”，皆成王主之。⑥王歸自奄，至
于宗周，五月丁亥⑦，則卒三年之月日也，自此而戢干戈、櫜弓矢
矣。⑧

　　《歸禾序》曰“王命唐叔歸周公于東”⑨，此非公先東征王
猶在鎬乎？“自我不見，于今三年”⑩，士之從周公者也。王師

①《左傳·昭公元年》：“遷實沈于大夏，主參。唐人是因，以服事夏商。
　其季世曰唐叔虞。當武王邑姜，方震大叔，夢帝謂己：‘余命而子曰
　虞，將與之唐，屬諸參而蕃育其子孫。’及生，有文在其手曰虞，遂以
　命之。及成王滅唐而封大叔焉，故參爲晉星。”杜預集解：“邑姜，武
　王后，齊大公之女。懷胎爲震。大叔，成王之弟叔虞。”“叔虞封唐，是
　爲晉侯。”
②《史記·燕召公世家》：“召公奭與周同姓，姓姬氏。周武王之滅紂，
　封召公於北燕。”
③《史記·宋微子世家》：“武王乃封箕子於朝鮮而不臣也。”
④語出《中庸》：“寬裕温柔，足以有容也。”“文理密察，足以有別
　也。”
⑤語出《書·召誥》：“予小臣，敢以王之讎民、百君子，越友民，保受王
　威命明德。”蔡沈集傳：“百君子，殷之御事庶士也。友民，周之友順
　民也。”
⑥《書序》：“成王既黜殷命，殺武庚，命微子啓代殷後。作《微子之
　命》。”“成王既伐管叔、蔡叔，以殷餘民封康叔。作《康誥》《酒誥》
　《梓材》。”“成王東伐淮夷，遂踐奄。作《成王政》。”
⑦《書·多方》：“惟五月丁亥，［成］王來自奄，至于宗周。”
⑧《詩·周頌·時邁》：“明昭有周，式序在位，載戢干戈，載櫜弓矢。”
　毛傳：“戢，聚。櫜，韜也。”鄭箋：“載之言則也。王巡守而天下咸
　服，兵不復用，此又著震叠之效也。”
⑨《書序》：“唐叔得禾，異畝同穎，獻諸天子。王命唐叔歸周公于東。作
　《歸禾》。”
⑩《詩·豳風·東山》。小序：“《東山》，周公東征也。周公東征，三年而
　歸，勞歸士，大夫美之，故作是詩也。”

行不踰時，故曰“不留不處”。①自五月數之②，王蓋以三月步自周也。③頌成王則曰“薄言震之，莫不震叠”④，舍是詩，他無成王征諸侯之事也。美周公則曰“哀我人斯，亦孔之將”⑤，東征西怨，西征東怨⑥，不得已再誅而終不殺，非周公之盛德，則何以“于前寧人攸受休畢”⑦哉！《破斧》，周公之功在斯民也；《狼跋》，周公之功在吾君也。⑧鄭康成以爲周公讓其大美而不居⑨，而成王之才不才曾不一關其慮，且曰成王誅周公之官屬者。⑩習是莠言，則奚必“嘆息痛恨于桓、靈也”⑪，而安樂公⑫信乎其賢於成王矣，豈不哀哉！

①《詩·大雅·常武》。孔穎達正義：“我兵之來也，不久留，不停處。”
②《書·多方》：“惟五月丁亥，王來自奄，至于宗周。”
③步自周，從周都出發。《書·武成》：“越翼日癸巳，王朝步自周，于征伐商。”孔安國傳：“翼，明。步，行也。武王以正月三日行自周，往征伐商。”
④《詩·周頌·時邁》。毛傳：“震，動。叠，懼。”鄭箋：“其兵所征伐，甫動之以威，則莫不動懼而服者。言其威武，又見畏也。”此詩鄭箋、孔疏乃至朱熹集傳，皆以爲武王巡守之事。莊存與以爲乃“頌成王”。
⑤《詩·豳風·破斧》。毛傳：“將，大也。”鄭箋：“此言周公之哀我民人，其德亦甚大也。”小序：“《破斧》，美周公也，周大夫以惡四國焉。”
⑥《公羊傳·僖公四年》：“周公東征則西國怨，西征則東國怨。”
⑦《書·大誥》：“予曷敢不于前寧人攸受休畢。”孔安國傳：“天欲安民，我［周公］何敢不于前文王所受美命終畢之。”
⑧《詩·豳風·狼跋》小序：“《狼跋》，美周公也。周公攝政，遠則四國流言，近則王不知周，大夫美其不失其聖也。”
⑨《詩·豳風·狼跋》：“公孫碩膚，赤舄几几。”鄭箋：“公，周公也。孫，讀當如‘公孫於齊’之孫。孫之言遜遁也。周公攝政，七年致大平，復成王之位，孫遁辟此，成公之大美。”
⑩《詩·豳風·鴟鴞》：“鴟鴞鴟鴞，既取我子，無毀我室。”鄭箋：“時周公竟武王之喪，欲攝政成周道，致大平之功。管叔、蔡叔等流言云：‘公將不利於孺子。’成王不知其意，而多罪其屬黨。”
⑪諸葛亮《出師表》：“親賢臣，遠小人，此先漢所以興隆也；親小人，遠賢臣，此後漢所以傾頹也。先帝在時，每與臣論此事，未嘗不嘆息痛恨于桓、靈也。”諸葛亮作爲賢相，地位與周公類似。莊存與意謂，果若成王不才，周公必有嘆息痛恨之言。
⑫魏滅蜀，封劉禪爲安樂公。

〇成王將黜殷，周公實相之。[1]邦君、御事以王爲不可[2]，實以周公爲不可也。聖人豈不可哉？曰：其不可有説。亦曾講於黜殷之義乎？天命黜之也。成湯克夏，則黜夏命，立姒姓之親且賢者爲禹後，《那》之詩曰“我有嘉客”[3]是也。武王克受[4]，不黜殷，其居處、宗廟、社稷，畿内之都邑、土田，朝庭之臣，不遷不改如故也。曰：“宅爾宅，畋爾田”[5]，“無故無新，惟仁之親”。[6]《記》曰“庶民弛政，庶士倍禄”[7]，而所立者，固紂之子武庚也[8]，豈其不稽上帝之心，而錫福小人，以干天下譽乎？聖人立之，非將取之，天下信之，咸謂之宜，非僭賞也，非作福也，其布憲施舍、優柔容民[9]，非甚盛德，何以臻此哉！天下所以歸心也。

---

① 《書序》：“武王崩，三監及淮夷叛，周公相成王，將黜殷，作《大誥》。”
② 《書·大誥》：“肆予告我友邦君，越尹氏、庶士御事，曰：‘予得吉卜，予惟以爾庶邦，于伐殷逋播臣。’爾庶邦君，越庶士御事，罔不反曰：‘艱大，民不静，亦惟在王宮、邦君室。’”蔡沈集傳：“邦君、御事無不反曰：‘艱難重大，不可輕舉。且民不静，雖由武庚，然亦在于王之宮、邦君之室。’謂三叔不睦之故，實兆釁端，不可不自反。”
③ 《詩·商頌·那》。小序：“《那》，祀成湯也。”朱熹集傳：“嘉客，先代之後，來助祭者也。”
④ 受，即紂。《書·牧誓》：“今商王受，惟婦言是用。”
⑤ 《書·多方》：“今爾尚宅爾宅，畋爾田，爾曷不惠王熙天之命？”孔安國傳：“今汝殷之諸侯皆尚得居汝常居，臣民皆尚得畋汝故田，汝何不順從王政，廣天之命，而自懷疑乎？”
⑥ 《後漢書·申屠剛傳》李賢注引《尚書大傳》曰：“武王入殷，周公曰：‘各安其宅，各田其田，無故無新，唯仁之親。’”
⑦ 《禮記·樂記》：“武王克殷，反商，未及下車，而封黄帝之後於薊，封帝堯之後於祝，封帝舜之後於陳。下車而封夏后氏之後於杞，投殷之後於宋，封王子比干之墓，釋箕子之囚，使之行商容而復其位。庶民弛政，庶士倍禄。”鄭玄注：“弛政，去其紂時苛政也。倍禄，復其紂時薄者也。”
⑧ 《書序》：“武王勝殷，殺受，立武庚。以箕子歸，作《洪範》。”
⑨ 《國語·周語下》：“［武王伐殷］布憲施舍于百姓，故謂之嬴亂，所以優柔容民也。”韋昭注：“憲，法也。施，施惠；舍，舍罪也。亂，治也。柔，安也。”

　　至于成王而黜之乎？德不卒矣，無成功矣，此不如前寧人[1]之尤大彰明較著者也。謂非德之不修，修之不至，懟於文王、武王，遂俾文、武有懟德於古先哲王乎哉！“惟干戈省厥躬”[2]，耀德其是也，觀兵則非也。刘其人非他，“亦惟在王宮、邦君室”，而推刃以相夷，則惡矣，其不可如此。咸謂周公之文德，無藉於復動干戈，而卒亦未能戢也。此小子以及考翼所以咸復于王，而曰“不可征”也。[3]夫武王伐商，不謀同辭者諸友邦，惟一心者三千之臣[4]，然且曰“無貳爾心”，曰“維師尚父，時維鷹揚，亮彼武王”[5]，若是乎其“艱”且“大”也！今遠邇之臣皆與王心違，周公何所因而圖事哉？因不識不知之民心也，非朝廷之臣及庶邦君也。彼固有所知、有所識，能擬議聖人之心。行有不得，必反求諸己[6]，而不自知其即蔽於所知也。公思茲役，天役也，黜殷不合於文王、武王之所事，非小故也，是以“仰而思之，夜以繼日”[7]，幾於無可如何矣。稽謀自天而得之[8]，故曰幸焉，“坐以待旦”。告於沖人，斷之曰“天惟喪殷”，“天亦惟休於

---

① 前寧人，指文王。《書·大誥》：“予曷其不于前寧人圖功攸終？”孔安國傳：“我何其不於前文王安人之道，謀立其功所終乎？”
② 語出《書·說命中》，亦見《禮記·緇衣》。蔡沈集傳：“干戈，所以討有罪，必嚴于省躬者，戒其有所輕動。”
③《書·大誥》：“越予小子、考翼，不可征，王害不違卜？”蔡沈集傳：“害，曷也。越我小子與父老敬事者，皆謂不可征，王曷不違卜而勿征乎？”
④ 偽《書·泰誓上》：“［武王曰］受有臣億萬，惟億萬心。予有臣三千，惟一心。商罪貫盈，天命誅之。予弗順天，厥罪惟鈞。”
⑤《詩·大雅·大明》：“上帝臨女，無貳爾心。牧野洋洋，檀車煌煌，駟騵彭彭。維師尚父，時維鷹揚，涼彼武王，肆伐大商，會朝清明。”鄭箋：“女，女武王也。天護視女，伐紂必克，無有疑心。”毛傳：“師，大師也。尚父，可尚可父。鷹揚，如鷹之飛揚也。涼，佐也。”鄭箋：“尚父，呂望也，尊稱焉。鷹，鷙鳥也。佐武王者，爲之上將。”
⑥《孟子·離婁上》：“行有不得者，皆反求諸己。”
⑦《孟子·離婁下》：“周公思兼三王，以施四事。其有不合者，仰而思之，夜以繼日；幸而得之，坐以待旦。”
⑧ 語出《書·召誥》：“刘曰其有能稽謀自天。”蔡沈集傳：“稽，考。”

前寧人"。①"推亡固存,邦乃其昌"②,《仲虺之誥》是天道也。
"上天孚佑下民,罪人黜伏,天命弗僭"③,革夏命之册典也。
於是謀卜筮則從,於是謀群臣則不從④,而庶民固未有不從者,
非若"舍我穡事,而割正夏",不從之在庶民也。⑤

　　嗚呼! 沖人何忍不以兹事爲"艱",何敢不以兹事爲"大"。
殷命不可輕以黜也,管叔、蔡叔不可輕以絶也。日夜永思之,
又永念之,"不敢替上帝命","不敢不極卒寧王圖事"。⑥與
邦君、御事異者,在知天命與否爾,非有水火冰炭之殊也。下既
盡獻其否,上又献告之以其可,而外之侯、甸、男邦、采、衛,大
和會矣,内之百工播民和矣。⑦邦君、御事豈有怠心,而成王、
周公寧任獨斷哉! 是非成壞,固非口舌所能決也,正之以"天命

----

① 《書·大誥》:"予永念曰:'天惟喪殷。若穡夫,予曷敢不終朕畝。天
亦惟休于前寧人,予曷其極卜,敢弗于從?'"孔安國傳:"稼穡之夫,
除草養苗。我長念天亡殷惡主,亦猶是矣。我何敢不順天,終竟我墾
畝乎? 言當滅殷。天亦惟美于文王受命,我何其極卜法,敢不於從? 言
必從也。"
② 僞《書·仲虺之誥》。孔安國傳:"有亡道,則推而亡之;有存道,則輔
而固之。王者如此,國乃昌盛。"
③ 僞《書·湯誥》。孔安國傳:"孚,信也。天信佑助下民,桀知其罪,退
伏遠屏。僭,差。"
④ 《書·大誥》:"肆予告我友邦君,越尹氏、庶士御事,曰:'予得吉卜。
予惟以爾庶邦,于伐殷逋播臣。'爾庶邦君,越庶士御事,罔不反曰:
'艱大,民不静,亦惟在王宫、邦君室。越予小子、考翼,不可征,王
害不違卜?'"
⑤ 《書·湯誓》:"王曰:'格爾衆庶,悉聽朕言。非台小子,敢行稱亂。有
夏多罪,天命殛之。今爾有衆,汝曰:"我后不恤我衆,舍我穡事,而
割正夏。"予惟聞汝衆言。夏氏有罪,予畏上帝,不敢不正。'"蔡沈集
傳:"亳邑之民安于湯之德政,桀之虐焰所不及,故不知夏氏之罪而
憚伐桀之勞,反謂湯不恤亳邑之衆,舍我刈穫之事而斷正有夏。"
⑥ 《書·大誥》。孔安國傳:"不敢廢天命,言卜吉當必征。""我不敢
不極盡文王所謀之事,謂致太平。"
⑦ 《書·康誥》:"周公初基,作新大邑于東國洛,四方民大和會。侯、
甸、男邦、采、衛,百工播民和,見士于周。"孔安國傳:"五服之百
官,播率其民和悦,並見即事於周。"

不僭”①，則勿疑而志大行。成王，辟也，惟辟奉天②；周公，聖也，惟聖時憲。③因久靖之民，以靖民之不靖，而前王之大功，没世不忘矣。

　　○周公作誥曰：“孺子其朋，孺子其朋”④，申戒成王，立上下之義。成王師事周公，爲天下君，乃以天子禮樂賜周公⑤，其朋也何甚哉！周公受之，“以道事君”⑥之謂何？將大人正物而不正己也？⑦信如人言，成王不若襄王，頒大物，賞私德，其若先王與百姓何矣？⑧曰：魯之郊、禘，由僖公始也。⑨嘗考奚斯頌魯⑩而通諸夫子作《春秋》。僖之八年書“禘于大廟”矣，其三十有一年書“四卜郊”矣，此皆僭天子之郊、禘也。⑪前此莫之書，此因事

①《書·大誥》：“肆朕誕以爾東征。天命不僭，卜陳惟若兹。”孔安國傳：“以卜吉之故，大以汝衆東征四國。天命不僭差，卜兆陳列惟若此吉，必克之，不可不勉。”
②語出僞《書·泰誓下》：“惟天惠民，惟辟奉天。”蔡沈集傳：“言天惠愛斯民，君當奉承天意。”
③語出僞《書·説命中》：“惟天聰明，惟聖時憲，惟臣欽若，惟民從乂。”孔安國傳：“憲，法也。言聖王法天以立教，臣敬順而奉之，民以從上爲治。”
④《書·洛誥》：“孺子其朋，孺子其朋，其往。”孔安國傳：“少子慎其朋黨，少子慎朋黨，戒其自今已往。”
⑤《禮記·明堂位》：“成王以周公爲有勳勞於天下，是以封周公於曲阜，地方七百里，革車千乘，命魯公世世祀周公以天子之禮樂。”
⑥《論語·先進》：“所謂大臣者，以道事君，不可則止。”
⑦《孟子·盡心上》：“有大人者，正己而物正者也。”
⑧據《國語·周語中》，晉文公平王子帶之亂，周襄王勞之以地，辭，請隧焉（隧，開地通路曰隧，乃天子之葬禮）。王不許，曰：“班先王之大物以賞私德，其叔父實應且憎，以非余一人。……其若先王與百姓何？何政令之爲也？”
⑨《春秋》書魯之郊、禘，始見於僖公三十一年及僖公八年。
⑩《詩·魯頌·閟宮》：“新廟奕奕，奚斯所作。”莊存與説曰：“毛傳云：‘新廟，閔公廟也。有大夫公子奚斯者作是廟也。’齊、魯、韓三家以爲‘作此頌’，宜屬卒章以頌之。毛傳或傳寫于俗師，訛‘頌’爲‘廟’也。”（見《毛詩説·卷三·閟宮》）
⑪《春秋》僖公八年：“秋七月，禘于大廟，用致夫人。”僖公三十一年：“夏四月，四卜郊，不從，乃免牲，猶三望。”

而書，非譏其始①，而僖公爲始不隱矣。苟譏其始于僖公，則直而絞②；苟不見其始于僖公，則隱而誣。不惟誣先君，且誣皇祖周公③以及成王。聖人作《春秋》，訓人爲臣子於心安乎？不安乎？故因事而書於僖公之年，以見其始，所謂"志而晦"④也。

著《閟宮》於《魯頌》，益信而有徵焉。頌周公曰"克咸厥功"，止矣，不大其事、尚其功也。頌王所錫曰"錫之山川，土田附庸"，止矣，不聞以天子之禮樂也。⑤夫古人之情，不絕遠也，苟成王嘗錫周公，奚斯曾不推本天子寵命，而自納其君于僭竊之誅，乃曰"萬民是若"哉！⑥遂頌其以郊，必曰"周公之孫，莊公之子"，則僖公而非先公也。二章曰"后稷之孫，實維太王"，三章曰"周公之孫，莊公之子"，然則"皇祖后稷"，天子之皇祖也；"周公皇祖"，魯侯之皇祖也。魯不得郊祀后稷以配天，而莊公之子乃郊矣；魯不得禘周公，而今乃禘于大廟矣。《頌》及《明堂位記》皆無禘祀文王之説，《頌》且明言郊、言禘，則微曰"降

①謂此前無魯之郊禘，此爲首見，乃此一歷史事件的真實之始，非譏始。《春秋》有譏始，爲託始，非真始。《公羊傳·隱公二年》："外逆女不書，此何以書？譏。何譏爾？譏始不親迎也。始不親迎，昉於此乎？前此矣。前此則曷爲始乎此？託始焉爾。曷爲託始焉爾？《春秋》之始也。"
②《論語·陽貨》："好直不好學，其蔽也絞。"邢昺疏："絞，切也，正人之曲曰直。若好直不好學，則失於譏刺太切。"
③《詩·魯頌·閟宮》有"周公皇祖，亦其福女"之句，莊存與以爲"魯祖周公，不得祖后稷，詩見之矣。"（《毛詩説·卷三·閟宮》）故此處莊存與以皇祖即周公，非若鄭箋以皇祖別爲"伯禽"也。
④《左傳·成公十四年》："《春秋》之稱，微而顯，志而晦，婉而成章，盡而不汙，懲惡而勸善，非聖人誰能脩之。"
⑤莊存與此處意在暗駁《禮記》成王賜魯郊、禘之説。《禮記·祭統》稱："昔者周公旦有勳勞於天下。周公既没，成王、康王追念周公之所以勳勞者，而欲尊魯，故賜之以重祭。外祭則郊、社是也，内祭則大嘗、禘是也。夫大嘗、禘，升歌《清廟》，下而管《象》，朱干玉戚以舞《大武》，八佾以舞《大夏》，此天子之樂也。康周公，故以賜魯也。子孫纂之，至于今不廢。"
⑥《詩·魯頌·閟宮》："新廟奕奕，奚斯所作。孔曼且碩，萬民是若。"鄭箋："國人謂之順也。"

福既多”，曰“亦其福女”，其志深矣。於嘗曰“白牡騂剛”①，備物典策②之所有也。“騂剛”於“騂犧”③有等，魯公降於周公焉，非若郊、禘之爲僭矣。

　　魯故有四代之服器④及四代之樂，皆所宜也。若五帝之遺聲在商，三代之遺聲在齊⑤，肄業⑥則可，賓祭用之則不可。如以享季札，殆有效尤之禍，請觀於周樂，斯閱覽博物君子也。⑦服器，魯宗器也，用諸周公之廟則允，用諸群公之宮則踰。《記》曰“宮縣而祭以白牡”，“諸侯之僭禮也”。⑧“白牡”，殷牲也，惟周公宜之。其四代服器，武王時則分器所受⑨，成王時則所以

①《詩·魯頌·閟宮》：“秋而載嘗，夏而楅衡。白牡騂剛，犧尊將將。”毛傳：“諸侯夏禘則不礿，秋祫則不嘗，唯天子兼之。楅衡，設牛角以楅之也。白牡，周公牲也。騂剛，魯公牲也。犧尊，有沙飾也。”
②語出《左傳·定公四年》：“分之土田陪敦，祝宗卜史，備物典策，官司彝器。”孔穎達正義：“備物典策，謂史官書策之典，若傳之所云發凡之類，賜之以法，使依法書時事也。”
③《詩·魯頌·閟宮》：“皇皇后帝，皇祖后稷，享以騂犧。”毛傳：“騂，赤。犧，純也。”鄭箋：“其牲用赤牛純色，與天子同也。”孔穎達正義：“皇皇而美者，爲君之天及君祖后稷，獻之以赤與純色之牲。”
④《禮記·明堂位》：“凡四代之服器官，魯兼用之。是故魯，王禮也，天下傳之久矣。”
⑤《禮記·樂記》：“故《商》者，五帝之遺聲也。……商之遺聲也，商人識之，故謂之《商》。《齊》者，三代之遺聲也，齊人識之，故謂之《齊》。”
⑥肄業，指音樂的日常練習、排練。《左傳·文公四年》：“衛甯武子來聘，公與之宴，爲賦《湛露》及《彤弓》。不辭，又不答賦。使行人私焉。對曰：‘臣以爲肄業及之也。’”杜預集解：“肄，習也。魯人失所賦，甯武子佯不知，此其愚不可及也。”
⑦吳公子季札入魯觀周樂之事，詳見《左傳·襄公二十九年》。
⑧《禮記·郊特牲》：“諸侯之宮縣，而祭以白牡，擊玉磬，朱干設錫，冕而舞《大武》，乘大路，諸侯之僭禮也。”鄭玄注：“言此皆天子之禮也。宮縣，四面縣也。白牡、大路，殷天子禮也。”
⑨《書序》：“武王既勝殷，邦諸侯，班宗彝。作《分器》。”孔安國傳：“賦宗廟彝器酒樽賜諸侯。言諸侯尊卑，各有分也。”

康周公①，非若曲縣繁纓之爲假人器也。②

　　成王以天下之養，生以養周公，周公受之；儻欲以天子之禮送周公之死，周公不許也。成王作《亳姑》以告周公，告其葬之以禮也。③自古尊賢之典，必以堯、舜爲法，其必以己之養養聖賢。④《詩》曰"陳饋八簋"⑤，猶行天子待賓客之常數，而非以所養當一天子也，無所疑也。周公之廟，象周公之生而存，故宜之。若夫葬者，臣子之事⑥，故曰"死以爲周公主"。⑦成王名之而不自爲主焉，則不可以有二王矣，正名以明民，有若是其定

①《禮記·祭統》："昔者周公旦有勳勞於天下。周公既没，成王、康王追念周公之所以勳勞者，而欲尊魯，故賜之以重祭。外祭則郊、社是也，内祭則大嘗、禘是也。夫大嘗、禘，升歌《清廟》，下而管《象》，朱干玉戚以舞《大武》，八佾以舞《大夏》，此天子之樂也。康周公，故以賜魯也。子孫纂之，至于今不廢，所以明周公之德，而又以重其國也。"鄭玄注："康，猶襃大也。"

②《左傳·成公二年》："新築人仲叔于奚救孫桓子，桓子是以免。既，衛人賞之以邑。辭，請曲縣、繁纓以朝，許之。仲尼聞之曰：'惜也！不如多與之邑。唯器與名，不可以假人，君之所司也。'"杜預集解：曲縣，"軒縣也，《周禮》天子樂，宮縣，四面；諸侯軒縣，闕南方。繁纓，馬飾。皆諸侯之服。"

③《書序》："周公在豐，將没，欲葬成周。公薨，成王葬于畢，告周公。作《亳姑》。"孔穎達正義："周公既致政於王，歸在豐邑。將没，遺言欲得葬於成周。以成周是己所營，示己終始念之，故欲葬焉。及公薨，成王葬於畢，以文、武之墓在畢，示己不敢臣周公，使近文、武之墓。"

④《孟子·萬章下》："曰：'敢問國君欲養君子，如何斯可謂養矣？'曰：'以君命將之，再拜稽首而受。其後廩人繼粟，庖人繼肉，不以君命將之。子思以爲鼎肉使己僕僕爾亟拜也，非養君子之道也。堯之於舜也，使其子九男事之，二女女焉，百官、牛羊、倉廩備，以養舜於畎畝之中，後舉而加諸上位，故曰王公之尊賢者也。'"

⑤《詩·小雅·伐木》。毛傳："圓曰簋。天子八簋。"小序："《伐木》，燕朋友故舊也。自天子至于庶人，未有不須友以成者。親親以睦，友賢不棄，不遺故舊，則民德歸厚矣。"

⑥《公羊傳·隱公十一年》："葬，生者之事也。《春秋》君弒賊不討不書葬，以爲不繫乎臣子也。"

⑦《公羊傳·文公十三年》："周公何以稱大廟于魯？封魯公以爲周公也。周公拜乎前，魯公拜乎後，曰：'生以養周公，死以爲周公主。'"

親疏、決嫌疑、別同異、明是非者。①

　　成王既以天下之養養周公，將以元子爲周公後，次子則世爲三公②，六子偕昭穆並封，或在縣内，或在畿外③，天下臣民咸謂當然。周公先戒以"丕視功載"④，或出於私，則必啓君臣相徇之漸。成王斷之以天心，作册祝于文王、武王曰"惟告周公其後"，示不敢專也。⑤天下諸侯咸在位，王乃命"周公後"。⑥祝册、誥册，史逸作之，此質鬼神而無疑，俟聖人而不惑者。⑦示天下萬世以至公之道也，其肯以非道説周公哉！

　　○伊尹、周公不有天下⑧，可遂曰有伊尹之志，知周公之志

---

① 語出《禮記·曲禮上》："夫禮者，所以定親疏、決嫌疑、別同異、明是非也。"
② 鄭玄《詩譜》："周公封魯，死謚曰文公；召公封燕，死謚曰康公。元子世之，其次子亦世守采地，在王官，春秋時周公、召公是也。"王符《潛夫論·志氏姓》："周、召者，周公、召公之庶子，食二公之采以爲王吏，故世有周公、召公不絶也。"
③ 《漢書·王莽傳》："成王之於周公也，度百里之限，越九錫之檢，開七百里之宇，兼商、奄之民，賜以附庸殷民六族，大路大旂，封父之繁弱，夏后之璜，祝宗卜史，備物典策，官司彝器，白牡之牲，郊望之禮。王曰：'叔父，建爾元子。'子、父俱延拜而受之。可謂不檢亡原者矣。非特止此，六子皆封。"顔師古注："周公六子，伯禽之弟也。"《左傳·僖公二十四年》："凡、蔣、邢、茅、胙、祭，周公之胤也。"全祖望《經史問答·卷二》："蓋禽父以元子受魯公，而次子世爲周公。其餘如凡、如祭、如胙、如茅，皆封畿内；邢、蔣則封于外。按《水經注》則凡亦外諸侯也。"
④ 《書·洛誥》。孔安國傳："視群臣有功者記載之。"
⑤ 《書·洛誥》："戊辰，王在新邑。烝祭歲，文王騂牛一，武王騂牛一。王命作册，逸祝册，惟告周公其後。"孔安國傳："古者襃德賞功，必於祭日，示不專也。特加文、武各一牛，告曰尊周公，立其後爲魯侯。"
⑥ 《書·洛誥》："王命周公後，作册，逸誥，在十有二月。"孔安國傳："王爲册書，使史逸誥伯禽封命之書。皆同在烝祭日，周公拜前，魯公拜後。"
⑦ 語出《中庸》："故君子之道，本諸身，徵諸庶民，考諸三王而不繆，建諸天地而不悖，質諸鬼神而無疑，百世以俟聖人而不惑。"
⑧ 《孟子·萬章上》："匹夫而有天下者，德必若舜、禹，而又有天子薦之者，故仲尼不有天下。繼世而有天下，天之所廢必若桀、紂者也，故益、伊尹、周公不有天下。"

乎哉？伊尹之志，《兌命》言之①，後世尚或知之。金縢之册，周公自言其志，成王啓其書得其説，然乃知之，曰：“昔公勤勞王家，惟予沖人弗及知。今天動威以彰周公之德。”解之者曰“公以身代武王”，則所謂“勤勞”而“彰公之德”如是云爾。此何必聖如周公而後能之邪？吁！命可請也，文王之没，不聞武王爲之，周公不代武王爲之。夫且爲壇、爲墠、具圭璧②，作筴祝③，百執事與焉，而二公不知，亦竟不問乎？苟不知周公之卜之吉，“爲王穆卜”曷言之而竟不爲之也？夫曰“未可以戚我先王”，此爲天子請命之辭也，公既明告二公矣。二公所不及知者，“周公所自以爲功代武王之説”也。其説則公所自爲，命諸史勿敢措一辭，天變作，然後知④墜寶命、屏圭璧之辭⑤，信而不僭，非周公不能作此辭，此則所以請命之説也。與《鴟鴞》之詩無二説也。貽《鴟鴞》，“王亦未敢誚公”；啓金縢之書，“王執書以泣”

①《兌命》，即《説命》。《禮記》所引均作《兌命》，僞《書》作《説命》。僞《書·説命下》：“昔先正保衡，作我先王，乃曰‘予弗克俾厥后惟堯、舜，其心愧耻，若撻于市。’一夫不獲，則曰‘時予之辜。’佑我烈祖，格于皇天。”孔安國傳：“保衡，伊尹也。作，起。正，長也。言先世長官之臣。言伊尹不能使其君如堯、舜，則耻之，若見撻于市，故成其能。伊尹見一夫不得其所，則以爲己罪。言以此道左右成湯，功至于天，無能及者。”

②《書·金縢》：“既克商，二年。王有疾，弗豫，二公曰：‘我其爲王穆卜。’周公曰：‘未可以戚我先王。’公乃自以爲功，爲三壇同墠。爲壇於南方北面，周公立焉。植璧秉珪，乃告大王、王季、文王。”

③筴祝，《周禮·春官·大祝》：“大祝掌六祝之辭……六曰筴祝。”孫詒讓正義：“筴，正字當作‘册’，《獨斷》作‘策’，筴即策之俗。《聘禮記》云‘百名以上書于策’，筴祝蓋亦多文辭，必書於簡策以告神，故特以筴爲名。《國語·晉語》云：‘川涸山崩，策於上帝。’韋注云：‘以簡策之文告于上帝。’此遠罪之筴祝也。”

④《書·金縢》：“秋大熟，未穫。天大雷電以風，禾盡偃，大木斯拔，邦人大恐。王與大夫盡弁，以啓金縢之書，乃得周公所自以爲功代武王之説。”

⑤《書·金縢》：“嗚呼！無墜天之降寶命，我先王亦永有依歸。今我即命于元龜，爾之許我，我其以璧與珪，歸俟爾命。爾不許我，我乃屏璧與珪。”此乃周公册祝告禱之辭。

矣。泣"予室之翹翹"，且泣公之"維音嘵嘵"也。①貽王之詩，即告太王、王季、文王之册。公之"勤勞王家"，乃文王"陳錫載周"②之事，武王"上帝臨女"③之心，而沖人易及知也哉！④天不動威則不知。二公之德，其克享天心者，斷斷不若周公有如此也。則遂以有天下之號繫之於公而不疑，天下莫不以爲宜而稱之，天下曠然其遂定，公亦不辭，欲天下之一於周也⑤，而豈人臣之恒辭乎哉！

　　夫既以周爲天下之號矣，而又以周爲采地之名，章疑別微謂之何矣？⑥聖人誨女知之⑦，尊爲天子，富有四海之内，此爲寶命邪？明明德於天下，若堯、舜、禹、湯、文、武之受命，此爲寶命也。《康誥》曰"不汝瑕殄"⑧，瑕則殄，始於微缺，終以大壞，公之言曰"予小子，新命于三王，惟永終是圖"⑨，以武王之聖在天子之位，永此一日則終此萬年。萬年之久，得一聖人，

---

①《詩·豳風·鴟鴞》："予室翹翹，風雨所漂搖，予維音嘵嘵。"毛傳："翹翹，危也。嘵嘵，懼也。"

②《詩·大雅·文王》："亹亹文王，令聞不已。陳錫哉周，侯文王孫子。"毛傳："哉，載。"鄭箋："哉，始。侯，君也。［文王］乃由能敷恩惠之施以受命，造始周國，故天下君之。"

③《詩·大雅·大明》："上帝臨女，無貳爾心！"鄭箋："臨，視也。女，女武王也。天護視女，伐紂必克，無有疑心。"

④《書·金縢》："［成］王執書以泣，曰：'其勿穆卜。昔公勤勞王家，惟予沖人弗及知。'"

⑤《公羊傳·文公十三年》："周公何以稱大廟于魯？封魯公以爲周公也。周公拜乎前，魯公拜乎後，曰：'生以養周公，死以爲周公主。'然則周公之魯乎？曰：不之魯也，封魯公以爲周公主。然則周公曷爲不之魯？欲天下之一乎周也。"

⑥語出《禮記·坊記》："子云：'夫禮者，所以章疑別微，以爲民坊者也。'"

⑦語出《論語·爲政》："子曰：'由！誨女知之乎！知之爲知之，不知爲不知，是知也。'"朱熹集注："由，孔子弟子，姓仲，字子路。子路好勇，蓋有强其所不知以爲知者。故夫子告之曰：我教女以知之之道乎！"

⑧《書·康誥》。蔡沈集傳："不汝瑕疵而棄絶矣。"

⑨《書·金縢》。孔安國傳："周公言，我小子新受三王之命，武王惟長終是謀周之道。"三王，指《金縢》前文的太王、王季、文王。

莫能以爲未盡善，而孔子曰“未盡善”①者，病其有武庚之亂，且重以管叔也。武王固皇皇然②若天下之未定矣。克商不過二年③，其遂可以近我先王乎？武王喪而流言作，流言作而周公不居東，居東二年而不爲詩以貽王，朝廷不知而詩人不刺④，天變不作，二公日爲政於天下，天下之君子不得平其心，天下之小人不得革其面，文、武之德孰圖其永終者乎？公所俟者，三王能念武王也⑤，“百姓有過，在予一人”⑥，“能念予一人”，能念百姓之有過也。“無故無新，惟仁之親”⑦，與王同心，惟周公獨也，故曰“哀我人斯，亦孔之將”。⑧然而流言必辟之者⑨，百官總己以聽冢宰⑩，太公可以當之；亂在東方，居東可以察之而毖之；“進退無恒，非離群也。”⑪然而必作《鴟鴞》之詩者⑫，喪

---

① 《論語·八佾》：“子謂《韶》，盡美矣，又盡善也。謂《武》，盡美矣，未盡善也。”
② 皇皇然，語出《禮記·問喪》：“其反哭也，皇皇然，若有求而弗得也。”
③ 武王克商兩年後病逝，成王繼立。
④ 如《詩·豳風》之《伐柯》《九罭》《狼跋》等篇，小序皆稱其爲“美周公”，而刺“朝廷［或王］之不知也。”
⑤ 《書·金縢》：“予小子，新命于三王，惟永終是圖。兹攸俟，能念予一人。”蔡沈集傳：“一人，武王也。言三王能念我武王使之安也。”
⑥ 語出《書·泰誓中》。
⑦ 《後漢書·申屠剛傳》李賢注引《尚書大傳》：“武王入殷，周公曰：‘各安其宅，各田其田，無故無新，唯仁之親。’”
⑧ 《詩·豳風·破斧》。毛傳：“將，大也。”鄭箋：“此言周公之哀我民人，其德亦甚大也。”
⑨ 《書·金縢》：“武王既喪，管叔及其群弟乃流言於國曰：‘公將不利於孺子。’周公乃告二公曰：‘我之弗辟，我無以告我先王。’周公居東二年，則罪人斯得。”
⑩ 語出《論語·憲問》：“子張曰：‘《書》云“高宗諒陰，三年不言”，何謂也？’子曰：‘何必高宗，古之人皆然。君薨，百官總己以聽於冢宰三年。’”
⑪ 《易·乾·文言》。孔穎達正義：“何氏云：所以進退無恒者，時使之然，非苟欲離群也。”
⑫ 《書·金縢》：“周公居東二年，則罪人斯得。于後，公乃爲詩以貽王，名之曰《鴟鴞》。王亦未敢誚公。”

不貳事①，除武王之喪，此救亂時也。不時不作，當其時則必作，
“君子進德修業，欲及時也。”②周公之心，非天之心乎？“先
天而天弗違”③，納册而“翼日乃瘳”，貽詩而“天大雷電以風”
矣。“周道四達，禮樂交通，《武》之遲久”④，“後天而奉天時”
也。作《常棣》⑤，暴所過於天下，使天下見之。“封建親戚，以
藩屏周”⑥，過則改之，周以宗强⑦，兄弟無復爲不咸。周公之
德，是謂至德。其學之而未盡者，虞帝之甚盛德⑧，文王之德之
純⑨也。伊尹且猶不及，非孔子贊《易》，孰知周公之志哉！

①《禮記·王制》：“喪不貳事。”孔穎達正義：“喪不貳事者，謂不爲兩
　事。”
②《易·乾·文言》：“進退无恒，非離群也。君子進德脩業，欲及時也。”
③語出《易·乾·文言》：“夫大人者，與天地合其德，與日月合其明，與
　四時合其序，與鬼神合其吉凶。先天而天弗違，後天而奉天時。”
④《禮記·樂記》：“若此，則周道四達，禮樂交通，則夫《武》之遲久，
　不亦宜乎！”孔穎達正義：“‘則夫《武》之遲久，不亦宜乎’者，凡功
　小者易就，其時速也。功大者難成，其時久也。周之禮樂功大，故作此
　《大武》之樂，遲停而久。‘不亦宜乎’者，其宜合當然也。以其功德
　盛大，故須遲久重慎之也。”
⑤《詩·小雅·常棣》小序：“《常棣》，燕兄弟也。閔管、蔡之失道，故作
　《常棣》焉。”鄭箋：“周公弔二叔之不咸，而使兄弟之恩疏。召公爲
　作此詩而歌之以親之。”
⑥《左傳·僖公二十四年》：“昔周公弔二叔之不咸，故封建親戚，以蕃
　屏周。”杜預集解：“咸，同也。”
⑦《史記·太史公自序》：“管、蔡相武庚，將寧舊商。及旦攝政，二叔不
　饗。殺鮮放度，周公爲盟。大任十子，周以宗强。”
⑧《左傳·襄公二十九年》：“［季札］見舞《韶箾》者，曰：‘德至矣哉！
　大矣！如天之無不幬也，如地之無不載也。雖甚盛德，其蔑以加於
　此矣！觀止矣！若有他樂，吾不敢請已。”杜預集解：《韶箾》，“舜
　樂。”“幬，覆也。”
⑨《詩·周頌·維天之命》：“於乎不顯，文王之德之純。”毛傳：“純，
　大。”

尚書既見卷三

〇“長息問於公明高曰:‘舜往于田,則吾既得聞命矣。’”日讀其書未嘗聞命①,長息何所疑?公明高何所啓?曰:竊嘗思之矣,疑堯舉舜而試之,則舜無爲復往於田也;啓之以堯將使舜嗣位,不遽加之上位而使之治事也。夫家難天下易,“女于時”洵可觀舜已。②曷不念九男易心服乎哉!③此又一難也。堯以天子之尊,年八九十矣,且以聖人之德而曰與舜友也。④舜之生,三十云爾⑤;舜之卑,匹夫云爾;舜之心,則不可爲人、不可爲子之窮人云爾。⑥而曰吾與在位七十載之聖人⑦友云爾,不爲臣也。天下之難有大焉者乎?堯欲知舜之德,聖人與?抑猶未也?聖人當此,必沛然無疑矣。少有疑於此,則雖聖人,不足以

---

① 《孟子·萬章上》。長息所聞爲何,孟子并未明載。
② 《書·堯典》:“帝曰:‘我其試哉!女于時,觀厥刑于二女。’”孔安國傳:“言欲試舜,觀其行跡。女,妻。刑,法也。堯於是以二女妻舜,觀其法度接二女,以治家觀治國。”
③ 《孟子·萬章下》:“堯之於舜也,使其子九男事之,二女女焉。百官牛羊倉廩備,以養舜於畎畝之中,後舉而加諸上位。”
④ 《孟子·萬章下》:“舜尚見帝,帝館甥于貳室,亦饗舜,迭爲賓主。是天子而友匹夫也。”趙岐注:“尚,上也。舜在畎畝之時,堯友禮之。舜上見堯,堯舍之於貳室。貳室,副宮也。”
⑤ 《書·舜典》:“舜生三十徵庸”。蔡沈集傳:“舜生三十年,堯方召用。”
⑥ 《史記·五帝本紀》:“舜父瞽叟頑,母嚚,弟象傲,皆欲殺舜。舜順適不失子道,兄弟孝慈。欲殺,不可得;即求,嘗在側。”
⑦ 《書·堯典》:“帝曰:‘咨!四岳。朕在位七十載,汝能庸命,巽朕位。’”孔安國傳:“堯年十六以唐侯升爲天子,在位七十年,則時年八十六,老將求代。”

當天意，天之命不在焉，若十六相是也，堯不暇舉也。①孟子述《舜典》曰"舜尚見帝，帝館甥于貳室，亦饗舜，迭爲賓主"，德協于帝，固若是乎！夫固即"往于田，日號泣于旻天、于父母"②之時也。見于天子乃如此，見于父母乃如此，見于旻天乃如此。天，天也；父母，天也；天子，天也。聖人無兩心，非重華③而能若是乎！天下之士多，聖人乃無有尚之者矣，則惟不命以位，不授之事，而後盛德可知也。故曰："帝使其子九男二女、百官，牛羊、倉廩備，以事舜於畎畝之中"④，試之以至難也。《堯典》曰"釐降二女于潙汭，嬪于虞"，皆以敵者之禮行焉，而非若天子之女嫁于諸侯，必使同姓諸侯主之之義也。⑤非常事也，而於義不爲貶。堯之得舜，非使之爲人臣也，故曰事非常而義不爲貶。夫"往于田"者，舜在畎畝之常事，父母之養非莫耕也，必身親之。事親之大常，既爲天子而不改者，故曰："既得聞命也。"有嘗聞之者乎？而曾不是思也。

　　"公明高曰：'是非爾所知也。'"⑥學者闇不知，是以求

①《左傳·文公十八年》："昔高陽氏有才子八人：蒼舒、隤敳、檮戭、大臨、尨降、庭堅、仲容、叔達，齊聖廣淵，明允篤誠。天下之民，謂之八愷。高辛氏有才子八人：伯奮、仲堪、叔獻、季仲、伯虎、仲熊、叔豹、季貍，忠肅共懿，宣慈惠和。天下之民，謂之八元。此十六族也，世濟其美，不隕其名，以至於堯，堯不能舉。舜臣堯，舉八愷使主后土，以揆百事，莫不時序，地平天成；舉八元使布五教于四方，父義、母慈、兄友、弟共、子孝、內平、外成。……舜臣堯，賓于四門，流四凶族，渾敦、窮奇、檮杌、饕餮，投諸四裔，以禦螭魅。是以堯崩而天下如一，同心戴舜以爲天子。以其舉十六相，去四凶也。"

②《書·大禹謨》。孔安國傳："言舜初耕于歷山之時，爲父母所疾，日號泣于旻天及父母，克己自責，不責於人。"

③《史記·五帝本紀》："虞舜者，名曰重華。"張守節正義："［舜］目重瞳子，故曰重華。"

④《孟子·萬章上》。

⑤《公羊傳·莊公元年》："天子嫁女乎諸侯，必使諸侯同姓者主之。諸侯嫁女于大夫，必使大夫同姓者主之。"

⑥《孟子·萬章上》："長息問於公明高曰：'舜往于田，則吾既得聞命矣。號泣于旻天、于父母，則吾不知也。'公明高曰：'是非爾所知也。'夫公明高以孝子之心爲不若是恝，我竭力耕田，共爲子職而已矣。父母之不我愛，於我何哉！"

諸師，公明高不告，孟子本高之旨以告萬章，而又不正言，何也？《論語》曰"知德者鮮矣"[①]，又曰"中人以下，不可以語上也。"[②]自長息以至古今天下凡民，不識誠爲天之道也，又不識誠之之爲人之道也。[③]親于身，身于親，二之久矣。彼以"竭力耕田，共爲子職"，則孝子之事畢矣。其心以"父母之不我愛"，如不信乎朋友耳，如不獲乎上耳[④]，"若是恝"[⑤]哉！若是恝而猶以爲孝子之心哉！中人以下之所知，未有不如此者，以爲于我無與，固恝而忍也；以爲不知我有何罪，亦恝而不靈也。皆謂不仁，不仁由乎不誠。蓋赤子之心，牿亡於執文害志之陋儒，可痛矣！故曰："是非爾所知也。"以救長息之陷溺於成説，而曾不反而求之於心也。孟子之不正言以砭萬章之蹈襲於常轍，而不察喪失之大有若是其不可也。讀此書而面不發赤、背不汗者，無有哉！

孟子曰"告則不得取"[⑥]，夫不告則何以得取？非不告也，秉命而成之則謂之告，專命而成之，成之而後告，則謂之不告。實不告也，名固告也。名告則得取矣，實告則不得取矣。"人之於天也，以道受命；人之於君父也，以言受命。不若於道者，天

①《論語·衛靈公》。
②《論語·雍也》。
③《中庸》："誠者，天之道也。誠之者，人之道也。"
④語出《中庸》："在下位不獲乎上，民不可得而治矣。獲乎上有道，不信乎朋友，不獲乎上矣。信乎朋友有道，不順乎親，不信乎朋友矣。順乎親有道，反諸身不誠，不順乎親矣。誠身有道，不明乎善，不誠乎身矣。"
⑤《孟子·萬章上》："公明高曰：'是非爾所知也。'夫公明高以孝子之心，爲不若是恝。"趙岐注："恝，無愁之貌。"
⑥《孟子·萬章上》："萬章問曰：'詩云："娶妻如之何？必告父母。"信斯言也，宜莫如舜。舜之不告而娶，何也？'孟子曰：'告則不得娶。男女居室，人之大倫也，如告，則廢人之大倫，以懟父母，是以不告也。'萬章曰：'舜之不告而娶，則吾既得聞命矣。帝之妻舜而不告，何也？'曰：'帝亦知告焉則不得妻也。'"帝，謂堯。

絕之；不若於言者，人絕之。"①告之而瞽瞍不聽，則舜無可諍之道矣。不爭之則必從之。不從而違之，是不受父命也，其罪當絕。成之而後告，雖瞽瞍亦不禁之，不禁必姑從之，是以得取也。"爲無後"之心②，瞽瞍喻之矣。蓋納采③以逮親迎④，瞽瞍皆爲之主而命之矣。此"克諧以孝，烝烝乂，不格姦"⑤之實也。然而謂之不告者，成之在舜，不在父母也。正以不告語天下，天下皆知其反經而合道，聖人之權也。非聖人不得與於此也。託告之似以語天下，天下不知其名是而實非，姦人之雄也。聖人之所深惡而痛絕也。如曰莫之告也，則二女何辭以見舅姑邪？故曰非不告也，"帝亦知告焉則不得妻也"。

　　堯爲天子乃不能行乎庶人哉？堯不以天子之貴加諸舜，則不以天子之貴加其父母也，以敵者之禮行焉。敵者不聽則莫可以强之聽，是以"告焉則不得妻也"。堯憂天下不治，夫然後舉舜。舉舜故妻舜，妻舜而使舜不得父其父，是亂天下也，有司雖存，帝何辭以命之。且堯所憂，舜能任之；舜所憂，堯不能解之，非獨不能，亦且不可。堯以舜治天下，舜以堯治其父母？師錫者，其妄哉？《春秋傳》曰"聖達節"⑥，賈生曰"人主之行異

①《穀梁傳·莊公元年》："人之於天也，以道受命；於人也，以言受命。不若於道者，天絕之也；不若於言者，人絕之也。"范寧集解："臣子則受君父之命，婦受夫之命。若，順。"
②《孟子·離婁上》："孟子曰：'不孝有三，無後爲大。舜不告而娶，爲無後也，君子以爲猶告也。'"趙岐注："舜懼無後，故不告而娶。"
③《禮記·昏義》："是以昏禮，納采、問名、納吉、納徵、請期，皆主人筵几於廟，而拜迎於門外。"
④《禮記·坊記》："子云：'昏禮，壻親迎，見於舅姑，舅姑承子以授壻。'"
⑤《書·堯典》："帝曰：'咨！四岳，朕在位七十載，汝能庸命，巽朕位？'……師錫帝曰：'有鰥在下，曰虞舜。'帝曰：'俞！予聞。如何？'岳曰：'瞽子。父頑、母嚚、象傲，克諧以孝，烝烝乂，不格姦。'"孔安國傳："師，衆。錫，與也。諧，和。烝，進也。言能以至孝和諧頑嚚昏傲，使進進以善自治，不至於姦惡。"
⑥《左傳·成公十五年》："前《志》有之曰：'聖達節，次守節，下失節。'"

布衣"①，布衣之孝，守一節而已，必無敢不告。鄉人也，不可以授天下，可以授天下者，必無嫌無疑於不告，則舜其人也。以舜通天下之志、定天下之業、斷天下之疑者②，堯也。七十載天子③，乃矜一鄉人行哉! 欲行告父母之詩④，必使堯、舜不聖然後可，可謂固哉!⑤

　　"父母使舜完廩，捐階，瞽瞍焚廩。使浚井，出，從而揜之。象曰：'謨蓋都君，咸我績。牛羊，父母；倉廩，父母；干戈，朕；琴，朕；弤，朕；二嫂使治朕棲。'"⑥此《舜典》也。嘻! 甚矣!"何肆犬豕，而厥身不危敗?"⑦古人問之矣。其事故不成，有如萬分一則如之何? 厥身危敗，尚奚及哉? 舜果非聖人，而不可以爲子矣。春秋以來不勝書也，曾是以爲典乎? 曰：自古人傑皆不死也，然而下聖人一等，其必有一不全者矣。全之者惟聖人，惟聖人如舜，然後一朝遇之，行其所無事而不患焉，不可以

①賈誼《新書·益壤》："人主之行異布衣。布衣者，飾小行，競小廉，以自託於鄉黨邑里。人主者，天下安社稷固不耳。"
②語出《易·繫辭上》："聖人以通天下之志，以定天下之業，以斷天下之疑。"
③指堯，此時在位已七十載，故云。
④《詩·齊風·南山》："取妻如之何? 必告父母。……取妻如之何? 匪媒不得。"
⑤固哉，語出《孟子·告子下》："固哉! 高叟之爲詩也。"趙岐注："固，陋也。"
⑥《孟子·萬章上》。趙岐注："完，治。廩，倉。階，梯也。使舜登廩屋，而捐去其階，焚燒其廩也。一説捐階，舜即旋從階下，瞽瞍不知其已下，故焚廩也。使舜浚井，舜入而即出，瞽瞍不知其已出，從而蓋揜其井，以爲舜死矣。象，舜異母弟也。謨，謀。蓋，覆也。都，於也。君，舜也，舜有牛羊倉廩之奉，故謂之君。咸，皆。績，功也。象言謀覆於君而殺之者，皆我之功。欲與父母分舜之有，取其善者，故引爲己之功也。欲以牛羊、倉廩與其父母。干，楯。戈，戟也。琴，舜所彈五弦琴也。弤，彫弓也。天子曰彫弓，堯禪舜天下，故賜之彫弓也。棲，牀也。二嫂，娥皇、女英。使治牀，欲以爲妻也。"
⑦屈原《楚辭·天問》："舜服厥弟，終然爲害。何肆犬豕，而厥身不危敗?"王逸注："服，事也。言舜弟象，施行無道，舜猶服而事之，然象終欲害舜也。言象無道，肆其犬豕之心，燒廩實井，欲以殺舜，然終不能危敗舜身也。"

爲典乎！噫嘻！變化以作詐，象也，陰主危害，陽以父母爲辭，士師莫能詰也。暴之天下後世，過失殺子孫獄爾，洵其謨哉！舜則以無事置之，先知也。先知，忠信也。忠信有九知①，上至天、下至地，深慮高舉，莫之能測。象之淫眩，殆同兒戲，其事已若浮雲之過，而象殊未之知也。愕乎見舜之在牀琴②，而卒不知舜之何以出井，機心庶其息哉！夫象之將殺舜，不過欺之以其方也，可也；使象而果殺舜，則直罔以非其道也，難也。③舜可以將殺，而決不可以殺，蓋象至是而始遂無殺舜之心矣。以愛兄之道來矣，喜矣④，迎而導之，是底豫之大幾也⑤，故誠信而喜之。其忸怩也，舜固見之矣。見其愧也，見其非僞也。象且無僞，而舜又奚僞焉？若自常人觀之，象未入舜宮，以爲是象之喜也；象既入舜宮，以爲是象之欺也。雖然，能欺於其言，不能欺於其色。"鬱陶"之言，人爲之；"忸怩"之色，天爲之也。象示以人，舜見其人之天，使象不設爲"思君"之言，則將不見舜而去矣。爲是言而無忸怩之色，則舜亦不能知象之所終矣。嗟乎！苟非至聖，孰能遭骨肉之變，而察微知顯不失其忸怩之一幾乎！

① 《大戴禮記·小辨》："丘聞之，忠有九知：知忠必知中，知中必知恕，知恕必知外，知外必知德，知德必知政，知政必知官，知官必知事，知事必知患，知患必知備。"

② 《孟子·萬章上》：象撲井，以爲舜死矣，"象往入舜宮，舜在牀琴。象曰：'鬱陶思君爾。'忸怩。舜曰：'唯兹臣庶，汝其于予治。'"趙岐注："象見舜生，在牀鼓琴，愕然，反辭曰：'我鬱陶思君，故來爾。'辭也忸怩而慙，是其情也。兹，此也。象素憎舜，不至其宮也，故舜見來而喜曰：'惟念此臣衆，汝故助我治事。'"

③ 《孟子·萬章上》："故君子可欺以其方，難罔以非其道。彼〔象〕以愛兄之道來，故誠信而喜之，奚僞焉？"

④ 《孟子·萬章上》："'不識舜不知象之將殺己與？'曰：'奚而不知也。象憂亦憂，象喜亦喜。'曰：'然則舜僞喜者與？'曰：'否。……得其所哉！得其所哉！故君子可欺以其方，難罔以非其道。彼以愛兄之道來，故誠信而喜之，奚僞焉？'"

⑤ 《孟子·離婁下》："不得乎親，不可以爲人；不順乎親，不可以爲子。舜盡事親之道，而瞽瞍底豫；瞽瞍底豫，而天下化。"趙岐注："底，致也。豫，樂也。"

舜曰“惟兹臣庶，汝其于予治”，其貌言①與？可言也而不可行也？曰：舜言之，先行之矣，百官莫不承事。象未出舜宮而居處已極富貴矣②，象恣爲取而皆可以爲其有焉，乃知舜之力無所不致，而無吝於己固如此。曩之勤身從事一若無可使。乃其尊父母也，昏然迷、適然驚、憮然悔、遽然覺，日者欲殺舜之心，不知何自盡矣。於是日以愛兄之道事舜，舜之臣庶莫不以君弟之禮禮象，象日得所求而喜，母日見所愛而喜，不知辟心之何自平也。舜待弟之道至矣，舜事親之道至矣。所謂盡道而“瞽瞍厎豫”者，幾實由乎象也。是以著其終事，書之爲《典》，以告萬世，俾天下後世知人心之危必有所極，而皆可得反，決非天之降命有如此也。性善③無可疑矣，非不疑於堯、不疑於舜，乃不疑於象與瞽瞍也。孟子豈曰稱堯舜，而曰忘象與瞽瞍哉！安見象之不可往治臣庶哉！夫舜之臣，皆天下之士也，象日與處則乂矣。乃以舜爲貌言，東西易鄉④，甚矣其惑也！子何疑於象之往治臣庶，此不過位象而禄之，分天下之公器焉爾，曾不若盡與之以聖人之情也。

“象憂亦憂，象喜亦喜”，則所謂“同其好惡”⑤者矣。夫同其好惡，必觀其誠，一或不誠，雖情亦貌也。如子之言，舜且未嘗“喜”，又曷問其“僞”？蓋嘗試論之。聖人以人爲天地之性，父子之道謂之天性。⑥至尊至親，厚莫重焉。天下皆謂舜爲

①貌言，虛僞文飾之言，假話。《史記·商君列傳》：“語有之矣：‘貌言，華也；至言，實也；苦言，藥也；甘言，疾也。’”
②《孟子·萬章上》：“‘象至不仁，封之有庳，有庳之人奚罪焉？仁人固如是乎？在他人則誅之，在弟則封之。’曰：‘仁人之於弟也，不藏怒焉，不宿怨焉，親愛之而已矣。親之欲其貴也，愛之欲其富也，封之有庳，富貴之也。’”
③《孟子·滕文公上》：“孟子道性善，言必稱堯、舜。”
④東西易鄉，即東西易嚮，亦作東西易面，謂東西顛倒，是非錯亂。語出賈誼《新書·審微》。
⑤《中庸》：“尊其位，重其禄，同其好惡，所以勸親親也。”
⑥《孝經·聖治章》：“曾子曰：‘敢問聖人之德無以加於孝乎？’子曰：‘天地之性，人爲貴。人之行莫大於孝，孝莫大於嚴父，嚴父莫大於配天。’”

聖人，瞽瞍獨謂舜不順，則天下莫能自持其説；天下皆謂象爲凶人，瞽瞍獨謂象能孝，則天下莫能執象之口而服其心。士之賢否問其君，子之逆順問其父。瞽瞍，父也；堯，君也。堯安能非象是舜以教天下哉！推舜號泣于父母之心，能悦天下者己也，能悦親者弟也。悦天下萬萬，不若悦親，則己斷斷乎其不如弟。天下之士持平心、觀公理，舜所順者，父母之天也，而不順其人；象所順者，父母之人也，而不順其天。未敢謂舜全得、象全失矣。周公曰"惟聖罔念作狂，惟狂克念作聖"[①]，苟象不克念，則舜猶未免乎罔念也。象之心一日不安，則舜之心終身不著。"百姓有過，在予一人"[②]，"凡今之人，莫如兄弟"[③]，兄弟寧校計是非之人邪！是以詩人所刺、《春秋》所譏，皆遭人倫之變而不能如舜之善全之，以爲大惡。周公且猶有過[④]，而終身閔之，曰"未盡善也"。[⑤]人苟不能爲舜，則亦晉共世子[⑥]、鄭莊[⑦]、衛惠[⑧]之終爲不孝不慈而已矣，必無中立之道也。

　　曰：誠如是也，則象終爲舜之徒矣，作《書》者必盡其不道之辭，令終而不滅、久而不絶，何哉？曰：天地之大，無所不容，

---

① 《書·多方》。孔安國傳："惟聖人無念於善，則爲狂人。惟狂人能念於善，則爲聖人。"

② 《論語·堯曰》。亦見僞《書·泰誓中》。

③ 《詩·小雅·常棣》。

④ 指周公殺管叔，而放蔡叔。《孟子·公孫丑下》："〔陳賈〕見孟子問曰：'周公何人也？'曰：'古聖人也。'曰：'使管叔監殷，管叔以殷畔也，有諸？'曰：'然。'曰：'周公知其將畔而使之與？'曰：'不知也。''然則聖人且有過與？'曰：'周公弟也，管叔兄也，周公之過，不亦宜乎？'"

⑤ 《論語·八佾》："子謂《韶》，盡美矣，又盡善也。謂《武》，盡美矣，未盡善也。"

⑥ 晉共世子，即申生，晉獻公世子。其後母驪姬欲立幼子奚齊而陷害申生，申生自殺。參見《左傳》莊公二十八年、僖公四年傳。

⑦ 鄭莊公，名友，其母武姜愛幼弟段而惡莊公，莊公以計殺段。參見《左傳·隱公元年》。

⑧ 衛惠公，名朔，衛宣公之子。與其母宣姜一同構陷太子急子，致使衛宣公遣盜殺急子。參見《左傳·桓公十六年》。

豈獨在舜，乃二女①皆盛德也。骨肉親戚，惟能含垢至於斯，然後能無事安處而不傷，所謂裕也。自天子達於庶人皆有之，天之命也，人之數也，喜或嘻嘻②，拂或沓沓③，日用之情，不能無少溢。執一言以相稽，則斷者至於不可復屬。④懟置之於耳，若未嘗有聞焉。⑤以茲言究其極，曾不易容而變色，則可以爲天下法矣。傳之教來許，故令久而不絕。古之良史，豈若小丈夫然哉！惡焉而不敢筆也，亦非古者奉天法不諱之義矣。

　　“封之有庳，富貴之也。身爲天子，弟爲匹夫，可謂親愛之乎？”⑥象克變矣，舜封其從兄者，非封其敖不仁者，萬章奚惑？孟子奚不以是解惑？象殆終不仁哉？曰：象終不仁，則舜之兄弟終缺矣，不得謂之“盡善”。⑦且終不仁，象則何以日見舜？縱其肯來，面目若此，肺腸若彼，終身忸怩以相視乎？曾不可以終日，且舜亦何以致其情哉！中心不和不樂，則鄙詐入之。⑧夫情疏貌親，他人猶喻諸盜⑨，矧同父乎！故曰：“常常見之，源源而

①《書·堯典》：“帝曰：‘我其試哉！女于時，觀厥刑于二女。’釐降二女于嬀汭，嬪于虞。”孔安國傳：“堯於是以二女妻舜，觀其法度接二女，以治家觀治國。”

②《易·家人》：“婦子嘻嘻，終吝。”孔穎達正義：“嘻嘻，喜笑之貌也。”

③《孟子·離婁上》：“泄泄，猶沓沓也。”朱熹集注：“沓沓，即泄泄之意。”“泄泄，怠緩悅從之貌。”

④《史記·孝文本紀》：“夫死者不可復生，刑者不可復屬，雖復欲改過自新，其道無由也。”

⑤語出《國語·楚語上》：“王病之，曰：‘子復語。不穀雖不能用，吾懟置之于耳。’對曰：‘賴君用之也，故言。不然，巴浦之犀、犛、兕、象，其可盡乎？其又以規爲瑱也？’”

⑥《孟子·萬章上》。

⑦《論語·八佾》：“子謂《韶》，盡美矣，又盡善也。”何晏集解：“孔曰：‘《韶》，舜樂。’”

⑧《禮記·樂記》：“心中斯須不和不樂，而鄙詐之心入之矣。”

⑨《禮記·表記》：“子曰：‘君子不以色親人。情疏而貌親，在小人則穿窬之盜也與？’”

來。"①而又稱《舜典》以徵之，曰"不及貢，以政接于有庳"，言舜之於象，變化之矣，不獨富貴之也。富貴之者，告爲天子者以待兄弟之法也。與天子爲兄弟，則無有不富貴者，不當問其仁不仁也。天下之爲人兄者，不可以不善其弟。弟之不仁，兄不可以爲仁人也。天子之爲人兄也，不可以不私其弟，他人不容吾私，吾弟則必行吾私。無私者，無親也。天子必有親，聖人必有親，人道親親，未有不如此而王天下者，不自有虞氏始，以人心爲皆有之。

　　"身爲天子，弟爲匹夫"，何與天下事，而天下嗛乎其不心服？名以不私，重爲天下，實失天下心，天道著矣。爲天子者，慎毋使諸父昆弟怨其尊而不親也，然後能合萬國之歡心以事其親，則天下和平之本在是矣。是以四罪受誅而無不服，故天下咸服也，尚何疑於"仁人"②，"豈得暴彼民哉"！象用是，後嗣而逢長也③，可謂能親愛象矣。聖人之法，萬世通行者，誠莫善於此哉！然而舜之設心，則不爲此。夫"立君而爲之貳，使師保

①《孟子·萬章上》："'敢問或曰放者，何謂也？'曰：'象不得有爲於其國，天子使吏治其國，而納其貢稅焉，故謂之放。豈得暴彼民哉！雖然，欲常常而見之，故源源而來。"不及貢，以政接于有庳"，此之謂也。'"趙岐注："雖不使象得豫政事，舜以兄弟之恩，欲常常見之無已，故源源而來，如流水之與源通。不及貢者，不待朝貢諸侯常禮乃來也。其間歲歲自至京師，謂若天子以政事接見有庳之君者，實親親之恩也。"

②《孟子·萬章上》："萬章曰：'舜流共工于幽州，放驩兜于崇山，殺三苗于三危，殛鯀于羽山，四罪而天下咸服。誅不仁也。象至不仁，封之有庳，有庳之人奚罪焉？仁人固如是乎？在他人則誅之，在弟則封之？'"

③《楚辭·天問》："眩弟並淫，危害厥兄。何變化以作詐，後嗣而逢長？"王逸注："眩，惑也。厥，其也。言象爲舜弟，眩惑其父母，並爲淫泆之惡，欲共危害舜也。言象欲殺舜，變化其態，內作姦詐，使舜治廩，從下焚之；又命穿井，從上實之；終不能害舜。舜爲天子，封象於有庳，而後嗣子孫，長爲諸侯也。"

之"①，不獨天子之弟也。天子養諸侯，兵不用②，刑不試③，賴哲人以免，而獲享於下，不獨有庳之君。其遂以爲重厚吾弟哉！夫兄弟之恩，不在共富貴，在常相見；不在同政以子萬民，在同心以事父母。父母之所欲，舜之所欲也。欲象之貴，舜則貴之；欲象之富，舜則富之；欲兄弟之相見而樂，舜則常常見象而樂之。父母遂無不欲舜之欲者，昔從之敖，今樂其順，非虞帝孰能順親如此其大者乎！誠身父母之身，而誠性父母之性也，是故子夏曰"父子一體也"，"兄弟一體也"④，今而後無疑於象之性矣。

然則象從兄，瞽瞍底豫，不爲師錫之前事與？曰："有鰥在下，曰虞舜"，此師錫之言也。⑤"舜閔在家，父何以鰥？"⑥古人不既問之乎？舜之孝非一日而顯，有漸以致之，古人不既茂明之乎？謂象終不仁者，不知性；謂瞽瞍未嘗聽象殺舜者，不知盡性。彼謂天下必無至不仁之變事，實不信天下有至仁之能事也，故曰不知盡性。夫憂患者，天所以開聖人也。所處皆非常之變，所行皆非常之事，而不失天地古今之大常，故尊之曰《帝典》。彼據"克諧以孝"⑦之文，難"完廩""浚井"⑧之使，亦將據

①《左傳·襄公十四年》："天生民而立之君，使司牧之，勿使失性。有君而爲之貳，使師保之，勿使過度。"杜預集解："貳，卿佐。"

②語出《禮記·聘義》："諸侯相屬以禮，則外不相侵，内不相陵。此天子之所以養諸侯，兵不用，而諸侯自爲正之具也。"亦見《禮記·射義》。

③語出《禮記·緇衣》："子曰：'好賢如《緇衣》，惡惡如《巷伯》，則爵不瀆而民作愿，刑不試而民咸服。'"

④《儀禮·喪服傳》："父子一體也，夫妻一體也，昆弟一體也。"

⑤《書·堯典》堯詢誰可禪位，衆人回答之言。孔安國傳："師，衆。錫，與也。"

⑥《楚辭·天問》。王逸注："閔，憂也。無妻曰鰥。言舜爲布衣，憂閔其家。其父頑母嚚，不爲娶婦，乃至于鰥也。"

⑦《書·堯典》："岳曰：'瞽子，父頑，母嚚，象傲。克諧以孝，烝烝乂，不格姦。'"蔡沈集傳："諧，和。烝，進也。言舜不幸遭此，而能和以孝，使之進進以善自治，而不至於大爲奸惡也。"

⑧《孟子·萬章上》："父母使舜完廩，捐階，瞽瞍焚廩。使浚井，出，從而揜之。"

“黎民於變，時雍”①之文，難“百姓不親、五品不遜”②之命
邪？自宋以後，不疑經者鮮矣，又可飾淫辭而助之攻哉！

　　○“孝子之至，莫大乎尊親。尊親之至，莫大乎以天下養。
爲天子父，尊之至也；以天下養，養之至也。”愚且誣若蒙，孟
子必示以聖人之極。③苟不至於聖，則天下後世之爲父子者不
定，而漢祖、唐宗亦更相笑也。《傳》曰“父至尊也”，“天子至
尊也”④，爲天子父，其尊豈待加以名哉！天下莫不以至尊事
之，所以貴天性、尊天名也。父子之名，天名也，天性也。不若⑤
於性，乃以一帝一后之號爲尊於父母之稱邪？養非口體之養，志

①《書·堯典》：“〔堯〕克明俊德，以親九族。九族既睦，平章百姓。百
　姓昭明，協和萬邦。黎民於變，時雍。”蔡沈集傳：“變，變惡爲善也。
　時，是。雍，和也。此言堯推其德，自身而家、而國、而天下，所謂‘放
　勳’者也。”
②《書·舜典》：“帝〔舜〕曰：‘契，百姓不親，五品不遜，汝作司徒，敬
　敷五教在寬。’”蔡沈集傳：“親，相親睦也。五品，父子、君臣、夫婦、
　長幼、朋友五者之名位等級也。遜，順也。”
③《孟子·萬章上》：“咸丘蒙問曰：‘語云：“盛德之士，君不得而臣，
　父不得而子。”舜南面而立，堯帥諸侯北面而朝之，瞽瞍亦北面而朝
　之。舜見瞽瞍，其容有蹙。孔子曰：“於斯時也，天下殆哉，岌岌乎！”
　不識此語誠然乎哉？’孟子曰：‘否。此非君子之言，齊東野人之語也。
　堯老而舜攝也。《堯典》曰：“二十有八載，放勳乃徂落。百姓如喪考
　妣，三年，四海遏密八音。”孔子曰：“天無二日，民無二王。”舜既爲
　天子矣，又帥天下諸侯以爲堯三年喪，是二天子矣。’咸丘蒙曰：‘舜
　之不臣堯，則吾既得聞命矣。《詩》云：“普天之下，莫非王土。率土之
　濱，莫非王臣。”而舜既爲天子矣，敢問瞽瞍之非臣，如何？’曰：‘是
　詩也，非是之謂也。勞於王事，而不得養父母也。曰此莫非王事，我獨
　賢勞也。故説《詩》者，不以文害辭，不以辭害志，以意逆志，是爲得
　之。如以辭而已矣，《雲漢》之詩曰：“周餘黎民，靡有孑遺。”信斯言
　也，是周無遺民也。孝子之至，莫大乎尊親；尊親之至，莫大乎以天下
　養。爲天子父，尊之至也；以天下養，養之至也。《詩》曰：“永言孝思，
　孝思維則。”此之謂也。《書》曰：“祇載見瞽瞍，夔夔齋栗，瞽瞍亦允
　若。”是爲父不得而子也。’”
④《儀禮·喪服傳》。
⑤若，順也。《書·説命中》：“明王奉若天道，建邦設都。”

之養也。①《孝經》曰“愛敬盡於事親，而德教加於百姓，刑於四海”②，是之謂以天下養，而尊親之至也。不惟其物，惟其誠焉；不惟其名，惟其實焉。爲天子父，名其實也，以天子之禮行事焉。生事之，死葬之、祭之③，天子之物備矣。《傳》曰“自幕至於瞽瞍，無違命”④，此則有虞氏之宗廟也。周公追王太王、王季⑤，不追謚。繫王迹所起，實則商之諸侯也。必尊文王爲大祖，則不以干商先王之統明矣。若乃身居臣子之實，其爲之子與臣者，不致愛敬之心以備孝養之物，必假乎名以爲悦，然後以其物從之，而天下之名亂矣。於是有君臣無父子焉，於是乎有父子無君臣焉。不深喻乎孟子之指，則無爲獨笑咸邱蒙也。

〇“萬章問曰：‘堯以天下與舜，有諸？’孟子曰：‘否。天子不能以天下與人。’”⑥所以正君臣之義也。“惟天子受命於天”⑦，天地之常經，古今之通義也。後世矯誣以布命，以力爲正於天下，於是乎言天命者，且有氣數之説矣。⑧堯曰：“咨爾

---

①《孟子·離婁上》：“曾子養曾晳，必有酒肉。將徹，必請所與。問有餘，必曰有。曾晳死，曾元養曾子，必有酒肉。將徹，不請所與。問有餘，曰亡矣，將以復進也。此所謂養口體者也。若曾子則可謂養志也，事親若曾子者，可也。”

②《孝經·天子章》。

③《論語·爲政》：“孟懿子問孝，子曰：‘無違。’樊遲御，子告之曰：‘孟孫問孝於我，我對曰無違。’樊遲曰：‘何謂也？’子曰：‘生事之以禮，死葬之以禮，祭之以禮。’”

④《左傳·昭公八年》。杜預集解：“幕，舜之先。瞽瞍，舜父。從幕至瞽瞍間，無違天命廢絶者。”

⑤《中庸》：“周公成文、武之德，追王大王、王季，上祀先公以天子之禮。”

⑥《孟子·萬章上》。

⑦《禮記·表記》：“子曰：‘唯天子受命于天，士受命于君。故君命順，則臣有順命。君命逆，則臣有逆命。’”

⑧如《朱子語類·孟子十一·盡心下·口之於味也章》：“或問‘命’字之義。曰：‘命，謂天之付與，所謂天令之謂命也。然命有兩般：有以氣言者，厚薄清濁之禀不同也，如所謂“道之將行、將廢，命也”，“得之不得曰有命”，是也；有以理言者，天道流行，付而在人，則爲仁義禮智之性，如所謂“五十而知天命”，“天命之謂性”，是也。二者皆天所付與，故皆曰命。’”

舜，天之歷數在爾躬。”①言氣數之定於天也。天非不自爲政，而由氣數以推移也。孟子述《大誓》曰：“天視自我民視，天聽自我民聽。”既徵天命之不可誣矣，又申之曰：“莫之爲而爲者，天也。”蓋曰爲之而爲者，非天也。“莫之致而至者，命也。”蓋曰致之而至者，非命也。②然後自唐虞以來，孰爲天命，孰爲矯誣而非天命，不言而自喻之衆著之矣。《湯誥》曰“天命弗僭”，《大誥》曰“天命不僭”，此湯、武之所以順天命也。夫湯、武之受命於天易知，舜、禹之受命於天難知，以有堯、舜之命在也。夫天子能命人爲諸侯，而不能命人爲天子。非孟子私淑於孔子之徒，則此義不敢知，知亦不敢言。雖然，恒言也。父子之道、君臣之義，受天命者，天子也，以事天爲職者也。如子事父、臣事君，不可易也。其人苟無天命，天子能命人爲天子哉！舜、禹之受命於天易知，啓、大甲、成王之受命於天難知，有先爲之者，則無以知其莫之爲；有先致之者，則無以知其莫之致。是故孟子曰“天與子則與子”，大甲之《書》曰“嗣王新服厥命，惟新

---

① 《論語·堯曰》。

② 《孟子·萬章上》：“萬章曰：‘堯以天下與舜，有諸？’孟子曰：‘否。天子不能以天下與人。’‘然則舜有天下也，孰與之？’曰：‘天與之。……舜相堯，二十有八載，非人之所能爲也，天也。堯崩，三年之喪畢，舜避堯之子於南河之南，天下諸侯朝覲者，不之堯之子而之舜；訟獄者，不之堯之子而之舜；謳歌者，不謳歌堯之子而謳歌舜；故曰天也。夫然後之中國，踐天子位焉。而居堯之宮，逼堯之子，是篡也，非天與也。《泰誓》曰：“天視自我民視，天聽自我民聽。”此之謂也。’萬章問曰：‘人有言，至於禹而德衰，不傳於賢而傳於子，有諸？’孟子曰：‘否，不然也。天與賢則與賢，天與子則與子。昔者，舜薦禹於天，十有七年，舜崩，三年之喪畢，禹避舜之子於陽城，天下之民，從之若堯崩之後不從堯之子而從舜也。禹薦益於天，七年，禹崩，三年之喪畢，益避禹之子於箕山之陰，朝覲、訟獄者不之益而之啓，曰：吾君之子也。謳歌者不謳歌益而謳歌啓，曰：吾君之子也。丹朱之不肖，舜之子亦不肖。舜之相堯，禹之相舜也，歷年多，施澤於民久。啓賢，能敬承繼禹之道。益之相禹也，歷年少，施澤於民未久。舜、禹、益相去久遠，其子之賢不肖，皆天也，非人之所能爲也。莫之爲而爲者，天也；莫之致而至者，命也。匹夫而有天下者，德必若舜、禹，而又有天子薦之者，故仲尼不有天下。繼世而有天下，天之所廢，必若桀、紂者也，故益、伊尹、周公不有天下。’”

厥德”①，成王之《書》曰“惟王受命，無疆惟休”，又曰“今王嗣受厥命”。②繼世之君皆受命，必以始受命之君爲祖，不僭故也。《中庸》曰：“雖有其位，苟無其德，亦不敢作禮樂焉。”父子之道，君臣之義也，天命不可爲而致也，必然而不易矣。

　　既而曰“仲尼不有天下”，謂其無天命乎？益、伊尹、周公皆人臣，則天命不在焉，然乎？曰：天子必受命於天，不必皆有聖人之德；聖人必受命於天，不可皆在天子之位。此天道之不變易者也。天之命孔子甚盛，盛於舜與文王，子思推原之矣。③周公成文武之德④，制禮作樂，天所命也。伊尹，天命之以左右商王者也，《詩》曰“允也天子，降予卿士”⑤，故能載伐夏之命於亳⑥，放大甲而復之。大甲之克終允德，伊尹爲之，孟子言之曰“莫之爲”者，何也？⑦堯、舜所不能，則非伊尹之所能也。伊尹知湯

①《書·咸有一德》。

②《書·召誥》。

③《中庸》：“仲尼祖述堯舜，憲章文武，上律天時，下襲水土。辟如天地之無不持載、無不覆幬，辟如四時之錯行，如日月之代明。”

④語出《中庸》。

⑤予，原作“于”。《詩·商頌·長發》：“允也天子，降予卿士。實維阿衡，實左右商王。”毛傳：“阿衡，伊尹也。左右，助也。”鄭箋：“天命而子之，下予之卿士，謂生賢佐也。”今據改。

⑥《孟子·萬章上》：“《伊訓》曰：‘天誅造攻，自牧宮。朕載自亳。’”趙岐注：“《伊訓》，《尚書》逸篇名。牧宮，桀宮。朕，我也，謂湯也。載，始也。亳，殷都也。言意欲誅伐桀造作可攻計之罪者，從牧宮，桀起自取之也。湯曰我始與伊尹謀之於亳，遂順天而誅之也。”

⑦《孟子·萬章上》：“莫之爲而爲者，天也；莫之致而至者，命也。匹夫而有天下者，德必若舜、禹，而又有天子薦之者，故仲尼不有天下。繼世而有天下，天之所廢，必若桀、紂者也，故益、伊尹、周公不有天下。伊尹相湯以王於天下，湯崩，太丁未立，外丙二年，仲壬四年。太甲顚覆湯之典刑，伊尹放之於桐，三年，太甲悔過，自怨自艾，於桐處仁遷義。三年以聽伊尹之訓己也，復歸于亳。周公之不有天下，猶益之於夏、伊尹之於殷也。孔子曰：‘唐、虞禪，夏后、殷、周繼，其義一也。’”

之受命不殆，而大甲之終爲大宗也①，故承天命而放之。此何事也，天不命之，人爲之哉！伊尹之志，上帝之心。非伊尹則以人與之，“帝欽罰之”②，未之或免也。伊尹行非常之權，人不能知其爲天之命尹，益踐兩聖人已然之跡，孰知益之辟爲天之命益哉？③夫薦於天者，皆攝天子之事而行之矣，皆不嗣天子之位也。君有事，臣服其勞，而不敢曰己之事。不嗣，故可得而辟也。行天子之事，故不可以不辟。舜、禹辟之而天不如其志，益辟之而天如其志，則舜、禹之得天爲不如益也，後之篡人敢於援舜、禹，不敢以汙益；敢於假伊、周，不敢以誣益。夫舜、禹之與益，其心一也；伊尹、周公之與益，其心一也。聖人之於天道，信有命焉。“人有言，至於禹而德衰”，孟子有言至於益而舜、禹之德乃著，自有益而伊尹、周公之志乃益白於天下後世，故孔子曰“其義一也”。④天命孔子，盛於舜與文王，不有天下，則其大端也。故曰：“知我者其天乎！”⑤子貢曰“固天縱之將聖”⑥，

①《史記·殷本紀》：“帝太甲既立三年，不明，暴虐，不遵湯法，亂德，於是伊尹放之于桐宮。三年，伊尹攝行政當國，以朝諸侯。帝太甲居桐宮三年，悔過自責，反善，於是伊尹乃迎帝太甲而授之政。帝太甲修德，諸侯咸歸殷，百姓以寧。伊尹嘉之，乃作《太甲訓》三篇，褒帝太甲，稱太宗。”

②語出《書·立政》。蔡沈集傳：“上帝敬致其罰。”

③謂堯禪舜，舜禪禹，益處此兩先例之後，卻不能不避啓而讓位，此乃天命也。《孟子·萬章上》：“禹薦益於天，七年，禹崩，三年之喪畢，益避禹之子於箕山之陰。朝覲、訟獄者不之益而之啓，曰：吾君之子也。謳歌者不謳歌益而謳歌啓，曰：吾君之子也。……益之相禹也，歷年少，施澤於民未久。舜、禹、益相去久遠，其子之賢不肖，皆天也，非人之所能爲也。”

④《孟子·萬章上》：“周公之不有天下，猶益之於夏、伊尹之於殷也。孔子曰：‘唐、虞禪，夏后、殷、周繼，其義一也。’”

⑤《論語·憲問》：“子曰：‘不怨天，不尤人，下學而上達，知我者，其天乎！’”

⑥《論語·子罕》：“大宰問於子貢曰：‘夫子聖者與？何其多能也。’子貢曰：‘固天縱之將聖，又多能也。’”

其曰“夫子之得邦家”，爲不知者言之也。[1]若夫子之不得邦家，則堯、舜且曰不及，況百王[2]哉！夫位之不尚於德也，天命之矣。

　　何謂弗嗣故可辟？曰：當喪爲主者，堯之子也。以天子之禮行事矣，堯可命其子辟舜哉！舜帥天下諸侯以爲堯三年喪，臣爲君服也，而不得干堯之子之爲堯後者。舜於斯時未嘗踐天子之位，亦未嘗釋天子之事，子在喪也。三年喪畢，則可以致事於堯之子矣，故可得而辟也。天下之士，未嘗以天子事舜，舜之辟，莫或留之者，莫或從之者，而未嘗有二心於舜。及其北面事舜，而未嘗有二心於堯。不然，舜則得矣，將如臣五人[3]何哉！“大丁未立，外丙二年，仲壬四年”[4]，天也。天下之民皆願吾君之子爲吾君，人也，即天也。殷禮先立弟，外丙有天命，必有年有子如啓矣。湯能與子，不能使天與之年，則知舜相堯二十有八載，非人所能爲矣，實聖人所能知也。外丙無年且無子，有弟則立之，殷禮也。[5]仲壬宜立，非伊尹所立。如使伊尹立仲壬，何

----

① 《論語·子張》：“陳子禽謂子貢曰：‘子爲恭也，仲尼豈賢於子乎？’子貢曰：‘君子一言以爲知，一言以爲不知，言不可不慎也。夫子之不可及也，猶天之不可階而升也。夫子之得邦家者，所謂立之斯立，道之斯行，綏之斯來，動之斯和。其生也榮，其死也哀，如之何其可及也！’”邢昺疏：“得邦，謂爲諸侯。得家，謂爲卿大夫。”

② 《春秋繁露·符瑞》：“欲以上通五帝，下極三王，以通百王之道。”蘇輿義證：“百王之道，謂五帝三王之前，九皇六十四民之類。或云百王謂後世之王，亦通。”

③ 《論語·泰伯》：“舜有臣五人，而天下治。”何晏集解：“孔曰：‘禹、稷、契、皋陶、伯益。’”

④ 《孟子·萬章上》：“湯崩，太丁未立，外丙二年，仲壬四年。太甲顛覆湯之典刑，伊尹放之於桐。”趙岐注：“太丁，湯之太子，未立而薨。外丙立二年，仲壬立四年，皆太丁之弟也。太甲，太丁子也，伊尹以其顛覆典刑，放之於桐邑。”

⑤ 《史記·梁孝王世家》：“殷道親親者，立弟。周道尊尊者，立子。殷道質，質者法天，親其所親，故立弟。周道文，文者法地，尊者敬也，敬其本始，故立長子。周道，太子死，立適孫。殷道，太子死，立其弟。”

異尹氏立王子朝乎！①仲壬有年有子，天命不在大甲矣。仲壬之爲外丙後也，大甲之爲仲壬後也，殷禮也。其所以至於爲人後，則天也。成湯知大甲有天命，不先立大甲。一代之禮，本於先王，聖人不敢變也。伊尹知大甲有天命，必先立外丙、仲壬，遵成湯之法也。知天命在大甲，而放之於桐，"克終允德"，伊尹爲之，實非伊尹爲之也，天命伊尹爲之。其必如周公相成王，黜殷，伐管、蔡，"仰而思之，夜以繼日，幸而得之"②，乃奉天而行之矣。堯、舜不能使不肖爲賢，而謂伊尹能使顛覆典刑者自怨艾哉？③苟堯、舜所以輔翼其子者，萬有一不備，則實致其子不肖，不得曰"莫之致而至"也。若丹朱、商均④，則"所以陷溺其心者然也"⑤，日自陷自溺而曰"莫之爲"、"莫之致"也，可乎哉？丹朱、商均之不肖，自致之、自爲之，非天也。堯之子不肖，舜之子亦不肖，莫之爲而爲，莫之致而至，則天也。啓之賢，禹固明告天下後世曰"啓呱呱而泣，予弗子"⑥，言所以輔翼啓佑之者，萬萬不及堯、舜，而其子之賢乃如此也，莫之爲也。

○"臣不敢不以正對"⑦，何謂"正"？天子治諸侯之正

①太子壽早卒，周景王立子猛，後復欲立庶長子朝，未定而景王崩。於是尹氏立王子朝而作亂。參見《左傳》昭公十五年、二十二年、二十三年、二十六年及定公五年諸傳。
②《孟子·離婁下》："周公思兼三王，以施四事。其有不合者，仰而思之，夜以繼日。幸而得之，坐以待旦。"
③《孟子·萬章上》："太甲顛覆湯之典刑，伊尹放之於桐，三年，太甲悔過，自怨自艾，於桐處仁遷義。三年以聽伊尹之訓己也，復歸于亳。"
④丹朱，堯之子。商均，舜之子。
⑤語出《孟子·告子上》："孟子曰：'富歲子弟多賴，凶歲子弟多暴。非天之降才爾殊也，其所以陷溺其心者然也。'"
⑥《書·益稷》："啓呱呱而泣，予弗子，惟荒度土功。"蔡沈集傳："啓，禹之子。呱呱，泣聲。荒，大也。言娶妻生子，皆有所不暇顧念，惟以大相度平治水土之功爲急也。"
⑦《孟子·萬章下》："齊宣王問卿，孟子曰：'王何卿之問也？'王曰：'卿不同乎？'曰：'不同。有貴戚之卿，有異姓之卿。'王曰：'請問貴戚之卿。'曰：'君有大過則諫，反覆之而不聽，則易位。'王勃然變乎色。曰：'王勿異也，王問臣，臣不敢不以正對。'王色定，然後請問異姓之卿。曰：'君有過則諫，反覆之而不聽，則去。'"

也。麗①九伐之灋②，謂之“大過”，《春秋》誅絕之罪也。諸侯
三卿，命於天子③，《書》云“司徒、司馬、司空”也④，義必伏死
而爭之，否則棄君於惡。⑤異姓之卿，君不聽則當去，“陳力就
列，不能者止”⑥，以不任職去也。貴戚之卿，義必告於天子，天
子察其君之罪而變置之，舜竄三苗，周公討奄之君，皆不以兵，
用此道也。《春秋》之義，諸侯之大夫無遂事⑦，諸侯不得專廢
置諸侯⑧，故曰“爲天吏則可以伐之”⑨；諸侯不得以國與人，故
曰“子噲不得與人燕”⑩；諸侯不得去其宗廟社稷，故曰“世守

①麗，附着，依附。《周禮·秋官·大司寇》：“凡萬民之有罪過，而未麗於
　灋，而害於州里者。”鄭玄注：“麗，附也。未附於法，未著於法也。”
②《周禮·夏官·大司馬》：“［大司馬］以九伐之灋正邦國：馮弱犯寡，
　則眚之；賊賢害民，則伐之；暴內陵外，則壇之；野荒民散，則削之；
　負固不服，則侵之；賊殺其親，則正之；放弒其君，則殘之；犯令陵
　政，則杜之；外內亂、鳥獸行，則滅之。”
③《禮記·王制》：“大國三卿，皆命於天子。”
④如《書·牧誓》：“王曰：‘嗟我友邦冢君、御事、司徒、司馬、司空’。”
⑤語出《左傳·成公二年》：“君子謂華元、樂舉於是乎不臣。臣，治煩去
　惑者也，是以伏死而爭。今二子者，君生則縱其惑，死又益其侈，是棄
　君於惡也，何臣之爲！”
⑥《論語·季氏》。何晏集解：“言當陳其才力，度己所任以就其位，不能
　則當止。”
⑦《公羊傳·桓公八年》：“遂者何？生事也。大夫無遂事，此其言遂
　何？”何休解詁：“生，猶造也，專事之辭。”
⑧即《春秋》不與諸侯滅國、專封，如《公羊傳·隱公二年》：“展無駭
　也，何以不氏？貶。曷爲貶？疾始滅也。”《公羊傳·僖公二年》：“諸侯
　之義，不得專封也。”
⑨《孟子·公孫丑下》：“或問曰：‘勸齊伐燕，有諸？’曰：‘未也。沈同
　問燕可伐與，吾應之曰可。彼然而伐之也。彼如曰：孰可以伐之？則將
　應之曰：爲天吏則可以伐之。今有殺人者，或問之曰：人可殺與？則將
　應之曰可。彼如曰：孰可以殺之？則將應之曰：爲士師則可以殺之。今
　以燕伐燕，何爲勸之哉！’”
⑩《孟子·公孫丑下》：“沈同以其私問曰：‘燕可伐與？’孟子曰：‘可。
　子噲不得與人燕，子之不得受燕於子噲。有仕於此，而子悅之，不告
　於王而私與之吾子之祿爵。夫士也，亦無王命而私受之於子，則可乎？
　何以異於是！’齊人伐燕。”趙岐注：“子噲，燕王也。子之，燕相也。
　孟子曰可者，以子噲不以天子之命而擅以國與子之，子之亦不受天子
　之命而私受國於子噲，故曰其罪可伐。”

也，非身之所能爲也”。①孟子之“正”，皆先王之法，著於孔子之《春秋》。曾謂大夫而可以廢置其君乎！②伊尹放大甲，聖達節也。③必斷之曰：“有伊尹之志則可，無伊尹之志則篡也。”④豈惟伊尹，舜、禹以天子之命，“天與之，人與之”，踐天子位，如使居堯之宮、偪堯之子，亦同歸於篡而已矣。⑤湯、武之放伐⑥亦然。天之所廢，必若桀、紂，否則雖名之曰幽、厲⑦，天命未改，諸侯不得行湯、武之事焉。孟子之對，天子治諸侯之正也。爲政於天下，則必行王者之法，又何異乎！彼霍光者，趙盾⑧之徒，當伏專廢置君之罪。光以太后爲辭⑨，雖不篡，篡者之導也，豈可與伊尹同世立乎哉！後世並稱之，子曰：“道之不明也，我知之矣。”⑩

①《孟子·梁惠王下》。趙岐注：“土地乃先人之所受也，世世守之，非己身所能專爲，至死不可去也。”
②此亦爲《春秋》之義，如《春秋·文公十四年》：“大夫之義，不得專廢置君也。”
③語出《左傳·成公十五年》：“聖達節，次守節，下失節。”杜預集解：“聖人應天命，不拘常禮。”
④《孟子·盡心上》：“公孫丑曰：‘伊尹曰：“予不狎于不順。”放太甲于桐，民大悦。太甲賢，又反之，民大悦。賢者之爲人臣也，其君不賢，則固可放與？’孟子曰：‘有伊尹之志則可，無伊尹之志則篡也。’”
⑤《孟子·萬章上》：“使之主祭而百神享之，是天受之。使之主事而事治，百姓安之，是民受之也。天與之，人與之，故曰天子不能以天下與人。舜相堯，二十有八載，非人之所能爲也，天也。堯崩，三年之喪畢，舜避堯之子於南河之南，天下諸侯朝覲者，不之堯之子而之舜，訟獄者不之堯之子而之舜，謳歌者不謳歌堯之子而謳歌舜，故曰天也。夫然後之中國，踐天子位焉。而居堯之宮，逼堯之子，是篡也，非天與也。”
⑥《孟子·梁惠王下》：“齊宣王問曰：‘湯放桀，武王伐紂，有諸？’孟子對曰：‘於傳有之。’曰：‘臣弑其君，可乎？’曰：‘賊仁者，謂之賊。賊義者，謂之殘。殘賊之人，謂之一夫。聞誅一夫紂矣，未聞弑君也。’”
⑦《孟子·離婁上》：“孔子曰：‘道二，仁與不仁而已矣。’暴其民甚，則身弑國亡。不甚，則身危國削。名之曰幽、厲，雖孝子慈孫，百世不能改也。”
⑧趙盾弑其君晉靈公事，詳見《左傳·宣公二年》。
⑨霍光白皇太后廢昌邑王劉賀事，詳見《漢書·霍光傳》。
⑩《中庸》。

○天子之義，自受命之祖，則諸父、昆弟莫不爲臣。其在諸侯，“始封之君，不臣諸父、昆弟。封君之子，不臣諸父而臣昆弟。封君之孫，盡臣諸父、昆弟”①，是故“尊者尊統上”。②天子、諸侯繼世，與祖爲體，爲之後者，無問昆弟，無問諸父，皆以禰宮③事所後之君，臣與子一例也。何以言之？國不可以無受，無受則篡。僖公即位，其得免於篡，“繼弑君不言即位”者，主閔公之喪，祥也④，禫也⑤，祔也⑥，皆以爲人後之禮行焉。⑦《詩》曰“靡有不孝”⑧，又曰“新廟奕奕”⑨，以禰事閔宮者，三十有三

①《儀禮·喪服傳》。臣，動詞，使之臣。
②《儀禮·喪服傳》：“尊者尊統上，卑者尊統下。”鄭玄注：“上，猶遠也。下，猶近也。”
③禰宮，父廟。《周禮·春官·甸祝》：“舍奠于祖廟，禰亦如之。”鄭玄注引鄭司農曰：“禰，父廟。”
④祥，祭名，滿一年而祭爲小祥，滿二年而祭爲大祥。《禮記·間傳》：“父母之喪，既虞卒哭，柱楣翦屏，苄翦不納。期而小祥，居堊室，寢有席。又期而大祥，居復寢。”
⑤禫，除喪服之時的祭祀。《儀禮·士虞禮》：“中月而禫。”鄭玄注：“中，猶間也；禫，祭名也，與大祥間一月。自喪至此，凡二十七月。”
⑥祔，卒哭禮後所行之祭禮，指在宗廟内將後死者神位附於先祖旁而祭祀。《左傳·僖公三十三年》：“凡君薨，卒哭而祔。”杜預注：“以新死者之神祔之於祖。”
⑦謂魯僖公繼位于閔公被弑之後，類于無受，而《春秋》不書其“即位”，之所以是“繼弑君不言即位”（而非篡立不言即位），在於僖公能以子禮主閔公之喪。《春秋·僖公元年》：“元年春，王正月。”公羊子傳：“公何以不言即位？繼弑君，子不言即位。此非子也，其稱子何？臣、子一例也。”
⑧《詩·魯頌·泮水》：“穆穆魯侯，敬明其德。敬慎威儀，維民之則。允文允武，昭假烈祖。靡有不孝，自求伊祜。”小序：“《泮水》，頌僖公能脩泮宮也。”
⑨《詩·魯頌·閟宮》。毛傳：“新廟，閔公廟也。”小序：“《閟宮》，頌僖公能復周公之宇也。”

年矣。①至於文公，乃以爲弟而“躋僖公”乎？故曰“逆祀也”。②然則以莊宮爲祖廟乎？曰：否。以父事所後者則已，己不更其親廟也。文公以祖事閔宮，而莊宮之爲祖廟，不變也。高、曾、祖、禰，謂之親廟。親盡迭毀③，吾聞之矣。廟盈則毀，吾未之聞也。子孫有東西宮、南北宮，伯、仲、叔、季居之，自五人以上，則將爲之別築宮乎？抑遷其伯以處積於叔者乎？必不厚子孫而簡宗廟，明矣。《詩》不云乎“周公之孫，莊公之子”④，此僖公不更親廟之詩也。曰：此其親廟，正統也，如不得已，而以昆弟之子若孫爲後，則如之何？曰：以禰事所後之先君無疑也。四親廟皆以是推之，高、曾、祖居可知矣。其父母在則如之何？曰：生不奪其父母之名也，死則降其父母之服也。生則養之以己之養，死則己不得爲喪主焉，則不得爲祭主焉。如曰生無相見、死無相哭，見則以君臣之禮，曾不窺人非父母焉生。且是子也，於己爲路人，而其父母又以衆子之服報之也。⑤廢父母之名，行君臣之分，無恩焉，無禮焉，何報之與有！

　　○適孫爲祖後，立爲天子，廟以祀禰乎？否乎？曰：義不得

①魯僖公在位三十三年，故云。

②《春秋·文公二年》：“八月丁卯，大事于大廟，躋僖公。”公羊子傳：“躋者何？升也。何言乎升僖公？譏。何譏爾？逆祀也。其逆祀奈何？先禰而後祖也。”何休解詁：“文公緣僖公於閔公爲庶兄，置僖公於閔公上，失先後之義，故譏之。傳曰‘後祖’者，僖公以臣繼閔公，猶子繼父，故閔公於文公，亦猶祖也。自先君言之，隱、桓及閔、僖各當爲兄弟，顧有貴賤耳。自繼代言之，有父子君臣之道，此恩義逆順各有所施也。”

③《漢書·韋賢傳》：“禮，王者始受命，諸侯始封之君，皆爲太祖。以下，五廟而迭毀，毀廟之主臧乎太祖，五年而再殷祭，言壹禘壹祫也。……立親廟四，親親也。親盡而迭毀，親疏之殺，示有終也。”

④《詩·魯頌·閟宮》。小序：“《閟宮》，頌僖公能復周公之宇也。”謂詩言如此，乃僖公以莊公爲父，非以閔公爲父也。

⑤據《儀禮·喪服》，父母“爲衆子”服期服，而爲出後於人之子亦服期服（“爲人後者，爲其父母報”，所謂“報”，指“兩相爲服”，即指出後於人者，爲本生父母服期，其本生父母亦報之以期）。

廟也。祖之生而存也而父没，祖爲之服三年之服①，而祔之於其祖②，歲時享於禰宮。不祝而祔者，皆食焉。是故古者重祔，神之道也。以其氣合之，不以其形二之，去人道從神道，先王以是爲禮之大節也，故古者重祔。祖祔其子而孫又離之，於義安乎？曰：昭穆之祔也，有廟矣。向也祔，今也廟，奚害而不得也？曰：祖不廟祀其子，則孫不敢廟祀其父也，不以親親害尊尊③，人道然也。曰：然不殆于禰其祖乎？曰：爲祖服斬，固事父也。④于禘祫也，祖爲祖焉，禰爲禰焉，而合食於大祖之室焉⑤，雖百世不易者。正體于上，而子孫之統也，不廟不成其尊，爲天下臣民正君臣之義也。曰：不廟則得與於禘祫乎？曰：不廟非不享也，天子之宗廟，支庶不得祔焉。其祔者，皆正體也。不禘不祫，是廢正體也，祖不敢廢其適，而喪之而祔之，孫敢廢其父而不禘祫之乎？曰：聞之《禮》曰"殤與無後者，從祖祔食"⑥，今不廟而祔，是殤其父而莫之後也，可乎？曰：殤之祔也，無後者之祔也，大夫士之宗廟也。天子之宗廟祔者，皆正體而成人之喪也。不廟者，屈于父之生而存，非殤之也。⑦已欲全父子之道，而俾其祖不父、其禰不子乎！曰：祖存則父屈，祖没而父伸，不可乎？曰：祖雖没，祖所廟事者不得遷，弗遷也。伸其父之尊，遷其祖之所尊，不可也。曰：弗遷而更立焉可乎？曰：不可。祔而不廟，尊之爲正體也。更立廟而弗遷，是以支子卑其父，而不得享於大祖之室也，烏可哉！曰：未踰年君而子嗣之者，如之何？曰：不廟也。其不廟何也？不貳君

①據《儀禮·喪服》，"父爲長子"服三年斬衰。

②《左傳·僖公三十三年》："凡君薨，卒哭而祔。"杜預集解："以新死者之神祔之於祖。"

③《穀梁傳·文公二年》："君子不以親親害尊尊，此《春秋》之義也。"

④《儀禮·喪服傳》："父卒，然後爲祖後者服斬。"另據《喪服》，子爲父服斬衰三年。

⑤禘祫，帝王祭祀始祖的一種隆重儀禮。或禘、祫分稱而別義，或禘、祫合稱而義同，歷代經傳，說解不一。《公羊傳·文公二年》："大祫者何？合祭也。其合祭奈何？毀廟之主，陳于大祖，未毀廟之主，皆升，合食于大祖，五年而再殷祭。"

⑥《禮記·喪服小記》。

⑦意爲父喪不廟，乃屈於祖父尚存也，非殤父也。

也。祔于祖如爲子，祫于大祖如爲君，順死者之孝心，而不敢當尊
焉。是以鬼神饗其祭祀也。以神爲無知，焉用廟。以神爲有知，未
聞不孝其親之所孝，而能孝其親者也。[①]

---

①以上兩段楷體文字，底本無，而爲乾隆癸丑初刻本所獨有，此處據以
　校補，供研究參考。

尚書説箋

虞夏書

堯典

○"釐降二女于溈汭，嬪于虞"①，以天子而友匹夫，以天子之女而嫁于畎畝，此古今非常之事也。非堯之聖，不能舉此非常；非舜之聖，不能當此非常而若固有之。"帝曰：'欽哉！'"②二女其敬執爾事矣，相夫子、事舅姑，無不持之以敬矣。堯固不以天子之貴加舜，不以天子之貴加舜之父母昆弟；二女亦不以天子之女之貴視舜，不以天子之女之貴視舜之父母昆弟；舜則仍然耕稼之常也，仍然號泣之身也。③堯以舜事于天下，舜則以堯事於父母。九男、二女、百官、牛羊、倉廩④，皆悦親愛弟之資也，舜何有焉！而后可以底豫，底豫而后天下化，天下化而后大孝成。⑤舜惟終身于慕父母之誠而已，他不與有也。是故謂之大聖，是故謂孝子之至，是故可爲法於天下，傳於後世，而爲人子之極則，《詩》所謂"孝思維則"⑥也。

---

①《書·堯典》。蔡沈集傳："釐，理。降，下也。溈，水名。""《爾雅》曰：'水北曰汭。'亦小水入大水之名，蓋兩水合流之內也，故從水從內。蓋舜所居之地。嬪，婦也。虞，舜氏也。史言堯治裝下嫁二女于溈水之北，使爲舜婦于虞氏之家也。"

②《書·堯典》："釐降二女于嬀汭，嬪于虞。帝曰：'欽哉！'"蔡沈集傳："欽哉，堯戒二女之辭，即禮所謂'往之女家，必敬必戒'者。"

③《孟子·萬章上》："萬章問曰：'舜往于田，號泣于旻天。何爲其號泣也？'"趙岐注："問舜往至于田，何爲號泣也？謂耕于歷山之時然也。"

④《孟子·萬章下》："堯之於舜也，使其子九男事之，二女女焉。百官、牛羊、倉廩備，以養舜於畎畝之中，後舉而加諸上位。"

⑤《孟子·離婁下》："舜盡事親之道，而瞽瞍底豫。瞽瞍底豫，而天下化。瞽瞍底豫，而天下之爲父子者定。此之謂大孝。"趙岐注："底，致也。豫，樂也。"

⑥《詩·大雅·下武》。毛傳："則其先人也。"鄭箋："子孫以順祖考爲孝。"

　　"慎徽五典"以下，屬此先叙重華之成績，爲孫讓之本，與
《序》"將孫于位，讓于虞舜"①相應，通爲《堯典》文，安得以
二十八字隔閡其閒，而割爲《舜典》乎？②乃若《舜典》之軼，
時時見于他説者③，則有之矣，如《孟子》"舜尚見帝，帝館甥于
貳室，亦饗舜，迭爲賓主"④，"父母使舜完廩"至"舜曰：'惟
兹臣庶，女其于予治'"⑤，以及"欲常常而見之，故源源而來，
不及貢，以政接于有庳"⑥，此等蓋《舜典》文，皆叙舜微時，往
田、號泣諸難事。⑦逮至五十而慕⑧，而后乃父母允若⑨，兄弟
和樂⑩也，始不失其"夔夔齊栗"，祇載見父之誠。天下之難，孰
有大于是者乎！凡人所處之難，孰有多于是者乎！堯所以屢試之

----

①《書序》："昔在帝堯，聰明文思，光宅天下，將遜于位，讓于虞舜。作
　　《堯典》。"
②《書·舜典》蔡沈解題："今文、古文皆有。今文合於《堯典》，而無篇
　　首二十八字。"所謂篇首二十八字，指《舜典》開篇之："曰若稽古，帝
　　舜曰重華，協于帝。濬哲文明，温恭允塞，玄德升聞，乃命以位。"其下
　　文緊接者爲："慎徽五典，五典克從。"
③《史記·五帝本紀贊》："《書》缺有間矣，其軼乃時時見於他説。"
④《孟子·萬章下》。趙岐注："尚，上也。舜在畎畝之時，堯友禮之，舜
　　上見堯，堯舍之於貳室。貳室，副宫也。堯亦就享舜之所設，更迭爲賓
　　主。禮謂妻父曰外舅，謂我舅者，吾謂之甥。堯以女妻舜，故謂舜甥。"
⑤《孟子·萬章上》："父母使舜完廩，捐階，瞽瞍焚廩。使浚井，出，從
　　而揜之，象曰：'謨蓋都君，咸我績。牛羊，父母；倉廩，父母；干戈，
　　朕；琴，朕；弤，朕；二嫂使治朕棲。'象往入舜宫，舜在牀琴。象曰：
　　'鬱陶思君爾。'忸怩。舜曰：'唯兹臣庶，汝其于予治。'"趙岐注：
　　"兹，此也。象素憎舜，不至其宫也，故舜見來而喜曰：'惟念此臣
　　衆，汝故助我治事。'"
⑥《孟子·萬章上》。
⑦《孟子·萬章上》："萬章問曰：'舜往于田，號泣于旻天。何爲其號泣
　　也？'"趙岐注："問舜往至于田，何爲號泣也？謂耕于歷山之時然也。"
⑧《孟子·萬章上》："大孝終身慕父母，五十而慕者，予於大舜見之矣。"
　　趙岐注："大孝之人，終身慕父母"，"我於大舜見五十而尚慕父母"。
⑨《孟子·萬章上》："《書》曰：'祇載見瞽瞍，夔夔齊栗，瞽瞍亦允
　　若。'"朱熹集注："《書·大禹謨》篇也。祇，敬也。載，事也。夔夔齊
　　栗，敬謹恐懼之貌。允，信也。若，順也。言舜敬事瞽瞍，往而見之，敬
　　謹如此，瞽瞍亦信而順之也。"
⑩語出《詩·小雅·常棣》："兄弟既翕，和樂且湛。"毛傳："翕，合也。"

也。則《序》云"虞舜側微，堯聞之聰明，歷試諸難"是已。①若夫知人安民②，柔遠能爾③，猶非大舜之至難也。所難者，處非常之變而不思，遇非常之事而不驚，而終克全乎天下古今之大常，則惟虞帝一人而已矣。其可及哉！其可及哉！故作《書》者，必歷叙其難而后著之爲《典》，示天下後世以聖人之極，實父子君臣之極也。是乃天性之至常，五倫之彝法乎？非大聖孰能成此懿典乎？

大禹謨

○"人心惟危"。④"人"也者，參天地成三才者也。《易》曰"立人之道曰仁與義"⑤，孟子曰"仁義之心，人皆有之"⑥，無可疑已。人所以異于禽獸，惟此"心"，謂之"幾希"⑦，危辭也。

---

①《書序》："虞舜側微，堯聞之聰明，將使嗣位，歷試諸難。作《舜典》。"

②語出《書·皋陶謨》："皋陶曰：'都！在知人，在安民。'禹曰：'吁！咸若時，惟帝其難之。知人則哲，能官人；安民則惠，黎民懷之。能哲而惠，何憂乎驩兜？何遷乎有苗？何畏乎巧言、令色、孔壬？'"

③《書·舜典》："柔遠能邇，惇德允元。"亦見《詩·大雅·民勞》："柔遠能邇，以定我王。"毛傳："柔，安也。"鄭箋："能，猶伽也，邇，近也。安遠方之國，順伽其近者。"

④本節專釋《書·大禹謨》"人心惟危，道心惟微。惟精惟一，允執厥中。無稽之言勿聽，弗詢之謀勿庸"一句。孔安國傳："無考無信驗，不詢專獨，終必無成，故戒勿聽用。"

⑤《易·説卦》："是以立天之道曰陰與陽，立地之道曰柔與剛，立人之道曰仁與義。兼三才而兩之，故《易》六畫而成卦。"

⑥《孟子·告子上》："惻隱之心，人皆有之。羞惡之心，人皆有之。恭敬之心，人皆有之。是非之心，人皆有之。惻隱之心，仁也。羞惡之心，義也。恭敬之心，禮也。是非之心，智也。仁、義、禮、智，非由外鑠我也，我固有之也。"

⑦《孟子·離婁下》："孟子曰：'人之所以異於禽獸者幾希，庶民去之，君子存之。舜明於庶物，察於人倫，由仁義行，非行仁義也。'"趙岐注："幾希，無幾也。知義與不知義之間耳。衆民去義，君子存義也。"

“操則存，舍則亡”①，其不“危”矣。存之者，“君子”也。

文王望道如未之見②，乃其心則“道心”矣。“不聞亦式，不諫亦入”，“微”也。③

“追琢其章，金玉其相”，“精”也。④“文王之德之純”，“一”也。⑤

人受天地之中以生⑥，惟位天德者“允執”之。“執厥中”，必用其“中”于民，必好問，必察邇言。⑦

“無稽之言”不可勝聽，能不聽奚憚煩乎“詢”之哉！或畏無稽之言移我聽，有所謀，遂弗詢而用之。此自用所以爲不知也。“允執厥中”，中也，“弗詢之謀勿庸”，庸也。中則尊而高之，庸則忽而置之，可謂知類乎？

曰：以耳目鼻口四支之欲爲“人心”，非乎？曰：似不可非也，而實非也。孟子曰：“從其大體爲大人，從其小體爲小人。”⑧惟彼小人，則以此爲心。明告之曰，此非汝心也，耳目鼻口四支之欲也。“養心莫善於寡欲”⑨，而可以欲爲心哉！《書》言“人心”，則孟子所謂“仁義之心”矣。

---

①《孟子·告子上》：“雖存乎人者，豈無仁義之心哉！其所以放其良心者，亦猶斧斤之於木也。……故苟得其養，無物不長；苟失其養，無物不消。孔子曰：‘操則存，舍則亡。出入無時，莫知其鄉。’惟心之謂與！”

②《孟子·離婁下》：“文王視民如傷，望道而未之見。”朱熹集注：“而，讀爲如，古字通用。”

③《詩·大雅·思齊》。朱熹集傳：“聞，前聞也。式，法也。承上章，言文王之德如此。……雖事之無所前聞者，而亦無不合於法度。雖無諫諍之者，而亦未嘗不入於善。《傳》所謂‘性與天合’是也。”

④《詩·大雅·棫樸》。毛傳：“追，雕也。金曰雕，玉曰琢。相，質也。”

⑤《詩·周頌·維天之命》。朱熹集傳：“純，不雜也。此亦祭文王之詩。言天道無窮，而文王之德純一不雜，與天無間，以贊文王之德之盛也。”

⑥語出《左傳·成公十三年》：“民受天地之中以生，所謂命也。”

⑦邇言，原作“爾言”。《中庸》：“子曰：‘舜其大知也與！舜好問而好察邇言，隱惡而揚善，執其兩端，用其中於民，其斯以爲舜乎！’”朱熹章句：“邇言者，淺近之言。”今據改。

⑧《孟子·告子上》。

⑨《孟子·盡心下》。

　　既曰“仁義之心”，又曰“道心”，何哉？曰：“道心”，聖人之心也，“由仁義行，非行仁義”，惟舜爲然。[1]文王與舜，其揆一也[2]，然且執其小心而如未見。[3]孔子聞而知之[4]，子自言之曰“七十而從心所欲，不踰矩”[5]，道心難言也，繹思此言，其可知所謂矣乎？且亦知“人心惟危”之説乎？“由仁義行，非行仁義”，舜也。“研諸侯之慮，定天下之吉凶，成天下之亹亹”[6]者，文王也。操存舍亡，與民同患，必先知之，然後可以安之[7]，夫且有人心難得而易失之戒焉。“其亡其亡，繫于苞桑”，危之

---

①《孟子·離婁下》：“孟子曰：‘人之所以異於禽獸者幾希，庶民去之，君子存之。舜明於庶物，察於人倫，由仁義行，非行仁義也。’”趙岐注：“仁義生於内，由其中而行，非强力行仁義也。”

②《孟子·離婁下》：“孟子曰：‘舜生於諸馮，遷於負夏，卒於鳴條，東夷之人也。文王生於岐周，卒於畢郢，西夷之人也。地之相去也，千有餘里，世之相後也，千有餘歲。得志行乎中國，若合符節，先聖、後聖，其揆一也。’”

③《孟子·離婁下》：“文王視民如傷，望道而未之見。”朱熹集注：“而，讀爲如，古字通用。”

④《孟子·盡心下》：“由文王至於孔子五百有餘歲，若太公望、散宜生則見而知之，若孔子則聞而知之。”

⑤《論語·爲政》。

⑥語出《易·繫辭下》。孔穎達正義：“‘能研諸侯之慮’者，研，精也。諸侯既有爲于萬物，育養萬物，使令得所。《易》既能説諸物之心，則能精妙諸侯之慮。謂諸侯以此《易》之道，思慮諸物，轉益精粹，故云‘研諸侯之慮’也。‘定天下之吉凶’者，言《易》道備載諸物得失，依之則吉，逆之則凶，是《易》能定天下之吉凶也。‘成天下之亹亹’者，亹亹，勉也。天下有所營爲，皆勉勉不息。若依此《易》道，則所爲得成，故云‘成天下之亹亹’也。”

⑦《易·繫辭上》：“［聖人］吉凶與民同患，神以知來，知以藏往，其孰能與此哉？古之聰明叡知，神武而不殺者夫！是以明於天之道，而察於民之故，是興神物，以前民用。”

至也。^①以天下與人，斯言信爲首矣，是故孔子曰："危者，安其位者也。"^②

---

①《易·否》九五。王弼注："處君子道消之時，己居尊位，何可以安？故心存將危，乃得固也。"孔穎達正義："'其亡其亡，繫于苞桑'者，在道消之世，居於尊位而遏小人，必近危難，須恒自戒慎其意，常懼其危亡，言丁寧戒慎如此也。'繫于苞桑'者，苞，本也。凡物繫於桑之苞本則牢固也。若能'其亡其亡'，以自戒慎，則有'繫于苞桑'之固，無傾危也。'心存將危'，解'其亡其亡'之義。身雖安静，心意常存將有危難，但念'其亡其亡'，乃得固者，即'繫于苞桑'也。"

②《易·繫辭下》："子曰：'危者，安其位者也。亡者，保其存者也。亂者，有其治者也。是故君子安而不忘危，存而不忘亡，治而不忘亂，是以身安而國家可保也。'《易》曰：'其亡其亡，繫于苞桑。'子曰：'德薄而位尊，知小而謀大，力小而任重，鮮不及矣。'"

商書

咸有一德

○ “尹躬暨湯”，古文也。[①] “二公及王”，今文也。[②] 疏通知遠之教，非屬辭比事之教[③]，毋輕議古人之書。

高宗肜日[④]

○此事應也。事天如事親，父母怒之，必誠求其所以然，多方擬議之，既得而後已，此之謂修省。怒而不知思，頑也；思而不知救，慢也；救而不察類，舛也；不當而不問其人，傲也。頑則絕之，慢則疏之，舛則謫之，傲則厭之。天地之大者在五行，各一其性，不得相干。徵召若景響，其失也，不知捄則已，如欲捄之，不敢不察其故。所謂“《春秋》之道，舉往以明來”[⑤]也。五行之失如疾，然氣雖亂，各有所主。不存其意，不貫其理，以

---

① 僞古文《書·咸有一德》：“惟尹躬暨湯，咸有一德。”尹，指伊尹。
② 今文《書·金滕》：“二公及王，乃問諸史與百執事。”二公，太公、召公。王，周成王。
③ 《禮記·經解》：“疏通知遠，《書》教也”，“屬辭比事，《春秋》教也”，“疏通知遠而不誣，則深於《書》者也”，“屬辭比事而不亂，則深於《春秋》者也”。謂前舉無論今文《書》，還是古文《書》，均以臣及君，似有可議，殊不知《書》乃爲疏通知遠而作，非如《春秋》般謹於屬辭比事也。
④ 本節同見于莊存與《春秋正辭·奉天辭·察五行祥異》。
⑤ 《漢書·五行志上》“遼東高廟災”條引董仲舒對語。

此事天，何異許止之不嘗藥也。[①]五行之變，非盡變也，非不遽
復也，謂和則俱和、失則俱失，是誣天地也。不然，夫祖己之
言，亦曰“正厥事”可矣，又曰“典祀無豐于昵”，非所捄之事當
用此與？人臣之義，陳善必列其宜，匡失必舉其敗，不敢爲無端
匡之辭以涸其上而藏其姦，敬之至也。今曰恐懼修省云爾，將
俾[②]盡革其政與？抑擇所振捄與？抑空言無施而百官萬事皆自
若與？此固姦以事君者所欲得以飾其惡也。欺君不祥，誣天地
不祥，逆五行不祥，一言而不祥者三，不説事應之謂也。

---

①《春秋·昭公十九年》：“夏，五月戊辰，許世子止弑其君買。”“冬，
　葬許悼公。”公羊子傳：“賊未討，何以書葬？不成于弑也。曷爲不成于
　弑？止進藥而藥殺也。止進藥而藥殺，則曷爲加弑焉爾？譏子道之不
　盡也。其譏子道之不盡奈何？曰：樂正子春之視疾也，復加一飯，則
　脱然愈；復損一飯，則脱然愈；復加一衣，則脱然愈；復損一衣，則脱
　然愈。止進藥而藥殺，是以君子加弑焉爾。”
②俾，原文作“卑”，據《春秋正辭·奉天辭·察五行祥異》同出文字改。

周書

泰誓

○“惟十有三年”①，當依《序》作“一”。②

○夏桀未若商紂之暴，伊尹五就之，而後去桀歸湯。③伯夷、大公辟紂，而歸文王久矣④，文王不伐商。武王勝殷，亦不黜其命，立武庚爲後焉。⑤祖伊知紂不惟喪師，且不獲其死。⑥箕子知武庚不克享，而誥微子使去之。⑦其惡之輕重，尚何不可知之有？吾未聞臨之以兵而斥其多罪，猶得曰其辭恭者。

① 《書·泰誓上》：“惟十有三年春，大會于孟津。”
② 《書序》：“惟十有一年，武王伐殷。一月戊午，師渡孟津。作《泰誓》三篇。”
③ 《孟子·告子下》：“五就湯，五就桀者，伊尹也。”趙岐注：“伊尹爲湯見貢於桀，桀不用而歸湯，湯復貢之，如此者五。思濟民，冀得施行其道也。”
④ 《孟子·離婁上》：“伯夷辟紂，居北海之濱，聞文王作，興曰：‘盍歸乎來，吾聞西伯善養老者。’太公辟紂，居東海之濱，聞文王作，興曰：‘盍歸乎來，吾聞西伯善養老者。’二老者，天下之大老也，而歸之，是天下之父歸之也。天下之父歸之，其子焉往。”亦見《孟子·盡心上》。《史記·周本紀》：“西伯蓋即位五十年。”
⑤ 《史記·殷本紀》：“周武王遂斬紂頭，縣之大白旗。殺妲己。釋箕子之囚，封比干之墓，表商容之閭。封紂子武庚禄父，以續殷祀，令修行盤庚之政。”
⑥ 見《書·西伯戡黎》。
⑦ 見《書·微子》。

武成

　　○“惟有道曾孫周王發”訖“無作神羞”，此往伐之辭，“建諸天地而不悖，質諸鬼神而無疑”[①]者。“既戊午師渡孟津”訖“一戎衣，天下大定”，此往伐之事，“自天祐之，吉無不利”[②]，非人之所能爲也。“乃反商政”訖“垂拱而天下治”，此識其政事之大者，有賞而無罰，故不曰罪人黜伏矣。非猶韋、顧、昆吾[③]同以乙卯日[④]亡矣，所謂“須暇之”[⑤]也。《今攷定〈武成〉》，多此一攷。[⑥]

洪範

　　○十一年克商，十三年訪于箕子[⑦]，臣爲君服未畢[⑧]，則將

---

①語出《中庸》。

②語出《易·大有》。

③韋、顧、昆吾，三國爲夏桀之黨羽，商湯滅夏時同爲所滅。此處喻指武王伐紂時紂之黨羽。《詩·商頌·長發》：“韋顧既伐，昆吾夏桀。”毛傳：“有韋國者，有顧國者，有昆吾國者。”鄭箋：“韋，豕韋，彭姓也。顧、昆吾，皆己姓也。三國黨於桀惡。湯先伐韋、顧，克之。昆吾、夏桀則同時誅也。”

④乙卯日，武王克紂之日（甲子日）的第二天。此句意爲，紂之黨羽並非在武王克紂的第二天即誅除罄盡。《書·武成》：“既戊午，師逾孟津。癸亥，陳于商郊，俟天休命。甲子昧爽，受率其旅若林，會于牧野，罔有敵于我師。前徒倒戈，攻于後以北，血流漂杵。一戎衣，天下大定。”

⑤《書·多方》：“天惟五年，須暇之子孫，誕作民主，罔可念聽。”孔安國傳：“天以湯故，五年須暇湯之子孫，冀其改悔。而紂大爲民主，肆行無道，事無可念，言無可聽。”須暇，亦作“須夏”，等待寬暇，猶言放寬時間。

⑥《書·武成》蔡沈集傳稱：“此篇編簡錯亂，先後失序，今攷正其文于後。”并于篇後附《今攷定〈武成〉》一篇。

⑦《書·洪範》：“惟十有三祀，王訪于箕子。”

⑧指箕子爲商紂王服三年喪未畢。

弔之，而豈訪問天道之日乎？①亦不待尹子奇，而後斥曰"未識人倫，焉知天道"矣。②夫"骨肉之親，無絕也"③，則箕子焉有不爲君服者。

　　○"義者，宜也，尊賢爲大"④，《春秋》"用貴治賤，以賢治不肖"⑤，而成湯之興，"立賢無方"。⑥《禮運記》云："如有不由此者，在執者去，衆以爲殃。"⑦蓋嘗論之，人之身統于心，家統于父，國統于君，天下統于天子。天子也，君也，父也，心也，必上繫于天。子從父令非孝，臣從君令非貞，然則曷從？曰：天也。天不言，能言惟聖，世有聖人則天矣，無古今一也。故曰："要君者無上，非聖人者無法，非孝者無親。"⑧以其逆天之大也。皇極建⑨，乃聖人所以合天。天所貴惟聖，其次惟賢，高明非所畏也。"無虐煢獨而畏高明"⑩，箕子此言，乃道上古賢賢治不肖之法，以爲武王法也。卒之周德既衰，世諸侯、卿、大夫、士，而聖賢位在匹夫，帝王之制遂不可復振。要其迭興迭

①《史記·周本紀》："武王已克殷，後二年，問箕子殷所以亡。箕子不忍言殷惡，以存亡國宜告。武王亦醜，故問以天道。"
②尹子奇，安禄山屬將，久圍唐將張巡於睢陽，後破城殺張巡。但此處似乎爲莊存與誤記，被張巡所斥者爲投降安禄山之唐將令狐潮，戰役爲先於睢陽之戰的圍攻雍丘之戰，《資治通鑒》卷二一八："[張]巡使郎將雷萬春於城上與[令狐]潮相聞，語未絶，賊弩射之，面中六矢而不動。潮疑其木人，使諜問之，乃大驚，遙謂巡曰：'向見雷將軍，方知足下軍令矣，然其如天道何！'巡謂之曰：'君未識人倫，焉知天道！'未幾，出戰，擒賊將十四人，斬首百餘級。"
③《禮記·文王世子》。
④《中庸》。
⑤《穀梁傳·昭公四年》："《春秋》之義，用貴治賤，用賢治不肖，不以亂治亂也。"
⑥《孟子·離婁下》："湯執中，立賢無方。"趙岐注："執中正之道，惟賢速立之，不問其從何方來。"
⑦《禮記·禮運》。鄭玄注："執，勢位也。去，罪退之也。殃，猶禍惡也。"
⑧《孝經·五刑章》。
⑨《書·洪範》："次五曰建用皇極。"孔安國傳："皇，大。極，中也。凡立事當用大中之道。"
⑩《書·洪範》。蔡沈集傳："煢獨，庶民之至微者也。高明，有位之尊顯者也。"

廢，未有不由“攸好德”①“無好德”②兩言者，讀《書》其亦可
以知天矣。

　　○“五福”“六極”③，“天之所支，不可壞也。其所壞，亦
不可支也。”④萬世興亡之變，不外是矣。

<h2 style="text-align:center">旅獒</h2>

　　○大保見成之必至于虧也⑤，克商、通道，已憂四方之不堪
命矣，矧乃底貢厥獒⑥，此可謂“不物”⑦，不惟“儀不及物”⑧
也。生民必有不保厥居者。⑨

---

①《書·洪範》：“而康而色，曰‘予攸好德’，汝則錫之福。”孔安國傳：
　　“汝當安汝顔色，以謙下人。人曰‘我所好者德’，汝則與之爵禄。”
②《書·洪範》：“于其無好德，汝雖錫之福，其作汝用咎。”孔安國傳：
　　“於其無好德之人，汝雖與之爵禄，其爲汝用惡道以敗汝善。”
③《書·洪範》：“九，五福：一曰壽，二曰富，三曰康寧，四曰攸好德，
　　五曰考終命；六極：一曰凶短折，二曰疾，三曰憂，四曰貧，五曰惡，
　　六曰弱。”
④語出《國語·周語下》。韋昭注：“支，柱也。”
⑤大保，指召公。《書·旅獒》蔡沈解題：“西旅貢獒，召公以爲非所當
　　受，作書以戒武王。亦訓體也。因以‘旅獒’名篇。”
⑥《書·旅獒》：“惟克商，遂通道于九夷八蠻。西旅底貢厥獒，太保乃
　　作《旅獒》，用訓于王。”
⑦《左傳·隱公五年》：“講事以度軌量謂之軌，取材以章物采謂之物。
　　不軌不物，謂之亂政。”杜預集解：“言器用衆物不入法度，則爲不軌
　　不物，亂敗之所起。”
⑧《書·洛誥》：“享多儀，儀不及物，惟曰不享。”孔安國傳：“奉上謂之
　　享。言汝爲王，其當敬識百君諸侯之奉上者，亦識其有違上者。奉上之
　　道多威儀，威儀不及禮物，惟曰不奉上。”
⑨《書·旅獒》：“生民保厥居，惟乃世王。”孔安國傳：“生人安其居，
　　天子乃世世王天下。”

金縢

○“未可以戚我先王”①，説見《小爾雅》②，當從之。

○“丕子”，元子也。③

○後世以失天下爲墜寶命④，聖人以“行一不義，殺一不辜，而得天下”⑤爲墜寶命。

○“王子弗出，我乃顛隮”⑥，箕子之誥也。“爾不許我，我乃屏璧與珪”，周公之祝也。皆面稽天若⑦者也。

○“管叔及其群弟乃流言于國曰：‘公將不利于孺子。’”此天變緣起。

○“我之弗辟”，蔡氏引鄭君《詩》箋，謂避居東都。⑧此

①先王，原作“先生”。《書·金縢》：“既克商二年，王有疾，弗豫。二公曰：‘我其爲王穆卜。’周公曰：‘未可以戚我先王。’公乃自以爲功，爲三壇同墠。”今據改。
②《小爾雅·廣名五》：“請天子命曰未可以戚先王，請諸侯命曰未可以近先君，請大夫命曰未可以從先子。”
③《書·金縢》：“若爾三王，是有丕子之責于天，以旦代某之身。”蔡沈集傳：“丕子，元子也。”
④《書·金縢》：“嗚呼！無墜天之降寶命，我先王亦永有依歸。”孔安國傳：“嘆惜武王，言不救則墜天之寶命，救之則先王長有依歸。”
⑤語出《孟子·公孫丑上》。
⑥《書·微子》：“我舊云刻子，王子弗出，我乃顛隮。”蔡沈集傳：“箕子舊以微子長且賢，勸帝乙立之。帝乙不從，卒立紂，紂必忌之。是我前日所言，適以害子。子若不去，則禍必不免，我商家宗祀，始隕墜而無所託矣。”
⑦面稽天若，語出《書·召誥》。孔安國傳：“面考天心而順之。”
⑧《書·金縢》：“武王既喪，管叔及其群弟乃流言於國曰：‘公將不利於孺子。’周公乃告二公曰：‘我之弗辟，我無以告我先王。’”蔡沈集傳：“辟，讀爲避。鄭氏《詩》傳言周公以管、蔡流言，辟居東都，是也。漢孔氏以爲‘致辟’于管叔之‘辟’，謂誅殺之也。夫三叔流言，以公將不利於成王，周公豈容遽興兵以誅之邪？且是時王方疑公，公將請王而誅之邪？將自誅之也？請之固未必從，不請自誅之，亦非所以爲周公矣。‘我之弗辟，我無以告我先王’，言我不辟則于義有所不盡，無以告先王于地下也。公豈自爲身計哉？亦盡其忠誠而已矣。”

説確不可易。“罪人斯得”①，以爲周公之屬黨②，則其説可怪矣。

○武王喪畢之後，“乃爲詩”，而其秋，天乃示變。③三年之内，固不貳事也。④公在朝，亦不作伐叛⑤、宅洛⑥、封康叔⑦諸事也。

○“乃得周公所自以爲功代武王之説”，前已知其卜，此乃知其説。不讓二公且不偕二公，其故有如此者。

○“信”，公言之驗于今也。“噫”，嗟莫知公之心也。“命”，六辭⑧之命。⑨册祝公自爲之⑩，史官弗“敢言”，墜寶

---

① 《書·金縢》：“周公居東二年，則罪人斯得。”
② 《詩·豳風·鴟鴞》：“鴟鴞鴟鴞，既取我子，無毁我室。”鄭箋：“時周公竟武王之喪，欲攝政成周道，致大平之功。管叔、蔡叔等流言云：‘公將不利於孺子。’成王不知其意，而多罪其屬黨。”
③ 《書·金縢》：“周公居東二年，則罪人斯得。于後，公乃爲詩以貽王，名之曰《鴟鴞》。王亦未敢誚公。秋大熟，未穫，天大雷電以風，禾盡偃，大木斯拔，邦人大恐。”
④ 《禮記·王制》：“喪不貳事。”《穀梁傳·文公十六年》：“喪不貳事。貳事，緩喪也，以文爲多失道矣。”
⑤ 《書序》：“武王崩，三監及淮夷叛。周公相成王，將黜殷。作《大誥》。”
⑥ 《書序》：“召公既相宅，周公往營成周，使來告卜。作《洛誥》。”
⑦ 《書序》：“成王既伐管叔、蔡叔，以殷餘民封康叔。作《康誥》《酒誥》《梓材》。”
⑧ 《周禮·春官·大祝》：“作六辭以通上下、親疏、遠近：一曰祠，二曰命，三曰誥，四曰會，五曰禱，六曰誄。”
⑨ 《書·金縢》：“王與大夫盡弁，以啓金縢之書，乃得周公所自以爲功代武王之説。二公及王乃問諸史與百執事，對曰：‘信。噫！公命，我勿敢言。”
⑩ 《書·金縢》：“周公立焉，植璧秉珪，乃告大王、王季、文王。史乃册祝曰：‘惟爾元孫某，遘厲虐疾，若爾三王，是有丕子之責于天，以旦代某之身。’”蔡沈集傳：“册祝，如今祝版之類。”

命、屏珪璧也。①今日之變，殆其信矣。嘆息而言公命之果若卜筮也。

大誥

○"天降割于我家不少句，延洪句。"

○"翼"，敬也。"翼日"，敬日也。今更不同于未陰雨之日也。②

○"若昔朕其逝"，作《鴟鴞》以貽王之時，往者誠不可諫矣。

○"朕言艱日思"，何異于大甲之怨艾乎？③

○"肆哉！爾庶邦君，越爾御事"，"敖從康"④之謂"肆"也，不翼也，此王呼而覺之也。自是天下咸喻于王之志矣，所謂剛中柔外而説以利貞者也。⑤

○"矧今天降戾于周邦唯大艱句，人誕鄰句。"

①《書·金縢》："嗚呼！無墜天之降寶命，我先王亦永有依歸。今我即命于元龜，爾之許我，我其以璧與珪，歸俟爾命；爾不許我，我乃屏璧與珪。"
②陰雨之日，指成王受天變感發而迎還周公之日，參見《書·金縢》。
③《孟子·萬章上》："太甲顛覆湯之典刑，伊尹放之於桐。三年，太甲悔過，自怨自艾，於桐處仁遷義。"
④《書·盤庚上》："汝猷黜乃心，無傲從康。"蔡沈集傳："毋得傲上之命、從己之安。蓋傲上則不肯遷，從康則不能遷，二者所當黜之私心也。"
⑤《易·兌》："《彖》曰：兌，説也。剛中而柔外，説以利貞，是以順乎天而應乎人。"王弼注："説而違剛則諂，剛而違説則暴。剛中而柔外，所以説以利貞也。剛中，故利貞；柔外，故説亨。"

○“天惟喪殷句”。“王子弗出，我乃顛隮”[1]，箕子迪知武庚之必喪殷矣。成王、周公，永念之者，“施諸己而不願，亦勿施于人”。[2]“有命曰割殷”[3]，然後順天以施之，故曰“違道不遠”矣。

康誥　酒誥　梓材

○王若曰孟侯朕其弟小子封　王曰　王曰　我聞曰至作新民　王曰　王曰　又曰　王曰　又曰[4]　王曰　己女惟小子至惟乃知　王曰　王曰[5]　王曰　王曰　王曰　王若曰康誥　王若曰　王曰[6]　王曰　王曰酒誥　王曰　王啓監厥亂爲民曰王其效邦君越御事至惟曰　今王惟曰　肆王惟德用至惟王子子孫孫永保民梓材　右百八十八字皆點出　點出之句皆周公自言，其他皆代王言也。

○“乃洪大誥治”，洪，通作鴻，代也，周公代成王誥四方民及庶邦百官也。

○殷之餘民，皆從亂矣。赦之而不罪，且曰“非終乃惟眚

---

①《書·微子》：“我舊云刻子，王子弗出，我乃顛隮。”蔡沈集傳：“箕子舊以微子長且賢，勸帝乙立之。帝乙不從，卒立紂，紂必忌之。是我前日所言，適以害子。子若不去，則禍必不免，我商家宗祀，始隕墜而無所託矣。”

②《中庸》：“忠恕違道不遠，施諸己而不願，亦勿施於人。”

③《書·多士》：“有命曰割殷，告敕于帝。”孔安國傳：“天有命，命周割絕殷命，告正於天。”

④又曰，原作“又言”，據《康誥》原文改。

⑤王曰，原作“土曰”，據《康誥》原文改。

⑥王曰，原作“土曰”，據《酒誥》原文改。

災"。①夫果眚災，則所"道極厥辜"者，何辜也？殷民之罪，非周公、康叔，則亦必終焉而已矣，故曰："哀我人斯，亦孔之將。"②康誥

　　○"經德"③，"亹亹穆穆，爲綱爲紀"④也。"秉哲"，"静淵以有謀，疏通而知事"⑤也。《詩》所謂"湯孫之緒"⑥也。賢聖之君六七作⑦，是以至于帝乙而王道不爲虧，謂之"成王"可也。相不皆伊尹、傅説，"雖無老成人，尚有典刑"⑧，謂之"畏相"可也。"尹人"⑨，何人哉？相也。"責難于君，謂之恭；陳善閉邪，謂之敬"⑩，所謂"祗辟"也。能受外内之善，故外内咸助之。殷爲天子三十餘世，雖有庸主之材，僅得中佐，而長且久者，由此道也。

―――――

①《書·康誥》："［王曰］乃有大罪非終，乃惟眚災，適爾。既道極厥辜，時乃不可殺。"蔡沈集傳："人有大罪，非是故犯，乃其過誤，出於不幸，偶爾如此。既自稱道盡輸其情，不敢隱匿，罪雖大，時乃不可殺。"
②《詩·豳風·破斧》。毛傳："將，大也。"鄭箋："此言周公之哀我民人，其德亦甚大也。"
③《書·酒誥》："王曰：'封，我聞惟曰：在昔殷先哲王，迪畏天，顯小民，經德秉哲，自成湯咸至于帝乙，成王畏相。'"蔡沈集傳："殷先哲王，湯也。迪畏者，畏之而見於行也。畏天之明命，畏小民之難保。經其德而不變，所以處己也；秉其哲而不惑，所以用人也。湯之垂統如此，故自湯至於帝乙，賢聖之君六七作。雖世代不同，而皆能成就君德，敬畏輔相。"
④《大戴禮記·五帝德》。王聘珍解詁："亹亹，勉也。穆穆，敬也。"
⑤《史記·五帝本紀》。
⑥《詩·商頌·殷武》："有截其所，湯孫之緒。"鄭箋："緒，業也。所，猶處也。高宗所伐之處，國邑皆服其罪，更自敕整截然齊壹，是乃湯孫大甲之等功業。"
⑦《孟子·公孫丑上》："由湯至於武丁，賢聖之君六七作，天下歸殷久矣。"
⑧《詩·大雅·蕩》。鄭箋："老成人，謂若伊尹、伊陟、臣扈之屬。雖無此臣，猶有常事故法可案用也。"
⑨《書·酒誥》："惟助成王德顯，越尹人祗辟。"蔡沈集傳："惟欲上以助成君德而使之昭著，下以助尹人祗辟而使之益不怠耳。成王，顧上文'成王'而言。祗辟，顧上文'有恭'而言。吕氏曰：'尹人者，百官諸侯之長也。'指上文'御事'而言。"
⑩《孟子·離婁上》。

○“殷獻臣、侯、甸、男、衞”[1]，此“四國多方”[2]也。“殷侯、尹民”[3]，二“史”以下，“休”“采”以上[4]，皆諸侯也。“圻父”、“農父”、“宏父”[5]，諸侯之三卿也。諸侯及其卿，有罪則執而歸諸京師。[6]亞旅[7]則“迪諸臣惟工”也[8]，有罪上其獄辭于司寇而已焉。“乃事”，司寇之事也。[9]“同于殺”，非必殺也，若今律與同罪者至死，減一等矣。酒誥

召誥

○“厥既得卜，則經營”[10]，此“卜世三十，卜年七百”[11]之繇也。是用誥曰“我不敢知”，曰“惟有歷年”，“不其延”，“敬

①《書·酒誥》。蔡沈集傳：獻臣，“賢臣”。
②《書·多方》。蔡沈集傳：四國多方，“四國殷民”。
③《書·多方》：“告爾四國多方，惟爾殷侯、尹民。”孔安國傳：“殷之諸侯、王民。”
④《書·酒誥》：“予惟曰：‘汝劼毖殷獻臣、侯、甸、男、衞，矧太史友、內史友，越獻臣、百宗工，矧惟爾事，服休、服采。’”蔡沈集傳：“太史掌六典、八法、八則，內史掌八柄之法。”“服休，坐而論道之臣；服采，起而作事之臣。”
⑤《書·酒誥》。蔡沈集傳：“圻父，政官，司馬也，主封圻。農父，教官，司徒也，主農。宏父，事官，司空也，主廓地居民。謂之父者，尊之也。”
⑥《書·酒誥》：“厥或誥曰：群飲，汝勿佚，盡執拘以歸于周，予其殺。”孔安國傳：“盡執拘群飲酒者以歸於京師，我其擇罪重者而殺之。”
⑦亞旅，《書·牧誓》：“司徒、司馬、司空、亞旅、師氏、千夫長、百夫長。”蔡沈集傳：“亞者，卿之貳，大夫是也；旅者，卿之屬，士是也。”
⑧《書·酒誥》：“又惟殷之迪諸臣惟工，乃湎于酒。勿庸殺之，姑惟教之。”蔡沈集傳：“殷受導迪爲惡之諸臣百工。”
⑨《書·酒誥》：“有斯明享，乃不用我教辭，惟我一人弗恤，弗蠲乃事，時同于殺。”
⑩《書·召誥》。孔安國傳：“其已得吉卜，則經營規度城郭、郊廟、朝市之位處。”
⑪《左傳·宣公三年》：“成王定鼎于郟鄏，卜世三十，卜年七百，天所命也。”

厥德"①，三十、七百，未艾也，不敬厥德則未可信也。乃若"自貽哲命"在其躬身，于世與年，各有攸處，故曰"王乃初服"。②且勸彊之曰"王亦顯"③，亦若文武之顯德也。《假樂》之詩曰"顯顯令德"④，此非周、召之致君乎？

洛誥

○召公卜之，周公成之⑤，"卜世三十，卜年七百"。所謂"寶命"⑥，二公共定之，而實天之所以命文、武也。"二人共貞"，文、武之謂也。"作周匹休"，兩都並建也。⑦

○《白虎通德論》云："王者始起，何用正民？以爲且用先王⑧之禮樂，天下大平，乃更制作焉。"⑨《書》曰："肇稱殷禮，祀于新邑。"⑩此言大平去殷禮也。今得而申其説曰"庶有

---

① 《書·召誥》："王敬作所，不可不敬德。我不可不監于有夏，亦不可不監于有殷。我不敢知曰，有夏服天命，惟有歷年。我不敢知曰，不其延。惟不敬厥德，乃早墜厥命。我不敢知曰，有殷受天命，惟有歷年。我不敢知曰，不其延。惟不敬厥德，乃早墜厥命。今王嗣受厥命，我亦惟兹二國命，嗣若功。"

② 《書·召誥》："王乃初服。嗚呼！若生子，罔不在厥初生，自貽哲命。今天其命哲、命吉凶、命歷年，知今我初服、宅新邑，肆惟王其疾敬德，王其德之用，祈天永命。"孔安國傳："言王新即政，始服行教化，當如子之初生，習爲善，則善矣。自遺智命，無不在其初生，爲政之道，亦猶是也。"

③ 《書·召誥》。蔡沈集傳："王當終有天之成命，以顯於後世。"

④ 《詩·大雅·假樂》："假樂君子，顯顯令德。"鄭箋："顯，光也。天嘉樂成王，有光光之善德。"

⑤ 《書序》："召公既相宅，周公往營成周，使來告卜。作《洛誥》。"

⑥ 《書·金縢》："嗚呼！無墜天之降寶命，我先王亦永有依歸。"蔡沈集傳："寶命，即帝庭之命也。謂之寶者，重其事也。"

⑦ 《書·洛誥》："王拜手稽首曰：'公不敢不敬天之休，來相宅，其作周匹休。公既定宅，伻來，來視予卜休恒吉。我二人共貞。'"

⑧ 先王，原作"先生"，據《白虎通》原文改。

⑨ 《白虎通德論·禮樂》。

⑩ 《書·洛誥》。

事"①，庶有制作之事。

○古者祖有功、宗有德②，"周公郊祀后稷以配天，宗祀文王于明堂以配上帝"③，此"功宗""元配"④也。"丕視功載"⑤，文、武之謨訓⑥、功烈⑦，藏于金匱、置之宗廟者也。"踐其位、行其禮、奏其樂"⑧，四海之内，各以其職來助祭，"乃汝其悉自教功"⑨也。與享之功臣，皆舉諸矣。"無故無新，惟仁之親"⑩而已焉。

○"予小子其退"，退，讀作復，古字相近，復還歸鎬京。此未往洛邑，先言復鎬京者，答公"從王于周""往新邑"⑪之辭。二公之初旨，蓋儗王之居洛邑以治天下也。

○"予往已"，往洛邑也。相宅而主祀天地，享文、武焉。

○"哉我"，讀作"我哉"，字倒耳。

○未至洛而言"來相宅"者，答王"予往已"之辭。"來相宅"云者，非適有居也，臨祭祀、朝諸侯焉爾。

○"伻來毖殷"，王使先至洛。王命三端："毖殷"，勞俠不

①《書·洛誥》："周公曰：'王肇稱殷禮，祀于新邑，咸秩無文。予齊百工，伻從王于周，予惟曰庶有事。'"
②賈誼《新書·數寧》："禮：祖有功，宗有德。始取天下爲功，始治天下爲德。"
③《孝經·聖治章》。
④元配，疑作"元祀"。《書·洛誥》："今王即命曰：'記功宗，以功作元祀。'"
⑤《書·洛誥》。蔡沈集傳："丕，大。視，示也。功載者，記功之載籍也。"
⑥謨訓，謀略和訓誨。《書·胤征》："聖有謨訓，明徵定保。"孔安國傳："聖人所謀之教訓，爲世明證，所以定國安家。"
⑦功烈，功勳業績。《左傳·襄公十九年》："銘其功烈，以示子孫。"
⑧《中庸》。
⑨《書·洛誥》："惟命曰：'汝受命篤弼，丕視功載，乃汝其悉自教工。'"孔安國傳："乃汝新即政，其當盡自教衆官，躬化之。"
⑩《後漢書·申屠剛傳》李賢注引《尚書大傳》："武王入殷，周公曰：'各安其宅，各田其田，無故無新，唯仁之親。'"
⑪《書·洛誥》。

作之殷庶也①；“寧予”，留周公居洛也；“明禋”，報祭文、武
以洛邑之成也。②“拜手稽首”凡二，以敬公之誨言則拜，以敬
文、武之“休享”則拜，皆使以將命焉。

多士③

〇古人謂誓爲矢④，言直不回也，往不返也。《多士》之
《書》曰“時予，乃或言”⑤，將非“祇告爾命”⑥乎？“或”之爲
言，未定之詞也。向也曰“天惟畀矜爾，我有周惟其大介賚爾。
迪簡在王庭”⑦，今也曰“天惟畀矜爾”，則止矣。又曰“爾厥有
幹有年于兹洛”，止矣。然後曰“爾小子乃興”。⑧凡爾多士，長
爲農夫以没世矣。則曩者之語爲何如哉？既明告之，不以待夏
王士之法待商王士者⑨，“非予罪”，“惟爾洪無度”，“予遷居
西爾”，“時惟天命”⑩，朕不敢不及天命而承之也。周公不忍

①《書·召誥》：“厥既命殷庶，庶殷丕作。”孔安國傳：“其已命殷衆，
　衆殷之民大作。言勸事。”
②《書·洛誥》：“伻來毖殷，乃命寧予。以秬鬯二卣，曰：‘明禋，拜手稽
　首休享。’”
③本節亦見莊存與《四書說》。
④《爾雅·釋言》：“矢，誓也。”
⑤《書·多士》：“王曰：‘又曰時予，乃或言，爾攸居。’”孔安國傳：“言
　汝衆士當是我，勿非我也。我乃有教誨之言，則汝所當居行。”
⑥《書·多方》：“王曰：‘我不惟多誥，我惟祇告爾命。’”孔安國傳：
　“我不惟多誥汝而已，我惟敬告汝吉凶之命。”
⑦《書·多方》。孔安國傳：“汝能修善，天惟與汝憐汝，我有周惟其大
　夫賜汝。言受多福之祚。非但受憐賜，又乃蹈大道在王庭。”《書序》：
　“成王歸自奄，在宗周，誥庶邦，作《多方》。”
⑧《書·多士》：“爾克敬，天惟畀矜爾；爾不克敬，爾不啻不有爾土，予
　亦致天之罰于爾躬。今爾惟時宅爾邑，繼爾居；爾厥有幹有年于兹洛。
　爾小子乃興，從爾遷。王曰：‘又曰時予，乃或言，爾攸居。’”《書序》：
　“成周既成，遷殷頑民。周公以王命誥，作《多士》。”
⑨《書·多士》：“惟三月，周公初于新邑洛，用告商王士。”
⑩《書·多士》。孔安國傳：“非我罪咎”，“惟汝大無法度”，“我惟汝未
　達德義，是以徙居西汝於洛邑，教誨汝”，“是惟天命”。

斥民之頑，而使自知之，若曰復爲良人焉，足矣。爾小子能乎？否乎？賢乎？否乎？予亦不敢知，乃或言之而已。在爾攸居，導而弗牽。聖人善教，至如此哉！

無逸

○“諒闇，三年不言”①，事往矣，奚“乃或”云乎？“乃”，難辭也②；“或”之者，疑之也。禮廢復興，雖在中古，父兄、百官及小大庶邦，其爲不欲者多矣。夫喪三年，亦聖人所久也③；“不言”，非易易也。④高宗宅憂，苟一日未終，遽自信乎？親近旁仄之臣咸信之乎？高宗能始之，能終之，無難也。周公則克知其難，言曰“乃或諒闇，三年不言”。⑤“爲之難，言之得無訒乎”⑥，周公之誥也；“一日克己復禮，天下歸仁焉”⑦，高宗之

①《書·無逸》：“［高宗］作其即位，乃或亮陰，三年不言。”孔安國傳：“武丁起其即王位，則小乙死。乃有信默，三年不言，言孝行著。”亮陰，亦作諒闇，指居喪。
②《公羊傳·宣公八年》：“‘而’者何？難也。‘乃’者何？難也。曷爲或言‘而’或言‘乃’？‘乃’難乎‘而’也。”
③《論語·陽貨》：“宰我問：‘三年之喪，期已久矣。君子三年不爲禮，禮必壞。三年不爲樂，樂必崩。舊穀既没，新穀既升，鑽燧改火，期可已矣。’子曰：‘食夫稻，衣夫錦，於女安乎？’曰：‘安。’‘女安則爲之。夫君子之居喪，食旨不甘，聞樂不樂，居處不安，故不爲也。今女安則爲之。’宰我出，子曰：‘予之不仁也。子生三年，然後免於父母之懷。夫三年之喪，天下之通喪也，予也有三年之愛於其父母乎！’”
④語出《禮記·鄉飲酒義》：“孔子曰：‘吾觀於鄉，而知王道之易易也。’”孔穎達正義：“言我觀看鄉飲酒之禮，有尊賢尚齒之法，則知王者教化之道，其事甚易，以尊賢、尚齒爲教化之本故也。不直云‘易’，而云‘易易’者，取其簡易之義，故重言‘易易’，猶若《尚書》‘王道蕩蕩’、‘王道平平’，皆重言，取其語順故也。”
⑤《書序》：“周公作《無逸》。”
⑥《論語·顏淵》。何晏集解：“孔曰：‘訒，難也。’”
⑦《論語·顏淵》。

行也。①

　　○“時人丕則有愆”，人，在位之人。與下“人乃訓之”、“人乃或譸張爲幻”，兩“人”字同意。

　　○“此厥不聽，人乃訓之，乃變亂先王之正刑”，此斥殷王受也，同下。②兩“亂”字，即上所謂“迷亂”也。

　　○“不永念厥辟”，辟，偏也。即“辟則爲天下僇矣”③之“辟”。

君奭

　　○“若天棐忱”，若，順也。

　　○“二人”，文王、武王。

多方

　　○東征之三年，討奄君而歸，四國之事定矣。④

　　○“天惟五年須暇之”，武庚之立五年而武王崩，乃叛，三

---

①本段闡説亦見莊存與《四書説》。
②《無逸篇》下文尚有一“亂”字，即“此厥不聽，人乃或譸張爲幻，曰：‘小人怨汝詈汝。’則信之。則若時，不永念厥辟，不寬綽厥心，亂罰無罪，殺無辜。怨有同，是叢于厥身。”
③《大學》。朱熹章句：“辟，偏也。”
④孔傳及蔡傳以爲成王即政之明年，商奄又叛，成王征滅之，作《多方》。並以“四國”爲“四方之國”。莊存與以爲：“武王既喪，周公居東，商奄叛，三年之喪畢而風雷告變，成王迎周公，公於是相成王東征，黜殷，伐管、蔡，東伐淮夷，遂踐奄而遷其君，皆成王主之而周公相之。凡三年而天下畢定矣。”（《尚書既見》卷二）。即以三年喪畢方東征，且東征耗時三年，並以“四國”爲《破斧》“周公東征，四國是皇”毛傳所言之“管、蔡、商、奄也。”

年而誅之。

　　○“多方”，乃青、兗、冀三州之諸侯也。習于紂之俗，故罔堪顧天之命。[1]

　　○“五祀”[2]，即須暇之五年也。

　　○什一取民，所謂“臬”也。[3]

　　○“自作不和，爾惟和哉！爾室不睦，爾惟和哉！”鄉遂[4]、公邑[5]之政教禁令也，以和爲上。

　　○“凶德”，八刑也。[6]

　　○閲乃邑謀助[7]，“興賢使長，興能使治”[8]之謂也，故下曰“迪簡在王廷”。

---

①《書·多方》：“天惟求爾多方，大動以威，開厥顧天。惟爾多方，罔堪顧之。”
②《書·多方》：“王曰：‘嗚呼！猷告爾有方多士，暨殷多士。今爾奔走臣我監五祀。”
③《書·多方》：“越惟有胥伯小大多正，爾罔不克臬。”
④鄉遂，周制王畿郊内置六鄉，郊外置六遂。《周禮·地官·鄉老》鄭玄注引鄭司農曰：“百里内爲六鄉，外爲六遂。”
⑤公邑，六遂以外國君的直轄地。《周禮·地官·載師》：“以公邑之田任甸地。”鄭玄注：“公邑，謂六遂餘地，天子使大夫治之。自此以外皆然。”
⑥《周禮·地官·大司徒》：“以鄉八刑糾萬民：一曰不孝之刑，二曰不睦之刑，三曰不婣之刑，四曰不弟之刑，五曰不任之刑，六曰不恤之刑，七曰造言之刑，八曰亂民之刑。”
⑦《書·多方》：“克閲于乃邑謀介。”蔡沈集傳：“能簡閲爾邑之賢者，以謀其助，則民之頑者，且革而化矣。”
⑧《周禮·地官·鄉大夫》：“使民興賢，出使長之；使民興能，入使治之。”

立政①

〇“常伯”②，三公也，爲五官之長，《曲禮記》所謂“是職方”③，《王制》曰爲“二伯”④者也。董生以爲“聖人之選”⑤，天子所受教也。《書》曰“王置諸其左右”⑥，名曰帝臣，斯“用上敬下”⑦之義。德替之則不競矣。⑧舜左禹右皋陶，湯左仲虺右伊尹，成王之時左周公右召公也。自三孤⑨、六卿、大夫、元士⑩，則常任、準人之職，而君子、善人、正直之選也。夫子目其士曰“有恒”⑪，董生則謂之“正直”。《立政》曰“庶常吉士”⑫，《皋陶謨》曰“彰厥有常，吉哉！”⑬不正不直，難乎有

①本節亦見莊存與《四書説》。
②《書·立政》：“王左右常伯、常任、準人、綴衣、虎賁。”孔穎達正義：“常所長事，謂三公也；常所委任，謂六卿也；平法之人，謂獄官也；綴衣之人，謂掌衣服者也；虎賁，以武力事王者。”
③《禮記·曲禮下》：“五官之長曰伯，是職方。”鄭玄注：“謂爲三公者。《周禮》：‘九命作伯。’職，主也，是伯分主東西者。”
④《禮記·王制》：“八伯各以其屬，屬於天子之老二人，分天下以爲左右，曰二伯。”
⑤《春秋繁露·官制象天》：“是故三公之位，聖人之選也；三卿之位，君子之選也；三大夫之位，善人之選也；三士之位，正直之選也。”
⑥《書·説命上》：“〔傅〕説築傅巖之野，惟肖。爰立作相。王置諸其左右。”
⑦《孟子·萬章下》：“用下敬上，謂之貴貴；用上敬下，謂之尊賢。貴貴、尊賢，其義一也。”
⑧替，衰微，衰落。競，强。《漢書·叙傳下》：“上替下陵，姦軌不勝，猛政横作，刑罰用興。”《左傳·成公九年》：“德則不競，尋盟何爲？”杜預集解：“競，强也。”
⑨《書·周官》：“少師、少傅、少保曰三孤。”
⑩《禮記·王制》：“天子三公、九卿、二十七大夫、八十一元士。”
⑪《論語·述而》：“子曰：‘善人吾不得而見之矣；得見有恒者，斯可矣。亡而爲有，虚而爲盈，約而爲泰，難乎有恒矣。’”
⑫孔安國傳：“掌常事之善士。”蔡沈集傳：“庶，衆也。”
⑬孔安國傳：“彰，明。吉，善也。明九德之常，以擇人而官之，則政之善。”

恒，此之謂憸人矣。①

　　“準人”，法度之臣也。法度之器有六焉②，名之曰準人，準之謂平也，無低昂，權乃天子所執也。冢宰持衡以奉天子之平而平邦國，必以準人守之，亦曰經常而已矣，不敢自詭於權，以出入法度之内外。義禮科指，世世通行③，惟三代有之，而豈曰一家之事、一切之法乎？

　　惟牧不在王之左右，故不言牧也。“常伯、常任、準人”，在王所之貴且尊者。“綴衣”，天官之屬④；“虎賁”，夏官之屬⑤；在王所之卑者，亦左右之人也，故必言之矣。常任曰“宅乃事”⑥，天地、四時之事，皆條貫而立之矣。牧曰“宅乃牧”，九州共貫，“在彼無惡，在此無射”⑦也。準人曰“宅乃準”，此法家拂士⑧，所以俾百官有司奉職循理有常憲者。克知三宅之人而

---

① 《書·立政》：“繼自今立政，其勿以憸人，其惟吉士，用勱相我國家。”孔安國傳：“立政之臣，惟其吉士，用勉治我國家。”
② 謂權、衡、規、矩、繩、準。《漢書·律曆志上》：“權與物鈞而生衡，衡運生規，規圜生矩，矩方生繩，繩直生準，準正則平衡而鈞權矣。是爲五則。規者，所以規圜器械，令得其類也。矩者，所以矩方器械，令不失其形也。規矩相須，陰陽位序，圜方乃成。準者，所以揆平取正也。繩者，上下端直，經緯四通也。準繩連體，衡權合德，百工繇焉，以定法式，輔弼執玉，以冀天子。”
③ 語出《漢書·王吉傳》：“今俗吏所以牧民者，非有禮義科指可世世通行者也，獨設刑法以守之。”
④ 《周禮》六官，天官掌邦治。《周禮·天官·小宰》：“一曰天官，其屬六十掌邦治，大事則從其長，小事則專達。”
⑤ 《周禮》六官，夏官掌軍政。《周禮·天官·小宰》：“四曰夏官，其屬六十掌邦政。大事則從其長，小事則專達。”
⑥ 《書·立政》：“宅乃事，宅乃牧，宅乃準，茲惟后矣。”孔安國傳：“宅，居也。居汝事，六卿掌事者。牧，牧民，九州之伯。居内外之官及平法者皆得其人，則此惟君矣。”
⑦ 《詩·周頌·振鷺》：“在彼無惡，在此無斁。”斁，《中庸》引作“射”。鄭箋：“在彼，謂居其國無怨惡之者；在此，謂其來朝，人皆愛敬之，無厭之者。斁音亦，厭也。”
⑧ 《孟子·告子下》：“入則無法家拂士，出則無敵國外患者，國恒亡。”趙岐注：“入謂國内也無法度大臣之家、輔弼之士。”

宅之,于是乎九德咸事①,奄有四海,爲天下君矣。②

　　"有室大競"③,《詩》所謂"執競"④也。"籲俊尊上帝",
以聖人爲腹心之臣也。《大有》尚賢⑤,而《大畜》次之⑥,《易》
之命也。⑦"告教厥后","迪惟有夏",皋陶實當之,且有戒辭
焉。"用丕訓德"⑧,所以戒也。曰"無教逸欲,有邦"⑨,《謨》
之以"無義民"爲戒也。名曰其位,實則曠官⑩,"三宅"且曠,
況"庶官"哉! 夫以人之難知,乃惟曰"謀面"而已,不慎用六

---

①語出《書·皋陶謨》:"翕受敷施,九德咸事,俊乂在官。"孔安國傳:
　　"使九德之人皆用事。"
②語出《書·皋陶謨》:"皇天眷命,奄有四海,爲天下君。"孔安國傳:
　　"眷,視。奄,同也。言堯有此德,故爲天所命,所以勉舜也。"
③《書·立政》:"古之人迪惟有夏,乃有室大競,籲俊尊上帝,迪知忱
　　恂于九德之行。乃敢告教厥后曰:'拜手稽首后矣!'曰:'宅乃事,宅
　　乃牧,宅乃準,兹惟后矣。謀面,用丕訓德,則乃宅人,兹乃三宅無義
　　民。'"孔安國傳:"古之人道惟有夏禹之時,乃有卿大夫室家大強,
　　猶乃招呼賢俊,與共尊事上天。禹之臣蹈知誠信於九德之行,謂賢智
　　大臣。九德,皋陶所謀。知九德之臣乃敢告教其君以立政。君矣,亦猶
　　王矣。宅,居也,居汝事,六卿掌事者。牧,牧民,九州之伯。居内外之
　　官及平法者皆得其人,則此惟君矣。謀所面見之事,無疑則能用大順
　　德,乃能居賢人於衆官。若此則乃能一居無義民。大罪宥之四裔,次
　　九州之外,次中國之外。"
④《詩·周頌·執競》:"執競武王,無競維烈。"鄭箋:"競,強也。能持
　　強道者,維有武王耳。不強乎其克商之功業,言其強也。"
⑤《易·大有》:"上九,自天祐之,吉無不利。"《易·繫辭上》:"易曰:
　　'自天祐之,吉无不利。'子曰:祐者,助也。天之所助者,順也;人
　　之所助者,信也。履信思乎順,又以尚賢也。是以'自天祐之,吉无不
　　利'也。"
⑥《易·大畜》:"彖曰:大畜,剛健篤實,輝光日新其德。剛上而尚賢,
　　能止健,大正也。"王弼注:"謂上九也。處上而大通,剛來而不距,
　　尚賢之謂也。健莫過乾,而能止之,非夫大正,未之能也。"
⑦易,原作"晟",據莊存與《四書説》改。
⑧丕,原作"不",據《立政》篇原文改。
⑨《書·皋陶謨》:"無教逸欲,有邦。"孔安國傳:"不爲逸豫貪欲之
　　教,是有國者之常。"
⑩《書·皋陶謨》:"無曠庶官,天工人其代之。"孔安國傳:"曠,空也。
　　位非其人爲空官。言人代天理官,不可以天官私非其才。"

徵①，則非“載采采”之《謨》矣。②能行是《謨》者，猶在《文
王官人》之書。

　　“陟丕釐上帝之耿命”③，固謂湯以七十里之侯國而表正
萬邦，奉若天命矣。自諸侯而陟天子也，克序賢德之小大而立
之，此“丕釐”“耿命”之實政也。“嚴惟丕式”④，師伊尹也。
同心以靡好爵⑤，然乃“克用三宅、三俊”，“商邑”、“四方”，胥
統之矣。“克左右厥辟宅師”⑥，必“格于皇天”⑦，乃其人也。

　　何謂“羞刑”？⑧“盜言孔甘，亂是用餤”⑨，有日進不衰
者焉。何謂“暴德”？戕賊其良心，有旦旦伐之者焉。⑩王者務
去罰，乃“羞”而進之；王者務崇德，乃“暴”而伐之。逆天孰甚

①《大戴禮記·文王官人》：“王曰：‘太師，慎維深思，内觀民務，察度
　情僞，變官民能，歷其才藝，女維敬哉！女何慎乎非倫，倫有七屬，屬
　有九用，用有六徵：一曰觀誠，二曰考志，三曰視中，四曰觀色，五曰
　觀隱，六曰揆德。’”
②《書·皋陶謨》：“皋陶曰：‘都！亦行有九德，亦言其人有德，乃言曰：
　載采采。’”孔安國傳：“載，行。采，事也。稱其人有德，必言其所行
　某事某事以爲驗。”
③《書·立政》。孔安國傳：“亦於成湯之道得升，大賜上天之光命，王
　天下。”孔穎達正義：“‘成湯之道得升’，謂從下而升於天，故天賜之
　以光命，使之得王天下爲天子也。釐，賜；耿，光；皆《釋詁》文。”
④《書·立政》：“嚴惟丕式，克用三宅三俊。其在商邑，用協于厥邑；其
　在四方，用丕式見德。”孔安國傳：“言湯所以能嚴威，惟可大法象者，
　以能用三居三德之法。湯在商邑，用三宅三俊之道和其邑。其在四
　方，用是大法見其聖德。言遠近化。”
⑤語出《易·中孚》：“我有好爵，吾與爾靡之。”孔穎達正義：“靡，散
　也。”“若我有好爵，吾願與爾賢者分散而共之，故曰‘我有好爵，吾與
　爾靡之。’”
⑥僞《書·太甲上》。孔安國傳：“伊尹言能助其君居業天下之衆。”
⑦《書·君奭》：“我聞在昔，成湯既受命，時則有若伊尹，格于皇天。”
　孔安國傳：“尹摯佐湯，功至大天。謂致太平。”
⑧《書·立政》：“嗚呼！其在受德暋，惟羞刑暴德之人，同于厥邦。”孔
　安國傳：“受德，紂字。帝乙愛焉，爲作善字，而反大惡自强，惟進用刑
　與暴德之人，同于其國，並爲威虐。”
⑨《詩·小雅·巧言》。朱熹集傳：“盜，指讒人也。餤，進。”“讒言之
　美，如食之甘，使人嗜之而不厭，則亂是用進矣。”
⑩《孟子·告子上》：“雖存乎人者，豈無仁義之心哉？其所以放其良心
　者，亦猶斧斤之於木也，旦旦而伐之，可以爲美乎？”

焉！紂以是爲彊，文王所以日昃不暇食也。①

　行人之官，使于四方；將帥之臣，守衛中國。此“表臣”也。②當事則各爲之，有司反命則已，故曰“表臣百司”。《卷耳》官人，周行備焉③，而言使臣者，三章矣。④《鹿鳴》之三，三致意焉。⑤《春秋》文約，必著“行人”。⑥《采薇》以下，文王之將帥也。⑦表臣得其人，天子斯以方行天下。⑧變《小雅》之使臣、將帥，畏咎⑨、構禍⑩、罪罟⑪、譴怒⑫並作，而恒安息

---

① 《書·無逸》：“〔文王〕自朝至于日中昃，不遑暇食，用咸和萬民。”
② 《書·立政》：“大都、小伯、藝人、表臣百司、太史、尹伯、庶常吉士。”蔡沈集傳引吕祖謙曰：表臣百司，“表，對裏之辭。上文‘百司’，蓋内百司，若内府内司服之屬，所謂裏臣也。此‘百司’，蓋外百司，若外府外司服之屬，所謂表臣也。”
③ 《左傳·襄公十五年》：“官人，國之急也。能官人，則民無覦心。《詩》云：‘嗟我懷人，寘彼周行。’能官人也，王及公、侯、伯、子、男、甸、采、衛大夫，各居其列，所謂周行也。”所引《詩》出自《周南·卷耳》，毛傳：“懷，思。寘，置。行，列也。思君子官賢人，置周之列位。”
④ 《詩·周南·卷耳》後三章分別以“陟彼崔嵬，我馬虺隤”、“陟彼高岡，我馬玄黄”、“陟彼砠矣，我馬瘏矣”起首，鄭箋：“我，我使臣也。臣以兵役之事行出，離其列位，身勤勞於山險，而馬又病，君子宜知其然。”
⑤ 指《詩·小雅》“鹿鳴之什”的前三篇，小序分別稱：“《鹿鳴》，燕群臣嘉賓也。既飲食之，又實幣帛筐篚，以將其厚意，然後忠臣嘉賓，得盡其心矣。”“《四牡》，勞使臣之來也。有功而見知則説矣。”“《皇皇者華》，君遣使臣也。送之以禮樂，言遠而有光華也。”
⑥ 如《春秋》襄十一年“楚人執鄭行人良霄”，襄十八年“晉人執衛行人石買”，昭二十三年“晉人執我行人叔孫舍”之屬是也。
⑦ 《詩·小雅·采薇》小序：“《采薇》，遣戍役也。文王之時，西有昆夷之患，北有玁狁之難。以天子之命，命將率、遣戍役，以守衛中國，故歌《采薇》以遣之，《出車》以勞還，《杕杜》以勤歸也。”
⑧ 語出《書·立政》：“方行天下，至于海表，罔有不服。”孔安國傳：“方，四方。海表，蠻夷戎狄，無不服化者。”
⑨ 《詩·小雅·北山》：“或湛樂飲酒，或慘慘畏咎。”小序：“《北山》，大夫刺幽王也。役使不均，己勞於從事，而不得養其父母焉。”
⑩ 《詩·小雅·四月》：“我日構禍，曷云能穀。”小序：“《四月》，大夫刺幽王也。在位貪殘，下國構禍，怨亂並興焉。”
⑪ 《詩·小雅·小明》：“豈不懷歸，畏此罪罟。”小序：“《小明》，大夫悔仕於亂世也。”鄭箋：“名篇曰小明者，言幽王日小其明，損其政事，以至於亂。”
⑫ 《詩·小雅·小明》：“豈不懷歸，畏此譴怒。”

者,惟與不正不直相表裹,于是乎周室大壞。及周之東,《君子
于役》乃思表臣之危難,以風于王。[1]雖曰四方之政不行,而其
居者能念行者,此之謂"思而不懼"[2],"五序得其道而千餘歲
不絕"[3]也。後之説《春秋》者,以桀、紂罪人之事,爲撥亂反
正之聖法[4],救之所爲乃禍之所起,與羞刑、暴德同科,豈不
哀哉! 董生曰:"《春秋》,禮義之大宗也。"[5]宋之諸賢有曰:
"《春秋》,聖人之刑書也。"[6]豈第碔砆[7]比美玉而已乎! 鴆日
之與靈通也。[8]

　　"有司之牧夫"[9],監一國之冢君也,王者之事,訓諸侯而
已。何以訓之? 教以"用違"卿大夫之道而已:用必吉士,違必

---

①《詩·王風·君子于役》小序:"《君子于役》,刺平王也。君子行役無
　期度,大夫思其危難以風焉。"
②《左傳·襄公二十九年》:吳公子札來聘,請觀於周樂,"爲之歌
　《王》,曰:'美哉! 思而不懼,其周之東乎?'"杜預集解:"宗周隕
　滅,故憂思。猶有先王之遺風,故不懼。"
③千,原作"十"。《史記·秦始皇本紀》引賈誼《過秦論》:"故秦之盛
　也,繁法嚴刑而天下振;及其衰也,百姓怨望而海内畔矣。故周五序
　得其道,而千餘歲不絕。秦本末並失,故不長久。"今據改。
④語出《公羊傳·哀公十四年》:"君子曷爲爲《春秋》? 撥亂世,反諸
　正,莫近諸《春秋》。"
⑤《史記·太史公自序》:"太史公曰:'余聞董生曰……故《春秋》者,
　禮義之大宗也。'"
⑥如邵雍《皇極經世書·觀物外篇下之下》:"《春秋》者,孔子之刑書
　也。功過不相掩,聖人先褒其功,後貶其罪,故罪人有功者亦必録
　之,不可不恕也。"
⑦碔砆,似玉之石。司馬相如《子虛賦》:"碝石碔砆。"李善注引張揖
　曰:"碝石、碔砆,皆石之次玉者。"
⑧鴆日(讀作yùn),即運日,鴆之別名,羽毒可殺人。靈通,甘草之別
　名,爲衆藥之主,能解諸毒。本句意謂將毒藥當作了救命草。方以
　智《通雅》卷四十五:"鴆日,即運日,鴆也。"《爾雅翼·釋鳥四》:
　"鴆,毒鳥也。似鷹,大如鴞,毛紫黑色,長頸赤喙,雄名運日,雌名陰
　諧。"《本草綱目·草一·甘草》:甘草,別名靈通,"甄權曰:'諸藥中
　甘草爲君,治七十二種乳石毒,解一千二百般草木毒,調和衆藥有功,
　故有國老之號。'"
⑨《書·立政》:"文王罔攸兼于庶言、庶獄、庶慎,惟有司之牧夫,是訓
　用違。"孔安國傳:"文王無所兼知於毀譽衆言,及衆刑獄,衆當所慎
　之事,惟慎擇有司牧夫而已。勞於求才,逸於任賢。"

憸人。①"俊傑在位則有慶"，"掊克在位則有讓"。②貢士三適，謂之有功；三不適，絀爵削地畢矣。③此所以研諸侯之慮而定其吉凶也。④湯曰"耿命"⑤，文王曰"耿光"，武王曰"大烈"⑥，"無競惟烈"⑦也。秉心無競⑧，而惟"庶言、庶獄、庶慎"之"攸兼"，則叢脞⑨之累必也。"牧夫"以"有司"言之，言諸侯不得相司也。一民二君⑩，漢魏以後之重官也。⑪古者

①《書·立政》："繼自今立政，其勿以憸人，其惟吉士，用勱相我國家。"
②《孟子·告子下》。趙岐注："慶，賞也。""掊克不良之人在位，則責讓之。"掊克，聚斂，搜括。一說，自大而好勝之人。《詩·大雅·蕩》："曾是彊禦，曾是掊克。"毛傳："掊克，自伐而好勝人也。"朱熹集傳："掊克，聚斂之臣也。"
③《後漢書·左周黃列傳論》注引《尚書大傳》："古者諸侯之於天子，三年一貢士。一適謂之好德，再適謂之賢賢，三適謂之有功。有功者，天子賜以車服弓矢，號曰命。諸侯有不貢士謂之不率正，一不適謂之過，再不適謂之傲，三不適謂之誣。誣者，天子絀之，一絀以爵，再絀以地，三絀而爵地畢也。"
④《易·繫辭下》："能說諸心，能研諸侯之慮，定天下之吉凶，成天下之亹亹者。"孔穎達正義："研，精也。""謂諸侯以此易之道，思慮諸物，轉益精粹，故云'研諸侯之慮'也。"
⑤《書·立政》："亦越成湯，陟丕釐上帝之耿命。"蔡沈集傳："耿，光也。"
⑥《書·立政》："以覲文王之耿光，以揚武王之大烈。"蔡沈集傳："覲，見也。耿，光德也。大烈，業也。於文王稱德，於武王稱業，各於其盛者稱之。"
⑦《詩·周頌·無競》："執競武王，無競維烈。"毛傳："無競，競也。烈，業也。"鄭箋："競，強也。能持強道者，維有武王耳。不強乎其克商之功業，言其強也。"《詩·周頌·武》："於皇武王，無競維烈。"
⑧《詩·大雅·桑柔》："君子實維，秉心無競。"毛傳："競，強。"鄭箋："君子，謂諸侯及卿大夫也。其執心不強於善，而好以力爭。"
⑨《書·益稷》："又歌曰：'元首叢脞哉，股肱惰哉，萬事墮哉。'"孔安國傳："叢脞，細碎無大略。"
⑩語出《易·繫辭下》："陽，一君而二民，君子之道也；陰，二君而一民，小人之道也。"
⑪重官，指職守重疊而冗餘之官。

牧正、師長不得與[1]，各監一國，冡君之事，則无魚起凶之禍息。[2]子産不忍以鄭爲晉之縣鄙[3]，蕞爾若薛，宰以"絶我小國于周"爲宋人罪。[4]斯古人以"虞芮質厥成"[5]爲文王受天命之實事，非無據也。"昆夷駾矣，維其喙矣"[6]，文王爲西伯也。"虞芮質厥成，文王蹶厥生"，文王受命也。伐密、伐崇皆稱

---

[1]牧正、師長，謂諸侯之長。《周禮·地官·大司徒》鄭玄注："凡諸侯爲牧正、帥長及有德者，乃有附庸。"賈公彦疏："'凡諸侯爲牧正、帥長及有德者，乃有附庸'者，案《王制》云：'五國以爲屬，屬有長；十國以爲連，連有帥；三十國以爲卒，卒有正；二百一十國爲州，州有伯。'伯即牧也，此牧正、帥長皆是有功諸侯，乃得爲之。"莊存與之意，當以鄭注之"帥長"即"師長"之訛，其依據當爲《書·盤庚下》有"邦伯、師長、百執事之人"之文。

[2]《易·姤》："九四：包无魚，起凶。《象》曰：无魚之凶，遠民也。"

[3]《左傳·昭公十九年》："是歲也，鄭駟偃卒。子游娶於晉大夫，生絲，弱，其父兄立子瑕。子産憎其爲人也，且以爲不順，弗許，亦弗止。駟氏聳。他日，絲以告其舅。冬，晉人使以幣如鄭，問駟乞[即子瑕]之立故。駟氏懼，駟乞欲逃。子産弗遣。請龜以卜，亦弗予。大夫謀對。子産不待而對客曰：'鄭國不天，寡君之二三臣，札瘥夭昏。今又喪我先大夫偃，其子幼弱，其一二父兄，懼隊宗主，私族於謀而立長親。寡君與其二三老曰："抑天實剝亂是，吾何知焉？"諺曰："無過亂門。"民有亂兵，猶憚過之，而況敢知天之所亂？今大夫將問其故，抑寡君實不敢知，其誰實知之？平丘之會，君尋舊盟曰："無或失職。"若寡君之二三臣，其即世者，晉大夫而專制其位，是晉之縣鄙也，何國之爲？'辭客幣而報其使。晉人舍之。"

[4]《左傳·定公元年》："薛宰曰：'宋爲無道，絶我小國於周。'"

[5]《詩·大雅·緜》："虞芮質厥成，文王蹶厥生。"毛傳："質，成也。成，平也。蹶，動也。虞、芮之君，相與爭田，久而不平，乃相謂曰：'西伯，仁人也，盍往質焉？'乃相與朝周。入其竟，則耕者讓畔，行者讓路。入其邑，男女異路，班白不提挈。入其朝，士讓爲大夫，大夫讓爲卿。二國之君，感而相謂曰：'我等小人，不可以履君子之庭。'乃相讓，以其所爭田爲間田而退。天下聞之，而歸者四十餘國。"

[6]《詩·大雅·緜》："混夷駾矣，維其喙矣。"毛傳："駾，突。喙，困也。"鄭箋："混夷，夷狄國也。見文王之使者將士衆過己國，則惶怖驚走，奔突入此柞棫之中而逃，甚困劇也。是之謂一年伐混夷。太王辟狄，文王伐混夷，成道興國，其志一也。"

王①，而奉天命以將之，且曰“帝謂文王”②，豈矯誣上天布命
於下所可同世立哉！

補二條③

　　〇左右二伯是謂“常伯”，六卿謂之“常任”，法家拂士、保
傅之官謂之“準人”，乃“三宅”也。未授以官，先定其論，乃“三
俊”也。本諸王之左右，言伯不及牧，以五官之長而“告教厥
后”，則“宅乃事”，内也；“宅乃牧”，外也；“宅乃準”，内外皆
準于斯，“兹惟后矣”。惟常伯特教告之耳，不敢以爲己之職，故
曰：“我有好爵，吾與爾靡之。”④“任人”，常任。先“準夫”而
後“牧”，文王即事之次也。⑤“立兹常事”，治内也，“司牧”，
治外也。“以受方國”⑥，則立之者非文王而誰也。“是訓用
違”，準人其助之者乎？孺子王則先準人後牧夫⑦，法家拂士爲
要官，“惟正是乂之”⑧，非準則曷以正不正哉！重申三王之治，
則歸其重于準人。而後之準人者，“憸人”之所憚也。雖然，非刻
薄之士，乃“吉士”也。⑨

①《詩·大雅·皇矣》：“密人不恭，敢距大邦，侵阮徂共。王赫斯怒，爰
　整其旅，以按徂旅。……以伐崇墉。”
②《皇矣》之詩三次出現“帝謂文王”，鄭箋謂“天語文王”。
③所補部分，皆爲莊存與對《書·立政》篇之疏釋。
④《易·中孚》九二。孔穎達正義：“若我有好爵，吾願與爾賢者分散而
　共之，故曰‘我有好爵，吾與爾靡之。’”
⑤《書·立政》：“立政：任人、準夫、牧，作三事。”蔡沈集傳：“任人，常
　任也。”
⑥《詩·大雅·大明》：“維此文王，小心翼翼。昭事上帝，聿懷多福。厥德
　不回，以受方國。”毛傳：“回，違也。”鄭箋：“方國，四方來附者。”
⑦《書·立政》：“嗚呼！孺子王矣，繼自今我其立政立事，準人、牧夫，
　我其克灼知厥若，丕乃俾亂。”
⑧《書·立政》：“繼自今文子文孫，其勿誤于庶獄、庶慎，惟正是乂
　之。”孔安國傳：“惟以正是之道治衆獄、衆慎。”
⑨《書·立政》：“繼自今立政，其勿以憸人，其惟吉士，用勱相我國家。”

○“徽言”[①]，“庶言”之長也。[②]“大史”[③]，内史，實掌庶言。[④]司寇之官職獄，大宰之屬職“庶慎”。于“庶獄”再三言之，此天下之大命，而詰戎兵之至要術也。[⑤]獄“必以情”，魯莊公乃“可以一戰”。[⑥]“罰二十以上，皆親覽焉”[⑦]，諸葛武侯戎車歲駕，而有召公甘棠之愛。[⑧]故曰：“一夫吁嗟，王道爲虧”[⑨]矣！安能“勞而不怨”乎哉！

吕刑

○“輸而孚”，解散曰“輸”。

---

①《書·立政》：“嗚呼！予旦已受人之徽言，咸告孺子王矣。”孔安國傳：徽言，“美言”。

②《書·立政》：“文王罔攸兼于庶言、庶獄、庶慎，惟有司之牧夫是訓用違。”蔡沈集傳：“庶言，號令也。庶獄，獄訟也。庶慎，國之禁戒儲備也。”

③《書·立政》：“周公若曰：‘太史！司寇蘇公式敬爾由獄，以長我王國。’”

④《周禮·春官·内史》：“〔内史〕執國灋及國令之貳，以攷政事，以逆會計。”

⑤《書·立政》：“今文子文孫，孺子王矣。其勿誤于庶獄，惟有司之牧夫。其克詰爾戎兵，以陟禹之迹。”蔡沈集傳：“詰，治也。治爾戎服兵器也。”

⑥《左傳·莊公十年》：“春，齊師伐我。公將戰，曹劌請見，……問：‘何以戰？’……公曰：‘小大之獄，雖不能察，必以情。’對曰：‘忠之屬也，可以一戰。戰則請從。’”

⑦《三國志·魏書·明帝紀》裴松之注引《魏氏春秋》：“宣王〔司馬懿〕見亮使，唯問其寢食及其事之煩簡，不問戎事。使對曰：‘諸葛公夙興夜寐，罰二十已上，皆親覽焉；所啖食不過數升。’宣王曰：‘亮體斃矣，其能久乎？’”

⑧《三國志·蜀書·諸葛亮傳》：“青龍二年春，亮帥衆出武功，分兵屯田，爲久駐之基。其秋病卒，黎庶追思，以爲口實。至今梁、益之民，咨述亮者，言猶在耳。雖《甘棠》之詠召公，鄭人之歌子產，無以遠譬也。孟軻有云：‘以逸道使民，雖勞不怨；以生道殺人，雖死不忿。’信矣！”

⑨語出《後漢書·魯恭傳》。

序

○ “吕命穆王，訓夏贖刑。作《吕刑》。”此申吕之專，可以戒矣。其書亦可以爲司刑者之戒。

○ “東郊不開，作《費誓》。”魯東郊也。

毛詩説箋

毛詩説卷一

國風周南

關雎①

〇“君子之德”，天德也。“説”而“樂”之，順以承天也。②后妃敬事君子，惠及嬪婦，以聽内治，以章婦順③，“無不和諧”，《傳》謂此也。“淫”，過也。“不淫其色”，絶未萌之欲也。“慎”，守之嚴也；“固”，守之密也；莊敬和樂無間可入也。“幽”，含其美也；“深”，宏其中也；美在其中，黄裳之德也。④可得而見者，“若關雎之有別”也。

〇《易》曰：“貫魚以宫人寵，無不利。”⑤賢相治外，多士

---

① 小序：“《關雎》，后妃之德也，風之始也，所以風天下而正夫婦也。故用之鄉人焉，用之邦國焉。”
② 《詩·周南·關雎》：“關關雎鳩，在河之洲。”毛傳：“后妃説樂君子之德，無不和諧。又不淫其色，慎固幽深，若關雎之有別焉，然後可以風化天下。”
③ 《禮記·昏義》：“古者天子后立六宫、三夫人、九嬪、二十七世婦、八十一御妻，以聽天下之内治，以明章婦順，故天下内和而家理。”
④ 《易·坤》：“六五：黄裳元吉。”王弼注：“以柔順之德，處於盛位，任夫文理者也。”《文言》曰：“君子黄中通理，正位居體，美在其中，而暢於四支，發於事業，美之至也。”孔穎達正義：“此一節明六五爻辭也。‘黄中通理’者，以黄居中，兼四方之色，奉承臣職，是通曉物理也。‘正位居體’者，居中得正，是‘正位’也；處上體之中，是‘居體’也。黄中通理是‘美在其中’。”
⑤ 《易·剝·六五》。王弼注：“若能施寵小人於宫人而已，不害於正，則所寵雖衆，終無尤也。‘貫魚’謂此衆陰也，駢頭相次，似‘貫魚’也。”

升朝；賢妃治内，微妾進御。非以示恩也，以求助也①；非以啓寵也，以共職也。士不惟其能，惟其德；女不惟其色，惟其賢。所以修潔百物，協和神人也。“參差荇菜，左右流之”，内職修也②；“窈窕淑女”，本之於后妃，言取人以身也③；“寤寐求之”，心志專而神明生也；“求之不得”，如將失之也；“寤寐思服”，無時自釋也；“悠哉悠哉”，不知其長也；“輾轉反側”，不知其勞也。

葛覃④

○其德盛則其辭備，其義莊則文而有體。“禮義之始，在於正容體、齊顔色、順辭令。”⑤三始者，男子之教也。婦德、婦言、婦容、婦功四教者⑥，女子之義也。葛之覃，美其容⑦；鳴之和，美其言⑧；長言之，備其辭也；言不質，文而有體也。

---

①求助，指求内助。《禮記·祭統》：“國君取夫人之辭曰：‘請君之玉女，與寡人共有敝邑，事宗廟社稷。’此求助之本也。”
②毛傳：“荇，接餘也。流，求也。后妃有關雎之德，乃能共荇菜、備庶物，以事宗廟也。”鄭箋：“左右，助也。言后妃將共荇菜之菹，必有助而求之者。言三夫人、九嬪以下，皆樂后妃之事。”
③語出《中庸》：“爲政在人，取人以身，修身以道，修道以仁。”鄭玄注：“取人以身，言明君乃能得人。”
④小序：“《葛覃》，后妃之本也。后妃在父母家，則志在於女功之事。躬儉節用，服澣濯之衣，尊敬師傅，則可以歸安父母，化天下以婦道也。”
⑤《禮記·冠義》。鄭玄注：“言人爲禮，以此三者爲始。”
⑥《周禮·天官·九嬪》：“九嬪掌婦學之灋，以教九御婦德、婦言、婦容、婦功，各帥其屬，而以時御叙于王所。”鄭玄注：“婦德謂貞順，婦言謂辭令，婦容謂婉娩，婦功謂絲枲。”
⑦《詩·周南·葛覃》：“葛之覃兮，施于中谷，維葉萋萋。”毛傳：“覃，延也。葛所以爲絺綌，女功之事煩辱者。施，移也。中谷，谷中也。萋萋，茂盛貌。”鄭箋：“葛者，婦人之所有事也，此因葛之性以興焉。興者，葛延蔓於谷中，喻女在父母之家，形體浸浸日長大也。葉萋萋然，喻其容色美盛。”
⑧《詩·周南·葛覃》：“黄鳥于飛，集于灌木，其鳴喈喈。”毛傳：“喈喈，和聲之遠聞也。”

〇"在父母家"，親葛，正也。后妃親葛，非正也。昔公儀子相魯，蓋卿也，之其家見織帛，怒而出其妻，以爲食祿之家，不與民爭業，君子善之。①親葛得無譏乎？儉，美德也，未若合禮之爲愈也。將以教天下、示萬世，而不由禮，其孰從而法之！魏詩曰："彼其之子，美無度。美無度，殊異乎公路。"②言儉之不中禮也。魏人刺之以懲過，周人美之以立教，是使聖化不如陋俗也。"服之無斁"，言婦功也。③

〇已習矣，復教之，慎之也。雖有美質，成于師傅。④"污"之"澣"之，儉也，又自潔也。⑤以燕以禮，用心一，又有節也。有所"澣"，有所"否"，宜也，不違物也。⑥"歸寧父母"，盡婦道以安父母也。婦道成則父母安矣，不忘孝仁也，不忘道義也，一心而二善至焉。《春秋》之義，"雖爲天王后，猶曰吾季

①《漢書·董仲舒傳》："公儀子相魯，之其家見織帛，怒而出其妻，食於舍而茹葵，愠而拔其葵，曰：'吾已食祿，又奪園夫紅女利虖！'古之賢人君子在列位者皆如是。是故下高其行而從其教，民化其廉而不貪鄙。"

②《詩·魏風·汾沮洳》。朱熹集傳："無度，言不可以尺寸量也。公路者，掌公之路車，晉以卿大夫之庶子爲之。此亦刺儉不中禮之詩。言若此人者，美則美矣，然其儉嗇褊急之態，殊不似貴人也。"

③《詩·周南·葛覃》："是刈是濩，爲絺爲綌，服之無斁。"毛傳："濩，煮之也。精曰絺，粗曰綌。斁，厭也。"鄭箋："服，整也。女在父母之家，未知將所適，故習之以絺綌煩辱之事，乃能整治之無厭倦，是其性貞專。"

④《詩·周南·葛覃》："言告師氏，言告言歸。"毛傳："言，我也。師，女師也。古者女師教以婦德、婦言、婦容、婦功。祖廟未毀，教於公宮三月；祖廟既毀，教於宗室。婦人謂嫁曰歸。"

⑤《詩·周南·葛覃》："薄污我私，薄澣我衣。"毛傳："污，煩也。私，燕服也。婦人有副褘盛飾，以朝事舅姑，接見於宗廟，進見於君子。其餘則私也。"

⑥《詩·周南·葛覃》："害澣害否，歸寧父母。"毛傳："害，何也。私服宜浣，公服宜否。寧，安也。父母在，則有時歸寧耳。"鄭箋："我之衣服，今者何所當見浣乎？何所當否乎？言常自潔清，以事君子。"

姜"①,孝之則也。"父者,子之天;夫者,妻之天。"②故曰:"婦人内夫家,外父母家。"③道之極也。

召南

羔羊④

〇見大夫之裘,因反覆而察之:有材之美,有工之巧,得其制度,以宜服之。⑤何言乎材之美? 言其性也;何言乎工之巧? 言其學也;何言乎得其制度? 言中乎禮也;何言乎以宜服之? 言適於事也;何言乎反覆而察之? 言自表至裏,無一不美也。以言與行互證之矣,以情與貌核寔之矣,以公與私易地而觀之矣。"退食自公,委蛇委蛇",反覆焉而未嘗異其辭⑥,蓋反覆焉而未嘗見其變也。

①《春秋·桓公九年》:"春,紀季姜歸于京師。"公羊子傳:"其辭成矣,則其稱紀季姜何? 自我言,紀父母之於子,雖爲天王后,猶曰吾季姜。"何休解詁:"明子尊不加於父母。"
②《儀禮·喪服傳》:"婦人有三從之義,無專用之道。故未嫁從父,既嫁從夫,夫死從子。故父者,子之天也;夫者,妻之天也。"
③《漢書·劉向傳》。
④小序:"《羔羊》,《鵲巢》之功致也。召南之國化文王之政,在位皆節儉正直,德如羔羊也。"鄭箋:"《鵲巢》之君,積行累功,以致此《羔羊》之化。在位卿大夫競相切化,皆如此《羔羊》之人。"
⑤《詩·召南·羔羊》:"羔羊之皮,素絲五紽。"毛傳:"小曰羔,大曰羊。素,白也。紽,數也。古者素絲以英裘,不失其制,大夫羔裘以居。"
⑥《羔羊》一詩共三章,第一章結尾爲"退食自公,委蛇委蛇"。後兩章皆爲:"委蛇委蛇,自公退食。"毛傳:"公,公門也。委蛇,行可從跡也。"孔穎達正義:"既外服羔羊之裘,内有羔羊之德,故退朝而食,從公門入私門,布德施行,皆委蛇然,動而有法,可使人蹤跡而效之。言其行服相稱,内外得宜。"

邶

柏舟①

○誦《邶》詩而論其世：宗周天下猶是也，衛國家猶是也，奚耿耿而不寐乎？憂也。人不能知，隱憂也。②獨先覺焉，有隱憂也。覺之而不能以告人，“如有隱憂”也。然則其憂如何？憂當世之無聖人也。商道尊賢，其君臣賢聖相望，周道尚親，命哲不逮也。③王道之衰，詩人以爲己憂。憂君若民尚未足也，暇憂其身乎！④

○周公之誥曰：“民無或胥譸張爲幻。”⑤小人情狀，自古如此。鑒可以茹之，“仁人”⑥之心不忍見也。⑦“始封之君，不臣諸父昆弟。封君之子，不臣諸父而臣昆弟。封君之孫，盡臣諸父昆弟。”⑧君臣之義厚矣。臣事君，猶子事父也，“兄弟”固不足以盡之。⑨“仁人”往何愬哉！⑩見無禮於其君⑪，夫安得不

---

①小序：“《柏舟》，言仁而不遇也。衛頃公之時，仁人不遇，小人在側。”

②《詩·邶風·柏舟》：“耿耿不寐，如有隱憂。”毛傳：“隱，痛也。”朱熹集傳同。莊存與以“隱”爲“人不能知”，與之有別。

③命哲，語出《書·召誥》：“今天其命哲，命吉凶，命歷年。”此處莊存與謂，親親害賢，故天所降之明哲，周不逮商也。

④此處莊存與反鄭箋之説，鄭玄箋小序曰：“不遇者，君不受己之志也。君近小人，則賢者見侵害。”

⑤《書·無逸》。孔安國傳：“譸張，誑也。君臣以道相正，故下民無有相欺誑幻惑也。”

⑥仁人，指詩作者，本詩小序有“仁人不遇”之辭。

⑦《詩·邶風·柏舟》：“我心匪鑒，不可以茹。”毛傳：“鑒，所以察形也。茹，度也。”鄭箋：“鑒之察形，但知方圓白黑，不能度其真僞。”

⑧《儀禮·喪服傳》。

⑨《詩·邶風·柏舟》：“亦有兄弟，不可以據。”

⑩《詩·邶風·柏舟》：“薄言往愬，逢彼之怒。”朱熹集傳：“雖有兄弟，而又不可依以爲重，故往告之，而反遭其怒也。”

⑪謂不爲其君所禮遇，即指小序所謂“仁而不遇”。

愬。彼造怒也而曰"非"也[1]，言不遇其時而逢彼之怒，以爲身之不幸焉。

　　○文武周公没矣，後聖未作，"悄悄"焉憂世主之所操持悖謬而失其統也。[2]降志辱身矣，"仁人"不知幾乎？率歸於寬以和，是以覯"覯"而受之。[3]"行有不得，反求諸己"[4]，"非仁無爲也，非禮無行也"[5]，"思"深乎？思而"寤"，寤而"辟"，何也？[6]危身保身，未知所適，還自問焉，不忍愬也。

　　○不見其形，願察其景，陰盛陽"微"，此何景也？[7]德之不蠲，"心之憂"也。[8]又以其身之察察，受物之汶汶乎？[9]存其心焉，人自遠焉。"思"深乎？係而不"飛"，有所疑也。[10]延陵季子曰："美哉！淵乎！憂而不困者也。"[11]

────────

① 非，即匪。《詩·邶風·柏舟》："我心匪石，不可轉也。我心匪席，不可卷也。"毛傳："石雖堅，尚可轉。席雖平，尚可卷。"鄭箋"言己心志堅、平，過於石、席。"

② 《詩·邶風·柏舟》："憂心悄悄，慍于群小。"毛傳："慍，怒也。悄悄，憂貌。"

③ 《詩·邶風·柏舟》："覯閔既多，受侮不少。"朱熹集傳："覯，見。閔，病也。"

④ 《孟子·離婁上》："行有不得者，皆反求諸己。"

⑤ 《孟子·離婁下》。

⑥ 《詩·邶風·柏舟》："静言思之，寤辟有摽。"毛傳："静，安也。辟，拊心也。摽，拊心貌。"鄭箋："言，我也。"

⑦ 《詩·邶風·柏舟》："日居月諸，胡迭而微。"朱熹集傳："居、諸，語辭。迭，更。微，虧也。"鄭箋："日，君象也。月，臣象也。微，謂虧傷也。君道當常明如日，而月有虧盈，今君失道而任小人，大臣專恣，則日如月然。"

⑧ 《詩·邶風·柏舟》："心之憂矣，如匪澣衣。"毛傳："如衣之不澣矣。"

⑨ 語出《史記·屈原賈生列傳》："人又誰能以身之察察，受物之汶汶者乎！"司馬貞索引："汶汶，猶昏暗也。"

⑩ 《詩·邶風·柏舟》："静言思之，不能奮飛。"毛傳："不能如鳥奮翼而飛去。"鄭箋："臣不遇於君，猶不忍去，厚之至也。"

⑪ 《左傳·襄公二十九年》季札如魯觀樂，"爲之歌《邶》《鄘》《衛》，曰：'美哉！淵乎！憂而不困者也。吾聞衛康叔、武公之德如是，是其《衛風》乎！'"杜預集解："淵，深也。亡國之音哀以思，其民困。衛康叔、武公德化深遠，雖遭宣公淫亂，懿公滅亡，民猶秉義，不至於困。"

緑衣[①]

〇“曷”，何；“維”，持；“已”，止也。[②]嬖孽之僭，天所以禍人國也。憂之矣，而亦未嘗不憂其人。天假其人，其人則安能無已？其已也，愛者能持之乎？報以庶尤[③]，爲世大戒。能持之乎？曷以持之？持之於未僭，上也；持之於未亂，則猶可及爾。古也有志：“内寵並后，亂之本也。”[④]今亂本成矣，憂豈爲一身乎！

〇嬖孽之僭，未有不亡者也。《角弓》之詩曰：“至于己斯亡。”[⑤]人，性陵上者也，“古人”知之。[⑥]内官之職，雖賢不進等。夫人命於天子[⑦]，見於宗廟。[⑧]八妾命於夫人。[⑨]諸侯不下

①小序：“《緑衣》，衛莊姜傷己也。妾上僭，夫人失位而作是詩也。”
②《詩·邶風·緑衣》：“緑兮衣兮，緑衣黃裏。心之憂矣，曷維其已。”毛傳：“憂雖欲自止，何時能止也。”
③《書·吕刑》：“獄貨非寶，惟府辜功，報以庶尤。”蔡沈集傳：“‘報以庶尤’者，降之百殃也。”
④《左傳·閔公二年》：“内寵並后，外寵二政，嬖子配適，大都耦國，亂之本也。”
⑤《詩·小雅·角弓》：“民之無良，相怨一方。受爵不讓，至于己斯亡。”孔穎達正義：“此言無良之人，不但遥則相怨，又對面則受其官爵，不以相讓。由此爲彼所怨，至於己身以此而致滅亡。是不教之大禍也。”
⑥《詩·邶風·緑衣》：“我思古人，俾無訧兮。……我思古人，實獲我心。”鄭箋：“古人，謂制禮者。我思此人定尊卑，使人無過差之行。心善之也。”
⑦《禮記·雜記下》：“夫人之不命於天子，自魯昭公始也。”孔穎達正義：“諸侯夫人亦天子所命，或是王后無畿外之事，故天子命畿外諸侯夫人，此文是也。若畿内諸侯及卿大夫之妻，則《玉藻》注云‘天子、諸侯命其臣，后、夫人亦命其妻’是也。”
⑧《禮記·曾子問》：“三月而廟見，稱來婦也。”孔穎達正義：“若賈、服之義，大夫以上，無問舅姑在否，皆三月見祖廟之後，乃始成昏。”
⑨八妾，諸侯一娶九女，除夫人之外的其他八人，即與夫人同國隨嫁的嫡姪、娣，以及同姓國陪嫁的左右媵、左右姪、左右娣。《公羊傳·莊公十九年》：“諸侯娶一國，則二國往媵之，以姪、娣從。姪者何？兄之子也。娣者何？弟也。諸侯壹聘九女，諸侯不再娶。”

漁色，以絶嫌疑。①夫卑人不可爲主，寵人不能自降，不過不止也。"俾"之者，不在長國家者乎？不俾之"無訧"，則俾之訧，"古人"獨不近人情乎！②

　　○厚於色者，薄於德。"于所厚者薄，無所不薄。"③絺綌，衣之薄者也，當暑不覺，寒風興則自知之矣。④夫婦之道受之以久，其心慈以愛，其聲和以柔，得天地之温厚氣焉。夫豈復夭傷萬物之感乎！

　　燕燕⑤

　　○桓公立十六年而卒見弒，可謂不克負荷矣。豈獨先君之過⑥，家國之事，一旦至此，惟旦暮從先君于地下，尚何"勖"之

---

①《禮記·坊記》："諸侯不下漁色，故君子遠色以爲民紀。"鄭玄注："謂不内取於國中也。内取國中爲'下漁色'。"

②《詩·邶風·緑衣》："我思古人，俾無訧兮。"毛傳："俾，使。訧，過也。"

③《孟子·盡心上》。

④《詩·邶風·緑衣》："絺兮綌兮，淒其以風。"毛傳："淒，寒風也。"鄭箋："絺綌所以當暑，今以待寒，喻其失所也。"

⑤小序："《燕燕》，衛莊姜送歸妾也。"鄭箋："莊姜無子，陳女戴嬀生子名完，莊姜以爲己子。莊公薨，完立，而州吁殺之。戴嬀於是大歸，莊姜遠送之於野，作詩見己志。"《史記·衛康叔世家》："二十三年，莊公卒，太子完立，是爲桓公。""十六年，州吁收聚衛亡人以襲殺桓公，州吁自立爲衛君。"

⑥《左傳》隱公三年："衛莊公娶于齊東宫得臣之妹，曰莊姜。美而無子，衛人所爲賦《碩人》也。又娶于陳，曰厲嬀，生孝伯，早死。其娣戴嬀，生桓公，莊姜以爲己子。公子州吁，嬖人之子也，有寵而好兵，公弗禁，莊姜惡之。石碏諫曰：'臣聞愛子教之以義方，弗納於邪。驕奢淫泆，所自邪也。四者之來，寵禄過也。將立州吁，乃定之矣，若猶未也，階之爲禍。夫寵而不驕，驕而能降，降而不憾，憾而能眕者，鮮矣。且夫賤妨貴，少陵長，遠間親，新間舊，小加大，淫破義，所謂六逆。君義，臣行，父慈，子孝，兄愛，弟敬，所謂六順也。去順效逆，所以速禍也。君人者，將禍是務去，而速之，無乃不可乎！'弗聽。"隱公四年："春，衛州吁弒桓公而立。"

與有？①雖然，死者無知則已矣，若其有知，此不才之子，獨非親奉話言而屬諸君母者乎？則"之子"有大願矣。②二三大夫輸力于公室，君夫人爲之内主，罪人虆伏其辜，庶幾不忝先君之命于濯溉③也。

日月④

〇衛人既殺州吁于濮，于是先君之兩子皆敗。莊姜以君母在堂，大義一斷，其道既窮，家之不祥，可謂困矣。且情非所生⑤遂若可忍，爲人父母豈不負哉！乃作詩曰："日居月諸，照臨下土。乃如之人兮，誓不古處。胡能有定？寧不我顧。"⑥父母之於子，賢愚愛憎明諸心而不見其際，如日月之照臨，無所私於下土也。自念骨肉，誠有幾人，安全之何其難，傷敗之何其易。惟古人善處之。昔嘗比序己志，陳古以劃今，乃不幸"如之人"于我有夫婦之誼矣，不聽一語。其心之所安，反古自用而已。至於今日，則禍敗見矣。後嗣能有"定"乎？而"不我顧"也。

〇如之人，不隆禮，不由禮。竊自好者，禮也，往而乖其所

---

①《詩·邶風·燕燕》："先君之思，以勖寡人。"毛傳："勖，勉也。"鄭箋："戴媯思先君莊公之故，故將歸猶勸勉寡人以禮義。寡人，莊姜自謂也。"
②《詩·邶風·燕燕》："之子于歸，遠送于野。"毛傳："之子，去者也。"即戴媯。
③濯溉，代指祭祀。《儀禮·士昏禮》："某之子未得濯溉於祭祀，是以未敢見。"賈公彦疏："前祭之夕濯溉祭器。"
④小序："《日月》，衛莊姜傷己也。遭州吁之難，傷己不見荅於先君，以至困窮之詩也。"不見荅，謂不以恩義相待。
⑤指莊姜非姬完、州吁的親生母親。
⑥《詩·邶風·日月》。毛傳："逝，逮。古，故也。胡，何。定，止也。"鄭箋："日月，喻國君與夫人也，當同德齊意以治國者，常道也。之人，是人也，謂莊公也。其所以接及我者，不以故處，甚違其初時。寧，猶曾也。君之行如是，何能有所定乎？曾不顧念我之言，是其所以不能定完也。"

之，“不相好”也。①禮達則分定②，能有“定”乎？不報我以禮，則所報安在乎？③

　　○“日居月諸，出自東方。”光輝潔白，無有終時也。爲人父母，儻猶有功德在人而導迎善氣乎，禍亂之生則尚可止也。乃追而念之“如之人”，將念之，誠不若忘之；欲忘之，復不能可之。④至於今日，能有定乎？其生平行實，俾不可念之，而猶可忘之也。⑤

　　○日之盛常然，月則彌闕而盡矣。“日”，父也，謂莊公也。“月”，母也，莊姜自謂也。“我”，我其二子也。⑥“父之親子也，親賢而下無能。母之親子也，賢則親之，無能則憐之。”⑦“子既生，不免乎水火，母之罪也。羈貫成童，不就師傅，父之罪也。”⑧爲人父母，蚤爲其子之所，亦何至賢愚胥亡其身，愛憎同致之敗如今日者乎！能有“定”乎？日我往訊，千條萬端，而所以報我，曾不一循其道。⑨先王制禮，公子爲其母數

---

①《詩·邶風·日月》：“日居月諸，下土是冒。乃如之人兮，逝不相好。”毛傳：“不及我以相好。”鄭箋：“其所以接及我者，不以相好之恩情，甚於已薄也。”
②語出《禮記·禮運》：“禮達而分定，故人皆愛其死而患其生。”
③《詩·邶風·日月》：“胡能有定？寧不我報。”毛傳：“盡婦道而不得報。”
④《詩·邶風·日月》：“日居月諸，出自東方。乃如之人兮，德音無良。”毛傳：“音，聲。良，善也。”鄭箋：“無善恩意之聲語於我也。”
⑤《詩·邶風·日月》：“胡能有定？俾也可忘。”
⑥《詩·邶風·日月》：“日居月諸，東方自出。父兮母兮，畜我不卒。”另，“我其二子”，指姬完、州吁。
⑦《禮記·表記》。
⑧《穀梁傳·昭公十九年》。范寧集解：“羈貫，謂交午剪髮以爲飾。成童，八歲以上。”即女曰羈，男曰貫。成童，髮式。
⑨《詩·邶風·日月》：“胡能有定？報我不述！”毛傳：“述，循也。”鄭箋：“不循，不循禮也。”

月之喪①，而以其重服服乎君母②，言一體也。③爲人父母，豈不負哉！

擊鼓④

○"土國"，土略也，略之内爲國。⑤《左傳》曰："封畛土略，自我父以東，及圃田之北境。"⑥又曰："封略之内，誰非君土？"⑦既悉四境之内，而築城于漕矣。

北門⑧

○"出自北門，憂心殷殷"，憂其危且亂也。"惟士無田，則亦不祭。"⑨"終窶且貧，莫知我艱"⑩，言不得已而後仕也。

①諸侯庶子爲其母（即妾母）服緦麻三月，既葬除服。《儀禮·喪服》："公子爲其母練冠，麻，麻衣縓緣。爲其妻縓冠，葛経帶，麻衣縓緣。皆既葬除之。傳曰：'何以不在五服之中也？君之所不服，子亦不敢服也；君之所爲服，子亦不敢不服也。'"鄭玄注："公子，君之庶子也。其或爲母，謂妾子也。麻者，緦麻之経帶也。此麻衣者，如小功布，深衣，爲不制衰裳變也。《詩》云：'麻衣如雪。'縓，淺絳也，一染謂之縓。練冠而麻衣縓緣，三年練之受飾也。《檀弓》曰：'練，練衣黃裏，縓緣。'諸侯之妾子厭於父，爲母不得伸，權爲制此服，不奪其恩也。""君之所不服，謂妾與庶婦也。君之所爲服，謂夫人與適婦也。諸侯之妾，貴者視卿，賤者視大夫，皆三月而葬。"
②《儀禮·喪服》載"父卒，則爲母"服齊衰三年，"父在爲母"服齊衰杖期。
③指與君爲一體，即以待君父之禮待君母。《儀禮·喪服傳》："夫妻一體也。"《禮記·喪服四制》："資於事父以事母，而愛同。"
④小序："《擊鼓》，怨州吁也。衛州吁用兵暴亂，使公孫文仲將而平陳與宋，國人怨其勇而無禮也。"
⑤《詩·邶風·擊鼓》："擊鼓其鏜，踊躍用兵。土國城漕，我獨南行。"毛傳："漕，衛邑也。"
⑥《左傳·定公四年》。其中"自我父以東"，《左傳》原文作"自武父以南"。杜預集解："畛，塗所徑也。略，界也。"
⑦《左傳·昭公七年》。
⑧小序："《北門》，刺仕不得志也。言衛之忠臣不得其志爾。"
⑨《孟子·滕文公下》。孫奭疏："惟士之失位、無有田禄者，則亦不祭。無他，以其牲殺器皿衣服不備，不敢以祭也。"
⑩《詩·邶風·北門》。毛傳："窶者，無禮也。貧者，困於財。"

“道合則服從，不可則去。”①曰“已焉哉”②，不入、不居之義也。③君，天也。國有斯臣，而使不得志以去，君誰與爲國矣。

○召南大夫布政於外，其家人閔其君子而勸以義曰：“何斯違斯，莫敢或遑。”④布德施惠，如不及也。衛之政事，方命虐民。⑤固在下位⑥，不拯而隨之⑦，雖竭心力以事君，適足增罪戾而貽患于子孫耳。忠臣良士直道而行，則其卿大夫務困以事而必窮之。將欲回面污行，獨不慙於妻子乎！故其詩曰：“王事適我，政事一埤益我。我入自外，室人交徧讁我。”⑧憂國危亂，不計家之有無也。觀魯可以知衛，定、哀之世，詔禄⑨猶周典也，《論語》曰：“原思爲之宰，與之粟九百”⑩，衛靈公致司寇之禄于孔子，爲粟六萬⑪，而況王澤未竭乎！

---

① 《禮記·內則》。
② 《詩·邶風·北門》：“已焉哉！天實爲之，謂之何哉！”
③ 《論語·泰伯》：“危邦不入，亂邦不居。天下有道則見，無道則隱。”
④ 《詩·召南·殷其靁》。毛傳：“何，此君子也。斯，此。違，去。遑，暇也。”鄭箋：“何乎此君子，適居此，復去此，轉行遠，從事於王所命之方，無敢或閑暇時。閔其勤勞。”另，小序：“《殷其靁》，勸以義也。召南之大夫遠行從政，不遑寧處，其室家能閔其勤勞，勸以義也。”
⑤ 《孟子·梁惠王下》：“方命虐民，飲食若流。”趙岐注：“方，猶逆也。逆先王之命，但爲虐民之政。”
⑥ 語出《左傳·襄公九年》。此處指詩作者原本即居於下位。
⑦ 語出《周易·艮》：“六二：艮其腓，不拯其隨。”此處意爲不能拯上以使下隨之。
⑧ 《詩·邶風·北門》。毛傳：“適，之。埤，厚也。讁，責也。”鄭箋：“國有王命役使之事，則不以之彼，必來之我；有賦稅之事，則減彼一而以益我。言君政偏，己兼其苦。我從外而入，在室之人更迭徧來責我，使己去也。言室人亦不知己志。”
⑨ 詔禄，語出《周禮·夏官·司士》，意爲授禄。
⑩ 《論語·雍也》。
⑪ 《史記·孔子世家》：“孔子遂適衛，主于子路妻兄顏濁鄒家。衛靈公問孔子：‘居魯得禄幾何？’對曰：‘奉粟六萬。’衛人亦致粟六萬。”

二子乘舟[①]

〇壽既先往，伋復繼之，先後各乘其舟以濟，恬死亡而不聊。[②]送之者垂淚涕泣，莫能仰視。二子於此，舍不可舍也，忍不可忍也，故爲歌曰："二子乘舟，汎汎其景。"[③]瞻望焉而不可即矣。"願言思子，中心養養"[④]，其懇憐太息，氣於邑而不能止者，今日猶在吾目中也。又爲歌曰："二子乘舟，汎汎其逝。"[⑤]留之安可得哉！"願言思子，不瑕有害"[⑥]，知死不可讓，勿能復自愛，一去不復還，終已不顧，俄然至今日矣。《傳》曰"言二子之不遠害"，謂其初不忍死，而終則視死如歸也。"思之"，今人哀不思之，忽不知思之何自來。在此三十二言矣。

①小序："《二子乘舟》，思伋、壽也。衛宣公之二子，争相爲死，國人傷而思之，作是詩也。"伋，《左傳》作"急"，《左傳·桓公十六年》："初，衛宣公烝於夷姜，生急子，屬諸右公子。爲之娶於齊而美，公取之，生壽及朔。屬壽於左公子。夷姜縊，宣姜與公子朔構急子。公使諸齊，使盜待諸莘，將殺之。壽子告之，使行。不可，曰：'棄父之命，惡用子矣？有無父之國則可也。'及行，飲以酒，壽子載其旌以先，盜殺之。急子至曰：'我之求也，此何罪？請殺我乎！'又殺之。"
②《楚辭·九章·惜往日》："焉舒情而抽信兮，恬死亡而不聊。"洪興祖補注："恬，安也。言安於死亡不苟生也。"
③《詩·邶風·二子乘舟》。毛傳："國人傷其涉危遂往，如乘舟而無所薄，汎汎然迅疾而不礙也。"
④《詩·邶風·二子乘舟》。毛傳："願，每也。養養然憂不知所定。"鄭箋："願，念也。念我思此二子，心爲之憂養養然。"
⑤《詩·邶風·二子乘舟》。毛傳："逝，往也。"
⑥《詩·邶風·二子乘舟》。毛傳："言二子之不遠害。"

衛

考槃①

　　○"永矢勿諼"②，不忘睿聖武公之德也。③"勿過"④，不過先公所好之禮也。"勿告"⑤，不告人以潔身去位之故也。先公之德禮，可"言"也，可"歌"也。寤則言之、歌之矣。賢者獨善其身于"在澗"、"在阿"、"在陸"⑥，亦云"寤宿"焉爾矣，不常厥居也。其居甚暫，其逝⑦甚長，求無愧于先公以終吾身焉。彼爲人子孫，何乃忘之實多，而"過"之已甚也。曰"寬"、曰"薖"、曰"軸"⑧，何謂也？衛自莊公以降，苛暴之政作，至《北風》刺虐而極焉。⑨于政散民流之俗⑩，實無一濟也。武公之詩曰："匪用爲教，覆用爲虐。"⑪蓋必嚴以治己，恕以及人，然後聖化可得而行。"碩人之寬"，非救衛之藥石乎！能以寬服民，是終不可諼之盛德也，故曰"勿諼"也。莊公棄禮不自愛，實

①小序："《考槃》，刺莊公也。不能繼先公之業，使賢者退而窮處。"
②《詩·衛風·考槃》："獨寐寤言，永矢弗諼。"鄭箋："寤，覺。永，長。矢，誓。諼，忘也。"另，本篇"勿"字，《詩經》原文皆作"弗"。
③《國語·楚語上》："昔衛武公年數九十有五矣，猶箴儆于國。……于是乎作《懿》戒以自儆也。及其没也，謂之睿聖武公。"
④《詩·衛風·考槃》："獨寐寤歌，永矢弗過。"
⑤《詩·衛風·考槃》："獨寐寤宿，永矢弗告。"
⑥《詩·衛風·考槃》："考槃在澗，碩人之寬"，"考槃在阿，碩人之薖"，"考槃在陸，碩人之軸"。
⑦逝，原作"誓"，今據文意校改。
⑧毛傳："薖，寬大貌"，"軸，進也"。
⑨《詩·邶風·北風》小序："《北風》，刺虐也。衛國並爲威虐，百姓不親，莫不相攜持而去焉。"
⑩《詩·鄘風·桑中》小序："《桑中》，刺奔也。衛之公室淫亂，男女相奔，至于世族在位，相竊妻妾，期於幽遠，政散民流，而不可止。"
⑪《詩·大雅·抑》。鄭箋："不用我所言爲政令，反謂之有妨害於事，不受忠言。"另，小序："《抑》，衛武公刺厲王，亦以自警也。"

爲諸子作不典，卒于籧篨、戚施①而後已。醜類惡物②，非“碩人之薳”不能納之規矩繩墨也。有文章，聽規諫，以禮自防，先公好學自修如此③，故曰“勿過”也。“軸，進也”，取諸車之軸之進也。軸有三義：一以爲微，二以爲久，三以爲利④，故曰：當軸處中而輪乃克運焉。“碩人之軸”，可秉國均，今乃“退而窮處”，忠臣不得志，少美長醜⑤日用事，文武之士置之樂官⑥，而衛之將亡，可爲長太息矣。軸今猶在，亦安能久于斯世而持其末流乎？顧不曰“涕泗滂沱”，禍在莊公即世之後。⑦僅得没身，子孫吾不知也。“獨寐寤宿”，是謂無爲。“永矢勿告”，亦末如之何矣。然則考槃何樂乎？樂先公之德也，無愧於先公，是則所“成”之“樂”也。“碩人”非碩果乎？故曰“成”也。⑧

竹竿⑨

　　○夫婦相須，必男下女，所謂禮也。作詩曰：“籊籊竹竿，以

---

①《爾雅·釋訓》：“籧篨，口柔也。戚施，面柔也。”

②語出《左傳·文公十八年》。

③《詩·衛風·淇奥》小序：“《淇奥》，美武公之德也。有文章，又能聽其規諫，以禮自防，故能入相于周。”

④《周禮·冬官·考工記》：“軸有三理，一者以爲嫩也，二者以爲久也，三者以爲利也。”鄭玄注：嫩，“無節目也”；久，“堅刃也”；利，“滑密”。

⑤語出《爾雅·釋鳥》：“鳥少美長醜爲鶹鷅。”

⑥文武之士被任爲樂官，指《考槃》之作者。《詩·衛風·考槃》：“考槃在澗，碩人之寬。”毛傳：“考，成。槃，樂也。”

⑦《詩·陳風·澤陂》：“寤寐無爲，涕泗滂沱。”小序：“《澤陂》，刺時也。言靈公君臣淫於其國，男女相説，憂思感傷焉。”陳靈公與其臣孔寧、儀行父宣淫被弑，事見《左傳》宣公九、十年傳。衛莊公不用禮，寵庶子州吁，致使州吁在其身後弑繼位之衛桓公而自立爲亂，事見《左傳》隱三、四年傳。

⑧《詩·衛風·考槃》：“考槃在澗，碩人之寬。”毛傳：“考，成。槃，樂也。”孔穎達正義：“此篇毛傳所説不明，但諸言‘碩人’者，傳皆以爲大德之人。卒章‘碩人之軸’，傳訓‘軸’爲‘進’，則是大德之人進於道義也。”

⑨小序：“《竹竿》，衛女思歸也。適異國而不見荅，思而能以禮者也。”不見荅，謂不以禮相待。

釣于淇。"①斯豈浮躁淺露之器識所得而操持者乎！以禮則近，不以禮則遠。男先於女則爲禮，女先於男則非禮。不見答也，可；不以禮也，不可。泉源流短，淇水流長。既入，則惟見淇水，不見泉源。相入，則"泉源在左，淇水在右"②，秩然其不可紊也。"女子有行，遠兄弟父母"③，苟非君子受我而厚之，木去根而不長，水背源而流絕矣。④"淇水"，上也；"泉源"，下也。相爲"左""右"，若夫婦之胖合也。⑤其一體相與以禮，如此則何不可致乎？作詩曰："巧笑之瑳，佩玉之儺。"⑥爲悦己者容，情之所不能已也。舟楫，既成器矣。松檜，材之美者也。⑦舟不自行，得楫以行。楫不徒行，得水而行。泉源有水，不因乎淇則不達。女子守禮，不見答于君子則不成。君子令人憂，淇水令人遊，與爲憂而不出遊，無寧遊"以寫我憂"。⑧謂出遊以忘憂乎？謂得禮以忘憂也。

①《詩·衛風·竹竿》。毛傳："籊籊，長而殺也。釣以得魚，如婦人待禮以成爲室家。"
②《詩·衛風·竹竿》。毛傳："泉源，小水之源。淇水，大水也。"鄭箋："小水有流入大水之道，猶婦人有嫁於君子之禮。今水相與爲左右而已，亦以喻己不見答。"
③《詩·衛風·竹竿》。鄭箋："行，道也。女子有道當嫁耳，不以不答而違婦禮。"
④賈誼《惜誓》："水背源而流竭兮，木去根而不長。"
⑤《詩·衛風·竹竿》："淇水在右，泉源在左。"
⑥《詩·衛風·竹竿》。毛傳："瑳，巧笑貌。儺，行有節度。"鄭箋："己雖不見答，猶不惡君子，美其容貌與禮儀也。"
⑦《詩·衛風·竹竿》："淇水滺滺，檜楫松舟。"毛傳："滺滺，流貌。檜，柏葉松身。楫，所以櫂舟也。舟楫相配，得水而行。男女相配，得禮而備。"鄭箋："此傷己今不得夫婦之禮。"
⑧《詩·衛風·竹竿》："駕言出遊，以寫我憂。"毛傳："出遊，思鄉衛之道。"鄭箋："適異國而不見答，其除此憂，維有歸耳。"

芄蘭①

○“佩觿”、“佩韘”，成其爲君也。②雖則云然，實“童子”爾。能不以師保奉之，俾日知其所未知，日習其所未習乎！不我知，則必知其所不當知。不我習，則必習其所不當習。詩人陳古以終《芄蘭》之義曰：“容兮遂兮，垂帶悸兮。”③柔順溫良，可謂有禮者乎！聽受如此，專久如此，恭遜又如此。敬學親師，人君之盛節也，如惠公不然何！

鄭

有女同車④

○忽之過未加於民而爲權臣所逐，其身之不能定，國人以爲何事而不昏於齊也。忽既失國矣，國人又望忽也。《春秋》因人情之不絕忽於鄭，故於其復歸而稱“世子”。⑤世子名，正也。諸侯名，則絕矣。⑥

---

① 小序：“《芄蘭》，刺惠公也。驕而無禮，大夫刺之。”鄭箋：“惠公以幼童即位，自謂有才能而驕慢，於大臣但習威儀，不知爲政以禮。”

② 《詩·衛風·芄蘭》：“童子佩觿”，“童子佩韘”。毛傳：“觿，所以解結，成人之佩也。人君治成人之事，雖童子猶佩觿，早成其德。”“韘，玦也。能射御則佩韘。”

③ 《詩·衛風·芄蘭》卒章末句，與第一章末句重。毛傳：“容儀可觀，佩玉遂遂然垂其紳帶，悸悸然有節度。”

④ 小序：“《有女同車》，刺忽也，鄭人刺忽之不昏于齊。太子忽嘗有功于齊，齊侯請妻之。齊女賢而不取，卒以無大國之助，至於見逐，故國人刺之。”鄭箋：“忽，鄭莊公世子，祭仲逐之而立突。”

⑤ 《春秋·桓公十五年》：“鄭世子忽復歸于鄭。”公羊子傳：“其稱世子何？復正也。”

⑥ 《春秋》凡書鄭突者，皆書名，以絕之。如，桓公十一年：“九月，宋人執鄭祭仲。突歸于鄭。”桓公十五年：“五月，鄭伯突出奔蔡。”“秋九月，鄭伯突入于櫟。”另《禮記·曲禮下》：“天子不言出，諸侯不生名，君子不親惡。諸侯失地，名；滅同姓，名。”

山有扶蘇①

〇忽之復歸也，其爲君之道日以微，然而宜爲君者也。自是刺忽之詩凡三作②，而卒於閔之。③忽之失道著矣，國人之惓惓於忽者厚矣。

丰④

〇“子”、“我”⑤，夫婦之辭也。“予”、“悔”⑥，自責之辭，若曰女不隨之，故恨予不送焉爾。《昏禮》：“姆加景，乃驅，御者代。”⑦故曰：“衣錦褧衣。”貴者之服，豈庶人乎！⑧

①小序：“《山有扶蘇》，刺忽也，所美非美然。”鄭箋：“言忽所美之人，實非美人。”
②《山有扶蘇》之後三詩小序稱：“《蘀兮》，刺忽也。君弱臣強，不倡而和也。”“《狡童》，刺忽也。不能與賢人圖事，權臣擅命也。”“《褰裳》，思見正也。狂童恣行，國人思大國之正己也。”鄭箋：“狂童恣行，謂突與忽爭國，更出更入，而無大國正之。”
③《詩·鄭風·揚之水》小序：“《揚之水》，閔無臣也。君子閔忽之無忠臣良士，終以死亡，而作是詩也。”
④小序：“《丰》，刺亂也。昏姻之道缺，陽倡而陰不和，男行而女不隨。”
⑤《詩·鄭風·丰》：“子之丰兮，俟我乎巷兮，悔予不送兮。子之昌兮，俟我乎堂兮，悔予不將兮。”毛傳：“丰，豐滿也。巷，門外也。時有違而不至者。昌，盛壯貌。將，行也。”
⑥悔，原作“姆”，據《詩經》原文改。
⑦《儀禮·士昏禮》：“婦乘以几，姆加景，乃驅，御者代。”鄭玄注：“乘以几者，尚安舒也。景之制蓋如明衣，加之以爲行道禦塵，令衣鮮明也。景，亦明也。驅，行也。行車輪三周，御者乃代婿。”
⑧莊存與此處反鄭箋。《詩·鄭風·丰》：“衣錦褧衣，裳錦褧裳。”毛傳：“衣錦、褧裳，嫁者之服。”鄭箋：“褧，禪也，蓋以禪縠爲之中衣。裳用錦，而上加禪縠焉，爲其文之大著也。庶人之妻嫁服也。”

毛詩説卷二

小雅

伐木①

○《燕禮》，與四方之賓燕，辭曰：“寡君有不腆之酒。”②燕以酒爲主也。《大宗伯》：“以飲食之禮，親宗族兄弟。”③“釃酒”④，飲也。“八簋”⑤，食也。同姓數，異姓疏。“肥牣”⑥，致其味也；“肥牡”⑦，盛其儀也。“陳饋八簋”，上客⑧也。衆賓皆有“籩豆”。⑨同姓尚恩也，異姓尚敬也，兄弟尚睦也。“諸父”、“諸舅”速，“兄弟”戒之而已。“無酒酤我”，得時之暇

---

① 小序：“《伐木》，燕朋友故舊也。自天子至于庶人，未有不須友以成者。親親以睦，友賢不棄，不遺故舊，則民德歸厚矣。”
②《儀禮·燕禮》。鄭玄注：“寡，鮮也，猶言少德，謙也。腆，膳也。”
③《周禮·春官·大宗伯》。
④《詩·小雅·伐木》：“伐木許許，釃酒有藇。”毛傳：“以筐曰釃，以藪曰湑。藇，美貌。”
⑤《詩·小雅·伐木》：“於粲洒埽，陳饋八簋。”毛傳：“圓曰簋。天子八簋。”
⑥《詩·小雅·伐木》：“既有肥牣，以速諸父。”毛傳：“牣，未成羊也。天子謂同姓諸侯，諸侯謂同姓大夫，皆曰父。異姓則稱舅。國君友其賢臣，大夫士友其宗族之仁者。”鄭箋：“速，召也。有酒有牣，今以召族人飲酒。”
⑦《詩·小雅·伐木》：“既有肥牡，以速諸舅。”
⑧上客，尊客，貴賓。《禮記·曲禮上》：“食至起，上客起。”
⑨《詩·小雅·伐木》：“籩豆有踐，兄弟無遠。”鄭箋：“踐，陳列貌。兄弟，父之黨，母之黨。”

也，難酤以足之，湑爲主也。①《燕禮》有膳、有散②，旅酬③無
不徧者。重言“我”者④，情文之盡不在下而在上也。

白駒⑤

〇諸侯之士，不貢於王，不見徵於天子，則不可以仕於王
室。天子之大夫，可以適諸侯，不可以仕於諸侯。於周不可，則
去之魯，未之前聞也，“于焉讀於虔反逍遥”⑥，其去而不仕，未
可知也；“于焉嘉客”⑦，其去而爲諸侯客，亦未可知也。若將
往仕於諸侯之國，則無寧來仕於天子之朝矣。“爾公”也，“爾
侯”也⑧，若之何？爲其陪隸臣乎？誠欲“優游”事外⑨，則長守
此不仕之志矣。既而遵跡以求焉，則見白駒在“空谷”矣，且見
其“生芻一束”矣。⑩不爲“嘉客”，爲“逍遥”也。賢哉，此大
夫！其人不見，其德“如玉”。不見其人，樂聞其音，毋更舍此

①《詩·小雅·伐木》：“有酒湑我，無酒酤我。……迨我暇矣，飲此湑
　矣。”毛傳：“湑，茜之也。酤，一宿酒也。”陸德明釋文：“茜，所六
　反，與《左傳》縮酒同義，謂以茅泲之而去其糟也，字從草。”鄭箋：
　“迨，及也。此又述王意也。王曰：及我今之閑暇，共飲此湑酒。欲其
　無不醉之意。”
②《儀禮·燕禮》：“無筭爵。士也，有執膳爵者，有執散爵者。執膳爵
　者，酌以進公，公不拜受。執散爵者，酌以之公命所賜，所賜者興受
　爵，降席下奠爵，再拜稽首。”鄭玄注：“筭，數也，爵行無次無數，唯
　意所勸，醉而止。”
③旅酬，以次序勸酒。《儀禮·燕禮》：“賓以旅酬於西階上。”鄭玄注：
　“旅，序也，以次序勸卿大夫飲酒。”
④《詩·小雅·伐木》：“有酒湑我，無酒酤我。坎坎鼓我，蹲蹲舞我。迨
　我暇矣，飲此湑矣。”
⑤小序：“《白駒》，大夫刺宣王也。”鄭箋：“刺其不能留賢也。”
⑥《詩·小雅·白駒》：“所謂伊人，於焉逍遥？”鄭箋：“‘伊’當作‘繄’，
　繄猶是也。所謂是乘白駒而去之賢人，今於何游息乎？思之甚也。”
⑦《詩·小雅·白駒》：“所謂伊人，於焉嘉客？”
⑧《詩·小雅·白駒》：“爾公爾侯？逸豫無期。”毛傳：“爾公爾侯邪，何
　爲逸樂無期以反也？”
⑨《詩·小雅·白駒》：“爾公爾侯？逸豫無期。慎爾優游，勉爾遁思。”
　毛傳：“慎，誠也。”
⑩《詩·小雅·白駒》：“皎皎白駒，在彼空谷。生芻一束，其人如玉。”
　毛傳：“空，大也。”

而適遠焉。①然後知"場苗"、"場藿"何幸爲白駒食，"今朝"、"今昔"，信不爲暫而爲"永"也。②

正月③

〇中林嘗有柔嘉峻茂之材焉，乃今瞻之，似是而非，蕩爲藪幽，維是薪蒸矣。④民殆則視天若闇，民安則視天益明，民有安危，天無明闇也。⑤殃慶以類至，天因人而定之，不貳其命，實無必焉。⑥慶不可恃，殃不可委，苟無其人，孰戡之乎！⑦自古主亂之人，未有不墜命亡氏者。廢興存亡，上帝所以治萬世而不亂也，夫豈有所愛憎於其間哉！⑧上相上將，賢人宅之，民之望也，國家之鎮也。不因而建立之，而暴蔑之，賤人得以圖柄臣⑨，謂之山也其陵遲，蓋甚卑矣。⑩險劣嵬瑣之人，流俗所甚輕，藉大權、假高位，其"岡"乎？其"陵"乎？度其畢生行業，萬分不能及一，徒恃一人之寵靈尊任，欲以塞民望、鎮國家，此何可得而冒之乎？

---

①《詩·小雅·白駒》："毋金玉爾音，而有遐心。"
②《詩·小雅·白駒》："皎皎白駒，食我場苗。縶之維之，以永今朝。""皎皎白駒，食我場藿。縶之維之，以永今夕。"毛傳："宣王之末，不能用賢，賢者有乘白駒而去者。縶，絆。維，繫也。""藿，猶苗也。夕，猶朝也。"
③小序："《正月》，大夫刺幽王也。"
④《詩·小雅·正月》："瞻彼中林，侯薪侯蒸。"毛傳："中林，林中也。薪、蒸，言似而非。"鄭箋："侯，維也。林中大木之處，而維有薪蒸爾。喻朝廷宜有賢者，而但聚小人。"
⑤《詩·小雅·正月》："民今方殆，視天夢夢。"毛傳："王者爲亂夢夢然。"鄭箋："方，且也。民今且危亡，視王者所爲，反夢夢然而亂無統理安人之意。"
⑥解説《正月》"既克有定"一句。
⑦解説《正月》"靡人弗勝"一句。
⑧《詩·小雅·正月》："有皇上帝，伊誰云憎？"毛傳："皇，君也。"
⑨語出《漢書·朱雲傳》："傳曰：下輕其上爵，賤人圖柄臣，則國家搖動而民不靜矣。"顏師古注："圖，謀也。柄臣，執權之臣。"
⑩《詩·小雅·正月》："謂山蓋卑，爲岡爲陵。"毛傳："在位非君子，乃小人也。"

小弁[①]

〇天者，人之始也。父母者，人之本也。"何辜於天"，求之天也；"我罪伊何"，責之己也。[②]"如之何"[③]，而有親其父母之道。[④]

大東[⑤]

〇《春秋傳》曰："譬如火焉，火中，寒暑乃退。"[⑥]曾幾何時，禍亂興，饑饉降，西人不能胥匡以生[⑦]，東夏委輸不至，"牂羊墳首，三星在罶"之章作矣。[⑧]然則困東人，乃西人所以自困也。成王、周公實深念之，其若末孫何。"不以其漿"[⑨]，來者日以厚，往者日以亡，諸侯由是而不懷也。"睍睆"，刺素

---

① 小序："《小弁》，刺幽王也。大子之傅作焉。"
② 《詩·小雅·小弁》："民莫不穀，我獨于罹。何辜于天，我罪伊何。"毛傳："幽王取申女，生大子宜咎。又説褒姒，生子伯服，立以爲后，而放宜咎，將殺之。"鄭箋："穀，養。于，曰。罹，憂也。天下之人，無不父子相養者。我大子獨不，曰以憂也。"
③ 《詩·小雅·小弁》："心之憂矣，云如之何。"
④ 《孟子·告子下》："《小弁》之怨，親親也。親親，仁也。"
⑤ 小序："《大東》，刺亂也。東國困於役而傷於財，譚大夫作是詩以告病焉。"鄭箋："譚國在東，故其大夫尤苦征役之事也。魯莊公十年，齊師滅譚。"
⑥ 《左傳·昭公三年》。杜預集解："火，心星。心以季夏昏中而暑退，季冬旦中而寒退。"
⑦ 語出《書·盤庚上》："重我民無盡劉，不能胥匡以生。"孔安國傳："言民不能相匡以生。"
⑧ 《詩·小雅·苕之華》。毛傳："牂羊，牝羊也。墳，大也。罶，曲梁也，寡婦之筍也。'牂羊墳首'，言無是道也。'三星在罶'，言不可久也。"鄭箋："無是道者，喻周已衰，求其復興，不可得也。不可久者，喻周將亡，如心星之光耀，見於魚筍之中，其去須臾也。"小序："《苕之華》，大夫閔時也。幽王之時，西戎東夷交侵中國，師旅並起，因之以饑饉。君子閔周室之將亡，傷己逢之，故作是詩也。"
⑨ 《詩·小雅·大東》："或以其酒，不以其漿。"毛傳："或醉於酒，或不得漿。"

食也。①“雲漢自艮抵坤爲地紀”②，天之章也。“織女”③，
貴女也，爲六宮之尊者。河鼓謂之“牽牛”④，天將軍也。“啓
明”、“長庚”⑤，太白也，大司馬之位也，主六師之在内者。
“畢”⑥爲邊兵，爲天子奮武衛者。“箕”⑦爲口舌，好言、莠言
出焉。⑧“北斗自乾攜巽爲天綱”⑨，喉舌也，於人爲百揆納言
之任。官非其人，咸有其名而無其實。詩人曰周將亡矣，顧周道
而“潸焉出涕”。⑩上章告東國之病，下章憂宗周之隕也。

---

① 玼玼，當作“鞙鞙”。《詩·小雅·大東》：“鞙鞙佩璲，不以其長。”毛
傳：“鞙鞙，玉貌。璲，瑞也。”鄭箋：“佩璲者，以瑞玉爲佩，佩之鞙鞙
然。居其官職，非其才之所長也。徒美其佩，而無其德，刺其素餐。”

② 自艮抵坤，當作“自坤抵艮”。《新唐書·天文志一》：“夫雲漢自坤抵
艮爲地紀，北斗自乾攜巽爲天綱。”莊存與引此句意在釋詩句，即《大
東》：“維天有漢，監亦有光。”毛傳：“漢，天河也。有光而無所明。”
鄭箋：“監，視也。喻王閒置官司，而無督察之實。”

③《詩·小雅·大東》：“跂彼織女，終日七襄。雖則七襄，不成報章。”
毛傳：“跂，隅貌。襄，反也。不能反報成章也。”

④《詩·小雅·大東》：“睆彼牽牛，不以服箱。”毛傳：“睆，明星貌。河
鼓謂之牽牛。服，牝服也。箱，大車之箱也。”鄭箋：“以，用也。牽牛
不可用於牝服之箱。”孔穎達正義：“李巡曰：‘河鼓、牽牛，皆二十八
宿名也。’”

⑤《詩·小雅·大東》：“東有啓明，西有長庚。”毛傳：“日旦出謂明星爲
啓明，日既入謂明星爲長庚。庚，續也。”鄭箋：“啓明、長庚皆有助日
之名，而無實光也。”

⑥《詩·小雅·大東》：“有捄天畢，載施之行。”毛傳：“捄畢，貌畢，所
以掩兔也，何嘗見其可用乎？”鄭箋：“祭器有畢者，所以助載鼎實。
今天畢則施於行列而已。”

⑦《詩·小雅·大東》：“維南有箕，不可以簸揚。”“維南有箕，載翕其
舌。”毛傳：“翕，如也。”

⑧《詩·小雅·正月》：“好言自口，莠言自口。”毛傳：“莠，醜也。”

⑨ 語出上引《新唐書·天文志一》，莊存與引此同樣意在釋詩句，即《大
東》“維北有斗，不可以挹酒漿。”“維北有斗，西柄之揭。”

⑩《詩·小雅·大東》：“周道如砥，其直如矢。君子所履，小人所視。睠
言顧之，潸焉出涕。”

瞻彼洛矣①

　　○一章曰："君子至止，福禄如茨"，言賞善也。②封建五等③，以惠及臣庶而蕃育其子孫，其所儲大矣。又曰："韎韐有奭，以作六師"④，黜殷、伐管蔡、踐奄、滅淮夷⑤，四征不庭而未嘗有行陳銜枚之事。二章曰："君子至止，鞞琫有珌"⑥，言其再至則有武備而不用也。安人以自安，不危人以求安，故能保其家室，世世子孫慈孝相承，而禍亂不作也。三章曰："君子至止，福禄既同"⑦，至是則盡去罰而專行賞也，以天下之大而比戶皆可封矣。始也行罰甚簡，而君子固有所不忍。終也行賞甚博，而天下後世莫見其僭，"明足以見之，仁足以與之"⑧，爲天下若一家，慮萬年若一日也。

①小序："《瞻彼洛矣》，刺幽王也。思古明王能爵命諸侯，賞善罰惡焉。"
②《詩·小雅·瞻彼洛矣》。鄭箋："君子至止者，謂來受爵命者也。爵命爲福，賞賜爲禄。茨，屋蓋也。如屋蓋，喻多也。"
③《孟子·萬章下》："北宮錡問曰：'周室班爵禄也，如之何？'孟子曰：'其詳不可得聞也。諸侯惡其害己也，而皆去其籍。然而軻也嘗聞其略也，天子一位，公一位，侯一位，伯一位，子男同一位，凡五等也。'"
④《詩·小雅·瞻彼洛矣》。毛傳："韎韐者，茅蒐染草也。一曰韎韐，所以代韠也。天子六軍。"孔穎達正義："奭者，赤貌。傳解言奭之由，以其用茅蒐之草染之，其草色赤故也。"
⑤《書序》："武王崩，三監及淮夷叛，周公相成王，將黜殷，作《大誥》。""成王東伐淮夷，遂踐奄，作《成王政》。""成王既黜殷命，滅淮夷，還歸在豐，作《周官》。"
⑥《詩·小雅·瞻彼洛矣》。鞞，《詩經》原文作"鞛"。毛傳："鞞，容刀鞞也。鞛，上飾。珌，下飾也。天子玉鞛而珧珌，諸侯璗鞛而璆珌，大夫鐐鞛而鏐珌，士珕鞛而珧珌。"
⑦《詩·小雅·瞻彼洛矣》。
⑧語出《禮記·祭統》。

裳裳者華①

○昔吕望釣渭陽之濱，文王載與俱歸，立爲大師，遂王天下。②故創業之君，開心見誠，其大臣將相，皆有握手之歡，下至士庶人亦得進見，從容有以自效。是以功成行立，而禄及其子孫也。守文之君，上下之際，緣餙文采，禮節有餘，雖無以大慰天下之心，而功臣子孫恩澤之數，亦續舊而不廢。泊乎苗裔既遠，隆替不常，然猶得衣食租税③，具鈞駟④以會朝事，不棄絕也。

鴛鴦⑤

○王者享海内之奉，目視備色，耳聽備聲⑥，口極滋味，四支極安佚。自公侯至於庶人，自山川至於草木昆蟲，莫不一制其命。⑦凡所以餙喜怒、致哀樂，有禮有樂，有兵有刑，幾動於此，而人物群生之存亡繫焉。深宫之中，不見其形，不聞其聲，

---

①小序："《裳裳者華》，刺幽王也。古之仕者世禄，小人在位則讒諂並進，棄賢者之類，絕功臣之世焉。"

②《史記·齊太公世家》："吕尚蓋嘗窮困，年老矣，以漁釣奸周西伯。西伯將出獵，卜之，曰'所獲非龍非彲，非虎非羆；所獲霸王之輔'。於是周西伯獵，果遇太公於渭之陽，與語大説，曰：'自吾先君太公曰"當有聖人適周，周以興"，子真是邪？吾太公望子久矣。'故號之曰'太公望'，載與俱歸，立爲師。"

③衣食租税，即以租税爲衣食。《漢書·高五王傳》："自吴楚誅後，稍奪諸侯權，左官附益阿黨之法設。其後諸侯唯得衣食租税，貧者或乘牛車。"

④鈞駟，毛色純一的駟馬。《史記·平準書》："自天子不能具鈞駟，而將相或乘牛車。"司馬貞索隱："天子駕駟馬，其色宜齊同。今言國家貧，天子不能具鈞色之駟馬。"莊存與此説，意在解詩，即《裳裳者華》："我覯之子，乘其四駱。乘其四駱，六轡沃若。"

⑤小序："《鴛鴦》，刺幽王也。思古明王，交於萬物有道，自奉養有節焉。"鄭箋："交於萬物有道，謂順其性取之以時，不暴夭也。"

⑥語出《荀子·解蔽》："故目視備色，耳聽備聲，口食備味，形居備宫，名受備號。"

⑦語出《公羊傳·隱公元年》何休解詁："夫王者始受命改制，布政施教於天下，自公侯至於庶人，自山川至於草木昆蟲，莫不一一繫於正月。"

而意喻色授，奔走震動，恒及四荒萬里之外。共御者至尠，勞費者至多。一人之身，所以自養者，天下財殫力逋，而弗能勝也。鳥亂於上，獸亂於野，魚亂於淵[1]，含生之類，莫盡其氣。察其所以，由上失其道也。夫以匹夫編户之民，皆得專取於百物以養生送死，而不謂之過。等而上之，位加尊，取加多，苟能心惻於勢分之所及，而矜全既[2]其實，鬼神猶將降之以福，而況王者之富貴巍巍如此。而一小物必察，取之時，用之節，如天道之信，而公卿逮于庶人，不敢私意損益以覬悦于上，則其仁愛函覆萬萬億億不能盡其數，而福禄如之矣。故其詩曰：“鴛鴦于飛，畢之羅之。君子萬年，福禄宜之。”[3]蓋信乎其宜之也。

頍弁[4]

○諸公之仰“君子”[5]，若服之有弁矣。弁“伊何”乎？亦云“期”乎？“實維在首”也。[6]同姓一身，王爲元首，居尊覆下，則弁之爲也。位尊體親，則“君子”之爲也。豈“異人”乎？匪他人也，吾兄弟也。[7]若以爲異姓，不後於群臣矣。異本而相附，則有同其菀枯[8]者焉，矧其根同生、枝同榮者乎！是故宗族先

---

[1]《莊子·胠篋》：“夫弓弩畢弋機變之知多，則鳥亂於上矣。鈎餌網罟罾笱之知多，則魚亂於水矣。削格羅落罝罘之知多，則獸亂於澤矣。”

[2]既，窮盡，終盡。《莊子·應帝王》：“吾與汝既其文，未既其實。”成玄英疏：“既，盡也。”

[3]《詩·小雅·鴛鴦》。毛傳：“興也。鴛鴦，匹鳥。太平之時，交於萬物有道，取之以時，於其飛，乃畢掩而羅之。”鄭箋：“君子，謂明王也。交於萬物，其德如是，則宜壽考，受福禄也。”

[4]小序：“《頍弁》，諸公刺幽王也。暴戾無親，不能宴樂同姓，親睦九族，孤危將亡，故作是詩也。”

[5]《詩·小雅·頍弁》：“未見君子，憂心弈弈。”鄭箋：“君子，斥幽王也。”

[6]《詩·小雅·頍弁》首章、二章、三章的首句分別爲：“有頍者弁，實維伊何？”“有頍者弁，實維何期？”“有頍者弁，實維在首。”毛傳：“興也。頍，弁貌。弁，皮弁也。”鄭箋：“何期，猶伊何也。期，辭也。”

[7]《詩·小雅·頍弁》：“豈伊異人？兄弟匪他。”

[8]菀枯，即榮枯。《國語·晉語二》：“［優施］乃歌曰：‘暇豫之吾吾，不如鳥烏，人皆集於菀，己獨集於枯。’”

落，則公從之。①王室既卑而同姓失序，必至之勢也。人情親日近，近以彌親；疏日遠，遠以愈疏。此非卑賤者之所能主也。縱有願見之心，神明知之爾，不可必得，"奕奕"然憂無已時也。②若能回心降施，遂賜顏色，實在君子。昔舜既封象矣，欲常常而見之，其斯以爲人倫之至也。③君子若舜，尚何悲思愁恨之不釋乎？④豈"異人"乎？均吾"兄弟"也。⑤均吾兄弟，而又選擇焉，不已隘乎！"黨無不善，三族輔之。"⑥"兄弟"至親，而"甥舅"次焉⑦，扶之者衆也。刻轢⑧之治，寒骨肉之心；侵冤⑨之傷，抱增積之痛。非"雨雪"乎？誰爲爲之？必自小人矣，則"霰"之"集"也。⑩周之將亡，無愚智皆知之，血脉之臣，義無可每其生者⑪，抑社稷宗廟或不血食，而又以酒樂乎？⑫"今夕"尚可，若異日何？不忘欲見，能"説懌"乎？"臧"乎？⑬"維

①《左傳·昭公三年》："公室將卑，其宗族枝葉先落，則公從之。"
②《詩·小雅·頍弁》："未見君子，憂心弈弈。"毛傳："弈弈然無所薄也。"
③《孟子·萬章上》："萬章問曰：'象日以殺舜爲事，立爲天子則放之，何也？'孟子曰：'封之也，或曰放焉。……雖然，欲常常而見之，故源源而來。'"
④《詩·小雅·頍弁》："既見君子，庶幾説懌。"
⑤《詩·小雅·頍弁》："豈伊異人，兄弟具來。"
⑥《大戴禮記·保傅》，亦見于賈誼《新書·胎教》。王聘珍解詁："黨，類也。"
⑦《詩·小雅·頍弁》："豈伊異人，兄弟甥舅。"
⑧刻轢，欺凌，摧殘。《史記·酷吏列傳序》："高后時，酷吏獨有侯封，刻轢宗室，侵辱功臣。"
⑨侵冤，侵凌使受冤屈。《漢書·王莽傳中》："州牧數存問，勿令有侵冤。"
⑩《詩·小雅·頍弁》："如彼雨雪，先集維霰。"毛傳："霰，暴雪也。"
⑪每其生，謂苟且貪生。《後漢書·孔融傳》："豈有員園委屈，可以每其生哉。"李賢注："每，貪也。言寧正直以傾覆摧折，不能委曲以貪生也。"
⑫《詩·小雅·頍弁》："死喪無日，無幾相見。樂酒今夕，君子維宴。"鄭箋："王政既衰，我無所依怙，死亡無有日數，能復幾何與王相見也？且今夕喜樂此酒，此乃王之宴禮也。"
⑬《詩·小雅·頍弁》："既見君子，庶幾説懌。""既見君子，庶幾有臧。"毛傳："臧，善也。"

宴”而已矣。卒以哀君子之昏而不若①也。見固無益，尠又不可得見也。

車舝②

○舝不設則車不行，賢女不至則君德不成，急禮誼如食飲矣。③旦夕來會，則君可悟，國可興矣，天下豈復有如褒姒者乎！縱不望若先后之德，君可以生易死，國可以存易亡，亦庶乎安且喜焉。

○賢女之産名族，若文雉之集茂林也。④往而求焉，寧遂無其人乎！好德不厭，固忠臣之上願也。⑤

○史伯有言曰：“毒之酉腊者，其殺也滋速。”⑥幸而舍是，雖無令德，不猶愈于甘餐毒藥以亡其身乎！⑦

○“陟彼高岡，析其柞薪。析其柞薪，其葉湑兮。”⑧國有

---

① 不若，不順。《穀梁傳·莊公元年》：“不若於道者，天絶之也。”范寧注：“若，順。”

② 小序：“《車舝》，大夫刺幽王也。褒姒嫉妬，無道並進，讒巧敗國，德澤不加於民，周人思得賢女以配君子，故作是詩也。”

③ 《詩·小雅·車舝》：“間關車之舝兮，思孌季女逝兮。匪飢匪渴，德音來括。”毛傳：“興也。間關，設舝也。孌，美貌。季女，謂有齊季女也。括，會也。”鄭箋：“逝，往也。大夫嫉褒姒之爲惡，故嚴車設其舝，思得孌然美好之少女，有齊莊之德者，往迎之配幽王代褒姒也。既幼而美，又齊莊，庶其當王意。時讒巧敗國，下民離散，故大夫汲汲欲迎季女。行道雖飢不飢，雖渴不渴，覬得之而來使我王更脩德教，合會離散之人。”

④ 《詩·小雅·車舝》：“依彼平林，有集維鷮。”毛傳：“依，茂木貌。平林，林木之在平地者也。鷮，雉也。”

⑤ 《詩·小雅·車舝》：“辰彼碩女，令德來教。”毛傳：“辰，時也。”

⑥ 《國語·鄭語》。韋昭注：“精熟爲酉。腊，極也。滋，益也。”

⑦ 《詩·小雅·車舝》：“雖無旨酒，式飲庶幾。雖無嘉殽，式食庶幾。雖無德與女，式歌且舞。”

⑧ 《詩·小雅·車舝》。鄭箋：“陟，登也。登高岡者必析其木以爲薪，析其木以爲薪者，爲其葉茂盛蔽岡之高也。此喻賢女得在王后之位，則必辟除嫉妬之女，亦爲其蔽君之明。”

其民，民懷其德矣。"鮮我覯爾，我心寫兮。"①要在一二人而已，萬事之是非，何足備言。

○"高山仰止，景行行止。四牡騑騑，六轡如琴。"②文、武之德法易遵，道法易守也。強侯，吾臣也，心易服。暴民，吾畜也，俗易化。六轡均則四牡臧，六官正則萬國和。"覯爾新昏，以慰我心"③，能如是乎！奚暇思舊，若不哀，乃哀也。

采綠④

○綠，王芻柔且麗者，露未晞而采之，自旦至食時，匊之矣。⑤一匊之盈，無所可用。"不盈一匊"，殆將棄之矣。"予髮曲局"，孰視而循之不餙，則不敢見其所尊貴。⑥"薄言歸沐"，非無爲之主者也。

○藍可以染，青固勝之。⑦信有貴妻，豈無良妾？襜以收之，"不盈一襜"，未忍棄也。"五日爲期"，自諸侯以下，御者皆如

---

① 《詩·小雅·車舝》。鄭箋："鮮，善。覯，見也。善乎我得見女如是，則我心中之憂除去也。"
② 《詩·小雅·車舝》。毛傳："景，大也。"鄭箋："景，明也。諸大夫以爲，賢女既進，則王亦庶幾古人有高德者則慕仰之，有明行者則而行之。其御群臣使之有禮，如御四馬騑騑然。持其教令使之調均，亦如六轡緩急有和也。"
③ 《詩·小雅·車舝》。毛傳："慰，安也。"鄭箋："我得見女之新昏如是，則以慰除我心之憂也。"
④ 小序："《采綠》，刺怨曠也。幽王之時多怨曠者也。"
⑤ 《詩·小雅·采綠》："終朝采綠，不盈一匊。"毛傳："自旦及食時爲終朝。兩手曰匊。"鄭箋："綠，王芻也，易得之菜也。"另《詩·衛風·淇奧》："綠竹猗猗。"毛傳："綠，王芻也。"《爾雅·釋草》："菉，王芻。"
⑥ 《詩·小雅·采綠》："予髮曲局，薄言歸沐。"毛傳："局，卷也。婦人夫不在則不容飾。"鄭箋："言，我也。有云君子將歸者，我則沐以待之。"
⑦ 《詩·小雅·采綠》："終朝采藍，不盈一襜。"毛傳："衣蔽前謂之襜。"鄭箋："藍，染草也。"《荀子·勸學》："青，取之於藍而青於藍。"

是。①"六日不詹"，則不詹矣。②夫六日，非妾御之所敢當夕也，不獲進御于之子矣，誠絶望矣。之子不往狩乎？"韔其弓"，無傷也。之子不往釣乎？"綸之繩"，不害也。③

○"其釣維何？維魴及鱮。"志在得魚，美者魴也，薄者鱮也。④魴必攜之，鱮豈舍之？"及"之爲言，貫之也。釣者不知其然而然，"觀者"見其然⑤，能無怨于今之不然？怨曠作歌，聖人所録，妾之不得進御于君子者也。

隰桑⑥

○"既見君子"，諫行言聽，膏澤下于民，際會誠不易得，長言之曰"其樂如何"⑦。事有不可，至于十反而後從宜，若有不樂，言曰"云胡不樂"⑧，誠不憚乎反覆之也。桓公之于管仲，子皮之于子産⑨，可謂有"德音"，猶未若傅説相武丁"啓乃心，沃

---

①《禮記·内則》："妾雖老，年未滿五十，必與五日之御。"鄭玄注："五日一御，諸侯制也。諸侯取九女，姪、娣兩兩而御，則三日也。次兩媵，則四日也。次夫人專夜，則五日也。天子十五日乃一御。"
②《詩·小雅·采緑》："五日爲期，六日不詹。"毛傳："詹，至也。婦人五日一御。"
③《詩·小雅·采緑》："之子于狩，言韔其弓。之子于釣，言綸之繩。"毛無傳。韔，本義爲弓袋，此處動用爲納弓于袋。綸，朱熹集傳："理絲曰綸。"莊存與此處指故意藏弓于袋、整理釣線，以延阻其夫之狩、釣。
④《詩·齊風·敝笱》："其魚魴鰥"，"其魚魴鱮"。孔穎達正義："陸機《疏》云：'魴，今伊、洛、濟、穎魴魚也，廣而薄，肥恬而少力，細鱗，魚之美者。'""陸機《疏》云：'鱮似魴，厚而頭大，魚之不美者，故里語曰：網魚得鱮，不如啖茹。'"
⑤《詩·小雅·采緑》："維魴及鱮，薄言觀者。"
⑥小序："《隰桑》，刺幽王也。小人在位，君子在野，思見君子，盡心以事之。"
⑦《詩·小雅·隰桑》："既見君子，其樂如何。"
⑧《詩·小雅·隰桑》："既見君子，云何不樂。"
⑨魯襄公三十年，鄭國發生伯有之亂，子皮保護子産免受攻擊，後又授子産政，使鄭國得治。詳見《左傳·襄公三十年》。

朕心”①、尹躬暨湯“咸有一德”②之爲“孔膠”也。③此則樂之
實也。

漸漸之石④

○“武人東征，不遑朝矣。”軍之夜事⑤有常數，蒍敖爲宰
尚克修之⑥，將不知所備，則不勝擾焉。飢不得食，勞不得息，
夜如此，況朝乎！死亡相枕藉，何暇及旦矣。“不遑出矣”⑦，
死者過半矣，殆不見敵而盡乎？“不遑他矣”⑧，奔命之書狃
至⑨矣。他事日生，厪存之數“不已于行”，曾不均之“息偃在
牀”者乎？⑩

①《書·説命上》所記商賢王武丁與賢相傅説之言。孔安國傳：“開汝
　心，以沃我心。”孔穎達正義：“當開汝心所有，以灌沃我心。欲令以彼
　所見，教己未知故也。”
②《書·咸有一德》：“惟尹躬暨湯，咸有一德。克享天心，受天明命。”
　尹，指伊尹，商湯之賢相。
③《詩·小雅·隰桑》：“既見君子，德音孔膠。”毛傳：“膠，固也。”
④小序：“《漸漸之石》，下國刺幽王也。戎狄叛之，荊舒不至，乃命將率
　東征，役久病於外，故作是詩也。”
⑤《周禮·夏官·大司馬》：“百官各象其事，以辨軍之夜事。”鄭玄注：
　“夜事，戒夜守之事。”
⑥蒍敖，即孫叔敖。《左傳·宣公十二年》：“蒍敖爲宰，擇楚國之令典，
　軍行，右轅，左追蓐，前茅慮無，中權後勁，百官象物而動，軍政不戒
　而備，能用典矣。”
⑦《詩·小雅·漸漸之石》：“武人東征，不皇出矣。”
⑧《詩·小雅·漸漸之石》：“武人東征，不皇他矣。”
⑨狃至，接連而來。王符《潛夫論·救邊》：“旬時之間，虜復爲害，軍書
　交馳，羽檄狃至，乃復恇忪如前。”
⑩《詩·小雅·北山》：“或燕燕居息，或盡瘁事國。或息偃在牀，或不已
　于行。”鄭箋：“不已，猶不止也。”小序：“《北山》，大夫刺幽王也。
　役使不均，己勞於從事，而不得養其父母焉。”

何草不黃①

○徒步之師，非人之路也，出國未遠，猶見棧車之行周道②，邈然望而不可即矣。固知無人不行，而此征夫彌苦焉。兕耶？虎耶？狐乎？人乎？③

大雅

鳧鷖④

○"鳧鷖在涇"⑤，何謂也？曰：遠哉詩之志！嘗思之，姑陳吾所思乎詩之謂，其謂"大平君子"之民也。民志靡定，不常所依，其有鄙心易溺，而不知所以自濟也。"鳧鷖"之爲禽也，聚散焉爾，浮沉焉爾，"涇"也，"沙"與"渚"也，"潀"與"亹"也。⑥"在"之爲言，生且長焉，匪有圉之者然也，且其性不溺。是故先王畜民，聚散而不離其所主，德也；浮沉而不失其所性，教也。德以懷之，民莫不懷；教以正之，民莫不正。夫民之

---

①小序："《何草不黃》，下國刺幽王也。四夷交侵，中國背叛，用兵不息，視民如禽獸，君子憂之，故作是詩也。"
②《詩·小雅·何草不黃》："有棧之車，行彼周道。"毛傳："棧車，役車也。"
③《詩·小雅·何草不黃》："匪兕匪虎，率彼曠野。哀我征夫，朝夕不暇。有芃者狐，率彼幽草。有棧之車，行彼周道。"毛傳："兕、虎，野獸也。曠，空也。芃，小獸貌。"
④小序："《鳧鷖》，守成也。大平之君子，能持盈守成，神祇祖考安樂之也。"
⑤《詩·小雅·鳧鷖》："鳧鷖在涇，公尸來燕來寧。"毛傳："鳧，水鳥也。鷖，鳧屬。太平則萬物衆多。"
⑥《詩·小雅·鳧鷖》："鳧鷖在沙，公尸來燕來宜"，"鳧鷖在渚，公尸來燕來處"，"鳧鷖在潀，公尸來燕來宗"，"鳧鷖在亹，公尸來止熏熏"。毛傳："沙，水旁也"，"渚，沚也"，"潀，水會也"，"亹，山絕水也"。

繫於君子，非一世矣。若家之鷄而狎之，不幾於溢者乎！①若包之有魚而忘之，不幾于敗者乎！②詩曰“鳧鷖在涇，公尸來燕來寧”，言民歸之志，而神降之福也。

瞻卬③

○“教”也，“誨”也，先聖王之大訓，所以爲子孫常也。日相與畔而反之，而無還忌曲顧之心，惟嬖佞刑餘人之辟違④是尊是奉、是崇是長，陰傅之羽翼，陽擅之威福，是以降亂階厲，果傾其城也。⑤夫忍于棄先王之“教”“誨”，而不忍于逆婦寺之請謁，亂果生自婦人乎？⑥抑猶在惟婦言是用⑦者乎？人主而婦言是用，則其國寧復有公卿大夫乎哉！亦不得齊于人數矣。詩言其漸有因，而其流變甚速也。

○人之戴其上，亦惟曰君實生我，而婦寺則知迫窮之，惟意所擬則降之災，其“鞫人”也⑧，殺越之于貨而已矣⑨，忮害、

---

①狎，輕賤。《南齊書·王僧虔傳》：“〔庾翼〕在荆州與都下人書云：‘小兒輩賤家鷄，皆學逸少書，須吾下，當比之。’”溢，自滿。《荀子·不苟》：“倨傲僻違以驕溢人。”楊倞注：“溢，滿。”
②《易·姤》：“九二：包有魚，无咎。”“九四：包无魚，起凶。象曰：无魚之凶，遠民也。”孔穎達正義：“庖之无魚，則是无民之義也。起凶者，起，動也。无民而動，失應而作，是以凶也。”
③小序：“《瞻卬》，凡伯刺幽王大壞也。”
④辟違，邪僻背理。《左傳·昭公二十年》：“動作辟違，從欲厭私。”
⑤《詩·大雅·瞻卬》：“哲夫成城，哲婦傾城。懿厥哲婦，爲梟爲鴟。婦有長舌，維厲之階。亂匪降自天，生自婦人。”
⑥《詩·大雅·瞻卬》：“匪教匪誨，時維婦寺。”毛傳：“寺，近也。”
⑦語出《書·牧誓》：“今商王受，惟婦言是用。”受，即紂。
⑧《詩·大雅·瞻卬》：“鞫人忮忒，譖始竟背。”鄭箋：“鞫，窮也。”
⑨語出《書·康誥》：“凡民自得罪，寇攘姦宄，殺越人于貨。”孔安國傳：“殺人顛越人，於是以取貨利。”

善變①，多端而膠加②，“始”之者在此，“竟”之者在彼③，陰相首尾，而誣罔之實固千夫所共見也。罪已上通于天，“豈曰不極”乎？④然其羃⑤繫甚完，蠱媚多煽，則且爲之解不可解、掩不可掩，而曰“伊胡爲慝”也。亂獄滋豐⑥，財貨上流⑦，官人殺人，揣稱多寡耳。小人猶將恥之，而爲之徒者，名位固“君子”也。⑧亂有象乎？膠戾乖剌，旁午交馳，而日進不衰，汲汲顧景惟恐不及。噫嘻！婦也，豈誠有社稷、宗廟、天地、民物之事乎？而“休其蠶織”也！⑨

召旻⑩

○禍亂，天時也，亦奚獨多慮？幸見一二人落然⑪猶在國家向所設之要地，當不遽爲眾小人之所食，縱天意未可回，而顛覆既至，僅得斯人，猶望其或持危而定傾也。夫天子之朝，公卿凡幾位，世祿凡幾族，誠未易一二數，雖小人能空人之國，而地非

---

① 《詩·大雅·瞻卬》：“鞫人忮忒，譖始竟背。”毛傳：“忮，害。忒，變也。”
② 《楚辭·九辯》：“何況一國之事兮，亦多端而膠加。”洪興祖補注：“膠加，戾也。”
③ 《詩·大雅·瞻卬》：“鞫人忮忒，譖始竟背。”鄭箋：“譖，不信也。竟，猶終也。”
④ 《詩·大雅·瞻卬》：“豈曰不極，伊胡爲慝。”
⑤ 羃，覆蓋。《戰國策·楚策四》：“伯樂遭之，下車攀而哭之，解紵衣以羃之。”鮑彪注：“羃，覆也。”
⑥ 語出《左傳·昭公六年》：“亂獄滋豐，賄賂並行。”另，《周禮·秋官·訝士》：“四方有亂獄，則往而成之。”鄭玄注：“亂獄，謂若君臣宣淫，上下相虐者也。”
⑦ 語出《韓詩外傳》卷三：“無令財貨上流，則逆不作。”
⑧ 《詩·大雅·瞻卬》：“如賈三倍，君子是識。”鄭箋：“識，知也。賈物而有三倍之利者，小人所宜知也。君子反知之，非其宜也。”
⑨ 《詩·大雅·瞻卬》：“婦無公事，休其蠶織。”毛傳：“休，息也。婦人無與外政，雖王后猶以蠶織爲事。”
⑩ 小序：“《召旻》，凡伯刺幽王大壞也。旻，閔也。閔天下無如召公之臣也。”
⑪ 落然，同“落落”，磊落顯明貌。羅隱《讒書·序陸生東游》：“一年，遇生於靖安里中，相其吐氣出詞，落然有正人風骨。”

見偪，權非見陵，則尚將姑存之。乃復有褰陋①崑瑣之人，容頭過身②，交相妨占，鐘鳴漏盡③而不休，突決棟焚④而不悟。天禍方酷，必使救之者，竟無一人而後止。⑤詩人既傷"蟊賊"、"昏椓"之召災⑥，而不能不歎息痛恨于"彼疏斯粺"⑦之空人國也。夫所慮者，豈復依斟流彘⑧之所能塞乎！

周頌

清廟⑨

　　○周公率諸侯祀文王於洛邑，歌此爲頌始。"顯相"⑩何

①褰陋，鄙陋，淺薄。魏源《陶文毅公神道碑銘》："故便文畏事褰陋之臣，遇大利大害則動色相戒，却步徐視而不肯身預。"

②容頭過身，謂如頭可容，身即得過。比喻得過且過。《後漢書·西羌傳·東號子麻奴》："今三郡未復，園陵單外，而公卿選懦，容頭過身，張解設難，但計所費，不圖其安。"

③鐘鳴漏盡，晝漏盡，晚鐘鳴，喻時晚。《三國志·魏志·田豫傳》："年過七十而以居位，譬猶鐘鳴漏盡而夜行不休，是罪人也。"

④突決棟焚，比喻危在旦夕。突，竈上煙囪。《吕氏春秋·諭大》："竈突決則火上焚棟，燕雀顔色不變，是何也？乃不知禍之將及己也。"

⑤《詩·大雅·召旻》："旻天疾威，天篤降喪。瘨我饑饉，民卒流亡，我居圉卒荒。"毛傳："圉，垂也。"鄭箋："荒，虚也。國中至邊竟以此故盡空虚。"

⑥《詩·大雅·召旻》："天降罪罟，蟊賊内訌。昏椓靡共，潰潰回遹，實靖夷我邦。"毛傳："訌，潰也。椓，夭椓也。潰潰，亂也。靖，謀。夷，平也。"鄭箋："昏、椓，皆奄人也。昏，其官名也。椓，椓毀陰者也。王遠賢者，而近任刑奄之人，無肯共其職事者，皆潰潰然維邪是行，皆謀夷滅王之國。"

⑦《詩·大雅·召旻》："彼疏斯粺，胡不自替？"毛傳："彼宜食疏，今反食精粺。替，廢。"

⑧依斟流彘，謂帝王因失德而被迫流亡。夏帝相流亡，依附同姓諸侯斟尋，爲后羿所弑，參見《史記·夏本紀》張守節正義引《帝王紀》；周厲王暴虐，國人流王於彘，參見《國語·周語上》。

⑨小序："《清廟》，祀文王也。周公既成洛邑，朝諸侯，率以祀文王焉。"

⑩《詩·周頌·清廟》："於穆清廟，肅雝顯相。"毛傳："於，嘆辭也。穆，美。肅，敬。雝，和。相，助也。"

人乎？曰：周公也。成王在豐，公攝主鬯①，稱顯相。其祝辭蓋曰：孝孫嗣王某成王名，孝顯相某周公名，用薦②某事于皇祖文王。不稱孝子，不敢禰先君也。③稱顯相以次嗣王，爲主祭也。大宗伯攝位則不敢用此辭。④《士禮》有顯相與子皆稱“哀”、皆稱“孝”⑤，雖曰相，必所祭者之子若孫矣，豈凡助祭者所得與乎！⑥《士禮》且不並稱衆子，所以明等衰而著服事其上之義⑦，況天子乎！周人世世以此祀文王，禴祠烝嘗⑧皆歌之，其云“顯相”，不改也，常若周公之存。事文王若存，則周公固若存矣。德音之謂樂⑨，莫盛于升歌《清廟》。⑩惟文王爲君父，周公爲臣子，乃所謂“固聰明聖知達天德者”⑪也，其又何以易

①主鬯，主掌宗廟祭祀。鬯，祭祀用的一種香酒。韓愈《順宗實録三》：“付爾以承祧之重，勵爾以主鬯之勤。”

②薦，進獻。《儀禮·少牢饋食禮》：“來日丁亥，用薦歲事于皇祖伯某。”鄭玄注：“薦，進也，進歲時之祭事也。”

③禰先君，父死，神主入廟後稱禰，故立父廟以主祭稱禰先君。《儀禮·喪服傳》：“諸侯之子稱公子，公子不得禰先君。公子之子稱公孫，公孫不得祖諸侯。”鄭玄注：“不得禰、不得祖者，不得立其廟而祭之也。”

④《周禮·春官·大宗伯》：“若王不與祭祀，則［大宗伯］攝位。”

⑤《儀禮·士虞禮》：“始虞，用柔日。曰：‘哀子某，哀顯相，夙興夜處不寧。’”“曰：‘孝子某，孝顯相，夙興夜處，小心畏忌，不惰其身，不寧。’”另，孔穎達正義引鄭玄《三禮目録》稱：“虞，安也。士既葬父母，迎精而反，日中祭之於殯宮以安之。虞於五禮屬凶。”

⑥鄭箋以“顯相”爲“諸侯有光明著見之德者來助祭”，朱熹以爲是“相，助也。謂助祭之公卿諸侯也。”

⑦《左傳·桓公二年》：“天子建國，諸侯立家，卿置側室，大夫有貳宗，士有隸子弟，庶人工商各有分親，皆有等衰。是以民服事其上，而下無覬覦。”杜預集解：“衰，殺也。”

⑧《詩·小雅·天保》：“禴祠烝嘗。”毛傳：“春曰祠，夏曰禴，秋曰嘗，冬曰烝。”

⑨《禮記·樂記》：“天下大定，然後正六律，和五聲，弦歌詩頌，此之謂德音。德音之謂樂。”

⑩升歌《清廟》，爲周天子祭禮儀節之一。《禮記·祭統》：“夫大嘗禘，升歌《清廟》，下而管《象》，朱干玉戚以舞《大武》，八佾以舞《大夏》，此天子之樂也。”孔穎達正義：“升歌《清廟》者，升堂歌《清廟》。”

⑪語出《中庸》。

諸！清廟，文王廟也，爲王者大祖，百世不遷。武王立之豐，不再立之于鎬。①周公作洛邑，立文王爲王者祖廟，武王爲王者宗廟，始祖及親廟皆不更立于洛邑。②《洛誥》惟“以秬鬯二卣”、“禋于文王、武王”是也。③“《執競》，祀武王也”④，以爲祀武王、成王、康王⑤，安得繼體守文之君躋諸受命王之列，若是班乎⑥！昭王之時，雖曰“王道微缺”⑦，不如是大壞甚也。且議周之祖宗廟，初在遞遷之昭穆⑧，及將毀而後不遷⑨，又不過曰文世室、武世室焉。⑩然則周公固不若李斯、申屠嘉乎？⑪必不

①豐、鎬，周之舊都。文王都豐，在今陝西西安西南豐水以西。武王遷鎬，在豐水以東。其後周公雖營洛邑，豐鎬仍爲當時政治文化中心。《漢書·郊祀志下》：“昔者周文武郊於豐鄗，成王郊於雒邑。”

②周代天子七廟，后稷爲始祖，文王爲太祖，武王爲太宗（文、武皆爲始受命王），此三廟世世不毀；而另立有四個時君先祖廟，稱親廟，則親盡迭毀。《白虎通·宗廟》：“周以后稷、文、武特七廟，后稷爲始，文王爲太祖，武王爲太宗。”

③見《書·洛誥》，乃周公以秬鬯二卣，奠于文王、武王。

④《詩·周頌·執競》小序。

⑤《詩·周頌·執競》：“執競武王，無競維烈。不顯成康，上帝是皇。”朱熹集傳：“此祭武王、成王、康王之詩。”

⑥若是班乎，語出《孟子·公孫丑上》：“〔公孫丑問〕曰：‘伯夷、伊尹於孔子，若是班乎？’”趙岐注：“班，齊等之貌也。丑嫌伯夷、伊尹與孔子相比，問此三人之德班然而等乎？”

⑦《史記·周本紀》：“康王卒，子昭王瑕立。昭王之時，王道微缺。”

⑧遞遷，猶迭毀。昭穆，宗廟或宗廟中神主之排列，始祖居中，以下父子（祖、父）遞爲昭穆，左爲昭，右爲穆。此句意爲周代祖廟、宗廟之議之所以興起，亦是因序列昭穆之故，即不到諸廟多到需序列昭穆之時，亦不需辨別何者爲祖，何者爲宗。

⑨謂等到宗廟過多，不得已需討論毀者時，方確定有不毀者。

⑩世室，不遷之廟。文廟、武廟，有文世室、武世室之稱。《禮記·明堂位》：“魯公之廟，文世室也。武公之廟，武世室也。”鄭玄注：“此二廟，象周有文王、武王之廟也。世室者，不毀之名也。魯公，伯禽也。武公，伯禽之玄孫也，名敖。”

⑪李斯、申屠嘉如何議論祠廟之事，待考。《史記·始皇本紀》載：“〔二世〕令群臣議尊始皇廟。群臣皆頓首言曰：‘古者天子七廟，諸侯五，大夫三，雖萬世世不軼毀。今始皇爲極廟，四海之内皆獻貢職，增犧牲，禮咸備，毋以加。先王廟或在西雍，或在咸陽。天子儀當獨奉酌祠始皇廟。自襄公已下軼毀。所置凡七廟。群臣以禮進祠，以尊始皇廟爲帝者祖廟。’”此時李斯爲丞相，或爲莊存與所本。

然矣！必不然矣！

烈文①

○“辟公”②，周公也。成王初服③，當此頌者，惟周公也。告于神明，不直而矯乎！天下諸侯莫不法則周公，成王即政，於諸侯助祭歌之。“前王不忘”④，周公成之而後“不忘”矣。

噫嘻⑤

○思后稷播百穀，至于文、武爲天下王，上帝命之，嗟歎之而作。曰“噫嘻成王”，成此王事者，皆以農事也。⑥王德“既昭假”于天，“爾”之爲言，親之也。⑦“率時農夫”，躬耕帝籍，先天下農也。⑧“播厥百穀”，因時地之宜也。“駿發爾私，終三十里”⑨，甸法⑩治地，其溥原⑪有如此者，是謂地平。⑫“亦

①小序：“《烈文》，成王即政，諸侯助祭也。”
②《詩·周頌·烈文》：“烈文辟公，錫兹祉福。”毛傳：“烈，光也。文王錫之。”按：毛傳以“辟公”爲文王，與莊存與有別。
③初服，即政。《書·召誥》：“王乃初服。”孔安國傳：“言王新即政，始服行教化。”
④《詩·周頌·烈文》：“於乎！前王不忘。”毛傳：“前王，武王也。”
⑤小序：“《噫嘻》，春夏祈穀于上帝也。”
⑥《詩·周頌·噫嘻》：“噫嘻成王，既昭假爾。”毛傳：“噫，嘆也。嘻，勅也。成王，成是王事也。”
⑦《詩·周頌·噫嘻》：“噫嘻成王，既昭假爾。”鄭箋：“假，至也。噫嘻乎！能成周王之功，其德已著至矣。謂光被四表，格於上下也。”
⑧《詩·周頌·噫嘻》：“率時農夫，播厥百穀。”鄭箋：“率是主田之吏農夫，使民耕田而種百穀也。”
⑨《詩·周頌·噫嘻》。毛傳：“私，民田也。言上欲富其民而讓於下，欲民之大發其私田耳。終三十里，言各極其望也。”
⑩甸法，稽覈田畝、出産之法，《周禮·天官》有甸師之官。
⑪溥原，大原。《詩·大雅·公劉》：“逝彼百泉，瞻彼溥原。”毛傳：“溥，大。”
⑫語出《書·大禹謨》：“帝曰：‘俞！地平天成，六府三事允治，萬世永賴，時乃功。’”孔安國傳：“水土治曰‘平’，五行叙曰‘成’。”

服爾耕,十千維耦”①,比法②治人,其鄉遂有如此者,是謂民和。地平而天成,乃可祈也。民和而年豐,乃可祈也。此盛德之形容乎?

豐年③

○豐年,上帝之賜也。“多黍多稌,亦有高廩,萬億及秭”④,三千里之内⑤,穀數陳於帝庭矣。黍稌之數寡于稷,多至如此,此豐年矣,且所以爲“酒”“醴”也。⑥獨言酒醴,何也? 天降命,而後人爲之,曰惟此元祀。⑦郊祀、禘祀,天子之元祀。等而下之以至大夫、士,苟非祀而糜穀若此,豈天所許哉! 言之得無訒乎?⑧害于耒耜者,扞而盡去之,后稷之教也。“烝畀祖妣”⑨,庶士百君子,克羞饋食,羞耇惟君⑩;庶民

①《詩·周頌·噫嘻》。鄭箋:“萬耦同時舉也。《周禮》曰:‘凡治野田,夫間有遂,遂上有徑;十夫有溝,溝上有畛;百夫有洫,洫上有塗;千夫有澮,澮上有道;萬夫有川,川上有路。’計此萬夫之地,方三十三里少半里也。耜廣五寸,二耜爲耦。一川之間萬夫,故有萬耦。”
②比法,核查統計户口財產之法。《周禮·地官·小司徒》:“乃頒比灋于六鄉之大夫,使各登其鄉之衆寡、六畜、車輦,辨其物,以歲時入其數。”孫詒讓正義:“《大胥》注云:‘比,猶校也。’謂校數户口財物之法。”
③小序:“《豐年》,秋冬報也。”鄭箋:“報者,謂嘗也、烝也。”
④《詩·周頌·豐年》。毛傳:“稌,稻也。廩,所以藏齍盛之穗也。數萬至萬曰億,數億至億曰秭。”
⑤《周禮·秋官·大行人》記邦畿方千里,其外方五百里謂之侯服,又其外方五百里謂之甸服,又其外方五百里謂之男服,又其外方五百里謂之采服,又其外方五百里謂之衛服,又其外方五百里謂之要服。共三千里,爲九州。九州之外,謂之蕃國。
⑥《詩·周頌·豐年》:“萬億及秭,爲酒爲醴。”
⑦元祀,大祀,指大祭天地之禮。《書·洛誥》:“記功,宗以功,作元祀。”孔傳:“有大功則列大祀。”
⑧《論語·顏淵》:“子曰:‘爲之難,言之得無訒乎?’”何晏集解:“孔曰:‘訒,難也。’”
⑨《詩·周頌·豐年》。鄭箋:“烝,進。畀,予也。”
⑩《書·酒誥》:“庶士有正,越庶伯君子,其爾典聽朕教:爾大克羞耇惟君。……爾尚克羞饋祀。”孔安國傳:“汝大能進老成人之道,則爲君矣”,“則汝庶幾能進饋祀於祖考矣。”

則孝養厥父母。① “百禮”，有吉、凶、賓、嘉焉，以酒醴“洽”之②，小大由之，和之至也。③此之謂“福”。無一夫不獲焉，此之謂“孔皆”。頌聖人而告成功，必讓善於天曰“降”。故曰“秋冬報也”。季秋大享帝之登歌④也。

雝⑤

○武王禘⑥文王爲太祖，周公之德不在群叔之列，序事以辨賢⑦，則王之相也。贊王牲事，贊玉幣爵之事，玉几、玉爵皆贊之。⑧其詩曰“相維辟公”，叔旦也。“天子穆穆”，孝子嗣王發也。“於薦廣牡，相予肆祀”⑨，叔旦贊天子牲事也。“假哉皇考，綏予孝子”⑩，文王來享肆祀，以安武王也。文王爲周大祖，大王前知之，曰：“其在昌乎？”⑪“周人以諱事神名”⑫，作《頌》以祀文王，不諱而且稱言之，亦嘗考其義乎？其詩曰“克

①《書·酒誥》：“肇牽車牛，遠服賈，用孝養厥父母。”
②《詩·周頌·豐年》：“以洽百禮，降福孔皆。”
③《論語·學而》：“有子曰：‘禮之用，和爲貴。先王之道，斯爲美。小大由之，有所不行，知和而和，不以禮節之，亦不可行也。’”邢昺疏：“每事小大皆用禮，而不以樂和之，則其政有所不行也。”
④登歌，舉行祭典、大朝會時，樂師登堂所奏之歌。《周禮·春官·大師》：“大祭祀，帥瞽登歌，令奏擊拊。”鄭玄注引鄭司農曰：“登歌，歌者在堂也。”
⑤小序：“《雝》，禘大祖也。”
⑥禘，其義非一，此處謂宗廟之祭。
⑦《中庸》：“序事，所以辨賢也。”鄭玄注：“序，猶次也。事，謂薦羞也。‘以辨賢’者，以其事別所能也，若司徒‘羞牛’、宗伯‘共鷄牲’矣。”
⑧《周禮·天官·太宰》：“〔太宰〕祀五帝，則掌百官之誓戒，與其具脩。……及納亨，贊王牲事。及祀之日，贊玉幣爵之事。祀大神示亦如之。享先王亦如之，贊玉几玉爵。”
⑨《詩·周頌·雝》。毛傳：“相，助。廣，大也。”
⑩《詩·周頌·雝》。毛傳：“假，嘉也。”
⑪周公，名昌。《史記·周本紀》：“古公有長子曰太伯，次曰虞仲。太姜生少子季曆，季曆娶太任，皆賢婦人，生昌，有聖瑞。古公曰：‘我世當有興者，其在昌乎？’”
⑫《左傳·桓公六年》。孔穎達正義：“諱始於周，周人尊神之故，爲之諱名。”

昌厥後”①，文王如大王、王季之志，載周而始之②，尊爲王者祖廟。大王、王季實臨之，名以命之，而文王有不得辭者矣。夫尊文王爲大祖，必告于南郊，告于七廟，而後成之者也。苟不合于神祇、祖考之心，文王其享之乎？大姜、大任、大姒③，母德並歌于《大雅》④，《頌》乃惟歌文母焉，斯亦祖考之心也。“烈考”、“皇考”⑤，皆謂文王。⑥《雝》非徹歌，“禘大祖也”。“三家者以《雝》徹”⑦，後儒不察，遂以徹名《雝》，失之矣。⑧

載見⑨

○“辟公”，周公也。⑩周公之志行，“辟王”⑪乃克戡多

---

① 《詩·周頌·雝》：“燕及皇天，克昌厥後。”毛傳：“燕，安也。”

② 《詩·大雅·文王》：“亹亹文王，令聞不已。陳錫哉周，侯文王孫子。”毛傳：“亹亹，勉也。哉，載。”鄭箋：“哉，始。侯，君也。勉勉乎不倦，文王之勤，用明德也。其善聲聞，曰見稱歌無止時也。乃由能敷恩惠之施以受命，造始周國，故天下君之。其子孫，適爲天子，庶爲諸侯，皆百世。”

③ 大姜，周太王妃，文王之祖母。大任，王季之妃，文王之母。大姒，文王之妃，武王之母。

④ 《詩·大雅·思齊》：“思齊大任，文王之母。思媚周姜，京室之婦。大姒嗣徽音，則百斯男。”毛傳：“齊，莊。媚，愛也。周姜，大姜也。京室，王室也。大姒，文王之妃也。大姒十子，衆妾則宜百子也。”鄭箋：“常思莊敬者，大任也，乃爲文王之母。”

⑤ 《詩·周頌·雝》：“假哉皇考，綏予孝子”，“既右烈考，亦右文母”。

⑥ 此處莊存與異于毛傳，毛傳以爲“烈考，武王也”。

⑦ 《論語·八佾》。何晏集解：“馬曰：‘三家，謂仲孫、叔孫、季孫。《雝》，《周頌·臣工》篇名。天子祭於宗廟，歌之以徹祭，今三家亦作此樂。’”

⑧ 如朱熹集傳稱：“《周禮》大師及徹，帥學士而歌《徹》，說者以爲即此詩。《論語》亦曰‘以《雝》徹’。然則此蓋徹祭所歌，而亦名爲《徹》也。”

⑨ 小序：“《載見》，諸侯始見乎武王廟也。”

⑩ 《詩·周頌·載見》：“烈文辟公，綏以多福，俾緝熙于純嘏。”毛、鄭以“辟公”爲“諸侯”，與莊存與有異。

⑪ 《詩·周頌·載見》：“載見辟王，曰求厥章。”毛傳：“載，始也。”鄭箋：“諸侯始見君王，謂見成王也。”

難。①“昭考”②之神靈安以“多福”③，天人之助多且大矣。昭公不與也，千七百七十三諸侯何足以當之？④禮：天子三公稱公，二王之後稱公⑤，《詩》則曰“我客”。⑥曾侯伯子男也，而以臣子尊其君之稱，歌諸天子宗廟乎？⑦子曰：名不正，言不順，事不成，禮樂不興。⑧《頌》顧如此乎？不然也。《卷阿》之詩曰“純嘏爾常矣”⑨，此所謂“王功曰勳”。⑩

魯頌

泮水⑪

○攷《泮水》之頌，而知魯之養士有常法也。其六章曰：

①多難，指成王黜殷、踐奄、誅管蔡、滅淮夷諸役。

②《詩·周頌·載見》：“率見昭考，以孝以享。”毛傳：“昭考，武王也。享，獻也。”

③《詩·周頌·載見》：“烈文辟公，綏以多福，俾緝熙于純嘏。”鄭箋：“安之以多福，使光明於大嘏之意。天子受福曰大嘏，辭有福祚之言。”

④毛傳解“辟公”爲“諸侯”，鄭箋解爲“百辟卿士及天下諸侯”（皆見《詩·周頌·烈文》），此處莊存與反詰之，以爲天下諸侯不足以受其所認爲之天人之助，故認爲辟公乃周公也。“昭公”，昭，昭顯；公，此處指三公。“千七百七十三諸侯”，此處指侯、伯、子、男，語出《周禮·地官·大司徒》賈公彥疏引《尚書大傳》：“《洛誥傳》云：天下諸侯入來進受命於周，退見文武之尸者，千七百七十三諸侯。”

⑤《公羊傳·隱公五年》：“天子三公稱公，王者之後稱公。其餘大國稱侯，小國稱伯、子、男。”

⑥《詩·周頌·振鷺》：“我客戾止，亦有斯容。”毛傳：“客，二王之後。”

⑦此處莊存與同樣意在反詰解“辟公”爲“諸侯”之說。即認爲侯、伯、子、男本不可稱“公”，雖偶因本其臣子之尊稱，亦可稱“公”，必不會寫在詩中歌諸天子宗廟。

⑧《論語·子路》：“名不正，則言不順。言不順，則事不成。事不成，則禮樂不興。”

⑨《詩·大雅·卷阿》。毛傳：“嘏，大也。”鄭箋：“純，大也。予福曰嘏。使女大受神之福以爲常。”

⑩《周禮·夏官·司勳》。鄭玄注：“輔成王業，若周公。”

⑪小序：“《泮水》，頌僖公能脩泮宮也。”陸德明釋文：“泮宮，諸侯之學也。”

“濟濟多士，克廣德心。”《周官》謂之“學士”。①自庠序而進於少學②，少學，泮宮也。天子大學，實有五名：周曰辟廱③，殷曰瞽宗④，夏曰東序，虞曰上庠⑤，五帝之學則有成均。⑥《文王世子記》惟不見辟廱，四學具在也。⑦子曰：“君子謀道不謀食。耕也，餒在其中矣。學也，禄在其中矣。”⑧則可知班固《藝文志》云“古之學者耕且養，三年而通一藝”，非周公之典、孔子之訓矣。夫“任官然後爵，位定然後禄”⑨，必有政事焉。而養士於學，必使之無事而食，孟子言之，彭更、公孫丑皆疑而問

---

①如《周禮·春官·大胥》：“大胥掌學士之版，以待致諸子。”

②《漢書·食貨志上》：“八歲入小學，學六甲、五方、書計之事，始知室家長幼之節。十五入大學，學先聖禮樂，而知朝廷君臣之禮。其有秀異者，移鄉學於庠序。庠序之異者，移國學於少學。諸侯歲貢少學之異者于天子，學于大學，命曰造士。”

③《禮記·王制》：“天子命之教，然後爲學。小學在公宮南之左，大學在郊。天子曰辟廱，諸侯曰頖宮。”

④《禮記·明堂位》：“瞽宗，殷學也。頖宮，周學也。”

⑤《禮記·王制》：“有虞氏養國老於上庠，養庶老於下庠。夏后氏養國老於東序，養庶老於西序。”鄭玄注：皆學名也，上庠、東序，皆大學。

⑥《周禮·春官·大司樂》：“大司樂掌成均之灋，以治建國之學政，而合國之子弟焉。”鄭玄注：“董仲舒云：‘成均，五帝之學。’”

⑦《禮記·文王世子》：“凡學世子及學士，必時。春夏學干戈，秋冬學羽籥，皆於東序。小樂正學干，大胥贊之。籥師學戈，籥師丞贊之。胥鼓《南》。春誦，夏弦，大師詔之。瞽宗秋學禮，執禮者詔之。冬讀書，典書者詔之。禮在瞽宗，書在上庠。”陸德明釋文：“學，教也。”《禮記·文王世子》：“於成均，以及取爵於上尊也。”

⑧《論語·衛靈公》。何晏集解引鄭玄注：“學則得禄，雖不耕而不餒。”

⑨《禮記·王制》：“論定然後官之，任官然後爵之，位定然後禄之。”

之。^①雖在戰國，東方諸侯未之或改。夫"入孝出弟，守先王之道，待後之學者"，爲仁義者也，謂之君子，必不可以謀食，而顧曰耕乎哉！《泮水》之六章又曰："桓桓于征，逖彼東南。烝烝皇皇，不吳不揚。不告于訩，在泮獻功。"^②《王制》："有發，則命大司徒教士以車甲。"^③必且受成於學。諸侯帥而行之於少學，不敢不以仁義行師有如此也。春秋諸侯擅相征伐，不以仁義，然而井堙木刊，則斥而怨之矣。^④左邱氏《傳》所記，猶有動干戈而節度從容者^⑤，諸夏非吳、越比也。若諸侯來伐吾國，吾國士皆可以致死於行陣，而不謂之徒死焉。是以微虎屬徒三踊，

---

① 《孟子·滕文公下》："彭更問曰：'後車數十乘，從者數百人，以傳食於諸侯，不以泰乎？'孟子曰：'非其道，則一簞食不可受於人；如其道，則舜受堯之天下，不以爲泰，子以爲泰乎？'曰：'否。士無事而食，不可也。'曰：'子不通功易事，以羨補不足，則農有餘粟，女有餘布；子如通之，則梓匠輪輿皆得食於子。於此有人焉，入則孝，出則悌，守先王之道，以待後之學者，而不得食於子。子何尊梓匠輪輿而輕爲仁義者哉？'曰：'梓匠輪輿，其志將以求食也；君子之爲道也，其志亦將以求食與？'曰：'子何以其志爲哉！其有功於子，可食而食之矣。且子食志乎？食功乎？'曰：'食志。'曰：'有人於此，毀瓦畫墁，其志將以求食也，則子食之乎？'曰：'否。'曰：'然則子非食志也，食功也。'"《孟子·盡心上》："公孫丑曰：'《詩》曰："不素餐兮。"君子之不耕而食，何也？'孟子曰：'君子居是國也，其君用之，則安富尊榮。其子弟從之，則孝悌忠信。不素餐兮，孰大於是？'"

② 逖，武英殿本《毛詩正義》作"狄"。朱熹集傳："狄，猶逷也。東南，謂淮夷也。烝烝皇皇，盛也。不吳不揚，肅也。不告于訩，師克而和，不爭功也。"

③ 鄭玄注："乘兵車、衣甲之儀。有發，謂有軍師發卒。"

④ 《左傳·襄公二十五年》："初，陳侯會楚子伐鄭，當陳隧者，井堙木刊。鄭人怨之六月。"杜預集解："隧，徑也。堙，塞也。刊，除也。"

⑤ 如《左傳·僖公二十二年》："宋公及楚人戰于泓，宋人既成列，楚人未既濟。司馬曰：'彼眾我寡，及其未既濟也，請擊之。'公曰：'不可。'既濟而未成列，又以告，公曰：'未可。'既陳而後擊之，宋師敗績，公傷股，門官殲焉。國人皆咎公，公曰：'君子不重傷，不禽二毛。古之爲軍也，不以阻隘也，寡人雖亡國之餘，不鼓不成列。'"

賢如有子，且在三百人之數，而國士多焉。^①則僖公之時可知已。故曰：“既作泮宫，淮夷攸服。”^②齊桓南伐，實以魯爲主，固非誇也^③，是以夫子曰：“魯一變，至於道。”^④不然喜夸詐者莫甚於魯，尤莫甚於魯之《頌》，而又曰“思無邪”^⑤也，其孰承之乎？必不然矣。

①《左傳·哀公八年》吴伐魯，魯大夫微虎選徒屬欲偷襲吴軍，即“微虎欲宵攻王舍，私屬徒七百人，三踊於幕庭，卒三百人，有若與焉。及稷門之内，或謂季孫曰：‘不足以害吴，而多殺國士，不如已也。’乃止之。”杜預集解：“微虎，魯大夫。于帳前設格，令士試躍之。卒，終也，終得三百人任行。有若，孔子弟子，與在三百人中。三百人行至稷門。”
②鄭箋：“攸，所也。”
③如《詩·魯頌·閟宫》：“戎狄是膺，荆舒是懲，則莫我敢承。”毛傳：“膺，當。承，止也。”鄭箋：“懲，艾也。僖公與齊桓舉義兵，北當戎與狄，南艾荆及群舒，天下無敢禦也。”
④《論語·雍也》。
⑤《論語·爲政》：“子曰：‘詩三百，一言以蔽之，曰：思無邪。’”

毛詩説補卷三

國風周南

卷耳①

○使臣之勞，非一人，亦非一地，歸而勞之，禮備且成，非一酌也。②六詩③重章，滿而後作，復而不厭④，有序而不紊，少不可益，多不可省。自康成有"申殷勤"之言⑤，永叔則曰變文以叶韻⑥，無怪乎原伯魯之不説學也。⑦

---

①小序："《卷耳》，后妃之志也。又當輔佐君子，求賢審官，知臣下之勤勞，内有進賢之志，而無險詖私謁之心。朝夕思念，至於憂勤也。"

②《詩·周南·卷耳》："陟彼崔嵬，我馬虺隤。我姑酌彼金罍，維以不永懷。"毛傳："陟，升也。崔嵬，土山之戴石者。虺隤，病也。姑，且也。人君黄金罍。永，長也。"鄭箋："我，我使臣也。臣以兵役之事行，出離其列位，身勤勞於山險，而馬又病，君子宜知其然。我，我君也。臣出使，功成而反，君且當設饗燕之禮，與之飲酒以勞之，我則以是不復長憂思也。言且者，君賞功臣，或多於此。"

③《周禮·春官·大師》："教六詩：曰風，曰賦，曰比，曰興，曰雅，曰頌。以六德爲之本，以六律爲之音。"

④語出《左傳·襄公二十九年》，乃吴季札至魯觀樂評《頌》語。

⑤《詩·周南·卷耳》："陟彼高岡，我馬玄黄。我姑酌彼兕觥，維以不永傷。"毛傳："山脊曰岡。玄，馬病則黄。兕觥，角爵也。傷，思也。"鄭箋："此章爲意不盡，申殷勤也。"孔穎達正義："詩本畜志發憤，情寄於辭，故有意不盡，重章以申殷勤。"

⑥歐陽修《詩本義·卷六·皇皇者華》："'諏'、'謀'、'度'、'詢'，其義不異，但變文以叶韻爾，詩家若此其類甚多。"

⑦《左傳·昭公十八年》："秋，葬曹平公。往者見周原伯魯焉，與之語，不説學。"説，通"悦"。

樛木①

○始則"纍之"，繼則"荒之"，終且"縈之"，"葛藟"幾不知降也，"樛木"幾不能遂也。②始而下逮，未幾嫉妒，終爲怨讎，事有必至矣。惟后妃之盛德，斯莫得而踰焉。同心戴之，如事父母，縱或愚幼不肖怨汝、詈汝，絶無含怒畜怨之心。六宮之人歸美以報其上，"君子"是以能"樂"，而"福禄安之"也。③安之而後"大"，大之而後"成"。④因始基而終言之，謂之王者之風。⑤不成不足以言之也，成之者誰乎?

螽斯⑥

○妾御乃衆多矣，以螽斯況之，自卑而尊己之天也。事上則喻以葛藟，相處則喻以螽斯，王者之風，言爲世則，學博依者安之。⑦

---

①小序："《樛木》，后妃逮下也。言能逮下而無嫉妒之心焉。"鄭箋："后妃能和諧衆妾，不嫉妒其容貌，恒以善言逮下而安之。"

②《詩‧周南‧樛木》："南有樛木，葛藟纍之。""南有樛木，葛藟荒之。""南有樛木，葛藟縈之。"毛傳："南，南土也。木下曲曰樛。南土之葛藟茂盛。荒，奄。縈，旋也。"

③《詩‧周南‧樛木》："樂只君子，福履綏之。"毛傳："履，禄。綏，安也。"鄭箋："妃妾以禮義相與和，又能以禮樂樂其君子，使爲福禄所安。"

④《詩‧周南‧樛木》："樂只君子，福履將之。""樂只君子，福履成之。"毛傳："將，大也。成，就也。"

⑤《詩‧周南‧關雎》大序："《關雎》《麟趾》之化，王者之風，故繫之周公。'南'，言化自北而南也。《鵲巢》《騶虞》之德，諸侯之風也，先王之所以教，故繫之召公。《周南》《召南》，正始之道，王化之基。"孔穎達正義："文王三分有二之化，故稱'王者之風'，是其風者，王業基本。"

⑥小序："《螽斯》，后妃子孫衆多也。言若螽斯不妒忌，則子孫衆多也。"

⑦《禮記‧學記》："不學博依，不能安詩。"鄭玄注："博依，廣譬喻也。"孔穎達正義："博，廣也。依，謂依倚也，謂依附譬喻也。若欲學詩，先依倚廣博譬喻。若不學廣博譬喻，則不能安善其詩，以詩譬喻故也。"

○“薨薨”者，其聲之多也。①言言語語無不和者。

○“揖揖”，以禮會聚也。②先後次第無亂行者，明章婦順，女教無或不修，陰禮教親而不怨③，所謂“盛德”也。④

桃夭⑤

○男有“室”，女有“家”，言二人之“宜”也。⑥先“室”而後“家”，“之子”之所居也，故先言之。

○始“宜”之，終必“宜”之，以“其實”知之。⑦一或不終，非二人之宜也。先“家”而後“室”，“之子”之所有也。之子有其家，然後安其室，古者謂之宮事。⑧居其室，不知其家，不可以爲宜也，故先言家也。

○“一家之人”，有親疏焉，有長幼焉，有貴賤焉，有賢不肖焉，“盡以爲宜”，亶其難哉！⑨引此詩而申之，可以教國人，若

---

①《詩·周南·螽斯》：“螽斯羽，薨薨兮。”毛傳：“薨薨，衆多也。”
②《詩·周南·螽斯》：“螽斯羽，揖揖兮。”毛傳：“揖揖，會聚也。”
③《周禮·地官·大司徒》：“以陰禮教親，則民不怨。”鄭玄注：“陰禮，謂男女之禮。昏姻以時，則男不曠女不怨。”
④《禮記·昏義》：“古者天子后立六宮、三夫人、九嬪、二十七世婦、八十一御妻，以聽天下之内治，以明章婦順，故天下内和而家理。天子立六官、三公、九卿、二十七大夫、八十一元士，以聽天下之外治，以明章天下之男教，故外和而國治。故曰：天子聽男教，后聽女順；天子理陽道，后治陰德；天子聽外治，后聽内職。教順成俗，外内和順，國家理治，此之謂盛德。”
⑤小序：“《桃夭》，后妃之所致也。不妒忌，則男女以正，昏姻以時，國無鰥民也。”
⑥《詩·周南·桃夭》：“之子于歸，宜其室家。”毛傳：“之子，嫁子也。于，往也。宜，以有室家無踰時者。”鄭箋：“宜者，謂男女年時俱當。”
⑦《詩·周南·桃夭》：“桃之夭夭，灼灼其華。之子于歸，宜其室家。桃之夭夭，有蕡其實。之子于歸，宜其家室。”毛傳：“蕡，實貌。非但有華色，又有婦德。家室，猶室家也。”
⑧《儀禮·士昏禮》：“父送女，命之曰：‘戒之敬之，夙夜毋違命。’母施衿結帨，曰：‘勉之敬之，夙夜無違宮事。’”賈公彦疏：“姑命婦之事。”
⑨《詩·周南·桃夭》：“桃之夭夭，其葉蓁蓁。之子于歸，宜其家人。”毛傳：“一家之人盡以爲宜。”鄭箋：“家人，猶室家也。”

之何舍毛而從鄭？①箋云：“家人，猶室家也。”

兔罝②

○“罝”，以言得禽也。“兔”，以言不易得也。志不必得，罝則得之。初見其“肅肅”然，既而見其兔，則遂長言之，反覆嗟歎而詠歌之。③歌其“椓之”，言其用也；歌其“施”之，言其釋也。“于中逵”，時不用也。“于中林”，時不用而待用也。有意乎其人若此！其人之肅肅，可望而不可即也，則曷言乎“武夫”？貴其能爲民“干城”，而制其“腹心”。④得斯人，則民安；不得斯人，則民不安。嗚呼！噫嘻！初雖曰“干城”，終不曰“腹心”者有之，以公侯好德不如其好色也。要其中曰“好仇”，則信遇其匹合矣。⑤天下賢才，有不歸之如流水者乎？“武夫”非一節之士，必大度之主然後能尊顯之矣。謂非“輔佐君子、求賢審官”⑥以致此化哉！

---

① 毛傳以“家人”爲“一家之人”，即包含親疏、長幼等的大家庭，鄭箋以爲即是原詩首章“室家”之變文，蓋謂僅包含夫婦二人之小家庭，受到莊存與批評。

② 小序：“《兔罝》，后妃之化也。《關雎》之化行，則莫不好德，賢人衆多也。”

③ 《詩·周南·兔罝》：“肅肅兔罝，椓之丁丁。”“肅肅兔罝，施于中逵。”“肅肅兔罝，施于中林。”毛傳：“肅肅，敬也。兔罝，兔罟也。丁丁，椓杙聲也。逵，九達之道。中林，林中。”鄭箋：“罝兔之人，鄙賤之事，猶能恭敬，則是賢者衆多也。”

④ 《詩·周南·兔罝》：“赳赳武夫，公侯干城。”“赳赳武夫，公侯好仇。”“赳赳武夫，公侯腹心。”毛傳：“赳赳，武貌。干，扞也。可以制斷，公侯之腹心。”鄭箋：“干也，城也，皆以禦難也。此罝兔之人，賢者也，有武力，可任爲將帥之德，諸侯可任以國守，扞城其民，折衝禦難於未然。”

⑤ 《詩·周南·兔罝》：“赳赳武夫，公侯好仇。”孔穎達正義：“毛以爲赳赳然有威武之夫，有文有武，能匹耦於公侯之志，爲公侯之好匹。”

⑥ 語出《詩·周南·卷耳》小序：“《卷耳》，后妃之志也。又當輔佐君子，求賢審官，知臣下之勤勞，內有進賢之志，而無險詖私謁之心。”

漢廣①

○《士昏禮》：親迎，墨車二乘。②必自秣其馬也。嘻！東漢世衰，鄭君亦鄙且薄矣。③箋云：“謙不敢斥其適己。”

○禮之不可犯，再三歌之，不易一辭。④人心如此，是之謂“王化之基”。⑤其變爲《桑中》，亦不易一辭。⑥故曰：“政散民流而不可止。”⑦

邶

柏舟⑧

○“我心匪石，不可轉也。我心匪席，不可卷也。”⑨“柳下惠爲士師，三黜，人曰：‘子未可以去乎？’曰：‘直道而事人，

---

① 小序：“《漢廣》，德廣所及也。文王之道被于南國，美化行乎江漢之域，無思犯禮，求而不可得也。”
② 《儀禮·士昏禮》：“乘墨車，從車二乘，執燭前馬。”鄭玄注：“墨車，漆車，士而乘墨車，攝盛也。”
③ 《詩·周南·漢廣》：“翹翹錯薪，言刈其楚。之子于歸，言秣其馬。”毛傳：“秣，養也。六尺以上曰馬。”鄭箋：“之子，是子也。謙不敢斥其適己，於是子之嫁，我願秣其馬，致禮餼，示有意焉。”
④ 《詩·周南·漢廣》三疊“漢之廣矣，不可泳思。江之永矣，不可方思”之句。毛傳：“潛行爲泳。永，長。方，泭也。”鄭箋：“漢也，江也，其欲渡之者，必有潛行乘泭之道。今以廣長之故，故不可也。又喻女之貞潔，犯禮而往，將不至也。”
⑤ 《詩》大序：“《周南》《召南》，正始之道，王化之基。”
⑥ 《詩·鄘風·桑中》三疊“期我乎桑中，要我乎上宮，送我乎淇之上矣”之句。
⑦ 《詩·鄘風·桑中》小序：“《桑中》，刺奔也。衛之公室淫亂，男女相奔，至于世族在位，相竊妻妾，期於幽遠，政散民流而不可止。”
⑧ 小序：“《柏舟》，言仁而不遇也。衛頃公之時，仁人不遇，小人在側。”
⑨ 毛傳：“石雖堅，尚可轉。席雖平，尚可卷。”鄭箋：“言己心志堅平，過於石席。”

焉往而不三黜？枉道而事人，何必去父母之邦？'"①

○"威儀棣棣，不可選也"②，北宮文子曰："言君臣上下、父子兄弟、內外大小，皆有威儀也。"③

雄雉④

○"不忮不求，何用不臧"⑤，刺諸侯不以干戈省厥躬，而百姓被其毒也。

鄘

相鼠⑥

○《白虎通論》曰："妻諫夫之辭也。"⑦

○夫婦之道，榮耻共之。生而辱，不如死而榮也。⑧

①《論語·微子》。
②毛傳："君子望之儼然可畏，禮容俯仰各有威儀耳。棣棣，富而閑習也。物有其容，不可數也。"鄭箋："稱己威儀如此者，言己德備而不遇，所以慍也。"
③《左傳·襄公三十一年》："公曰：'善哉！何謂威儀？'〔北宮文子〕對曰：'有威而可畏，謂之威。有儀而可象，謂之儀。君有君之威儀，其臣畏而愛之，則而象之，故能有其國家，令聞長世。臣有臣之威儀，其下畏而愛之，故能守其官職，保族宜家。順是以下，皆如是。是以上下能相固也。《衛詩》曰："威儀棣棣，不可選也。"言君臣上下、父子兄弟、內外大小，皆有威儀也。'"
④此篇原文誤置於下文的《鄘》中，據《詩經》原文，改移入《邶》。小序："《雄雉》，刺衛宣公也。淫亂不恤國事，軍旅數起，大夫久役，男女怨曠，國人患之而作是詩。"
⑤毛傳："忮，害。臧，善也。"
⑥小序："《相鼠》，刺無禮也。衛文公能正其群臣，而刺在位承先君之化無禮儀也。"
⑦《白虎通·諫諍》："妻得諫夫者，夫婦榮耻共之。《詩》云：'相鼠有體，人而無禮。人而無禮，胡不遄死？'此妻諫夫之詩也。"
⑧語出《史記·范睢蔡澤列傳》："生而辱不如死而榮。士固有殺身以成名，雖義之所在，雖死無所恨。"

王

黍離①

○古之名穀也，曰稷、曰黍、曰稻、曰粱、曰麻、曰麥、曰菽。其爲盛也，簋稷黍，簠稻粱。穜②之皆曰穀，穫之皆曰禾，廩之皆曰粟，或見稷爲五穀長也，專是三名，則形實于是乎亂。今正名之曰稷。粢，稷③，不粘者謂之粟也可，謂之穀也可，繫粟于稷是也，別稷于粟非也。衆、秫，稷之粘者④，謂之粟邪可，不謂之稷耶不可。秬，黑粟。秠，一稃二米，黍之異者⑤其他皆謂之黍。黏者不黍，不黏者不穄。穄非粢也，黍非稷也。虋，赤苗；芑，白苗；粱之異者⑥粱非黍也，虋非穄也。稌，稻⑦，黏者假稷名曰秫⑧，不黏者曰秔。⑨大麥，牟。小麥，來。⑩牡麻，枲麻。⑪蕡，苴。⑫大豆，菽⑬；小豆，荅⑭；葉曰藿。⑮先穜曰稙，

---

① 小序：“《黍離》，閔宗周也。周大夫行役，至于宗周，過故宗廟宮室，盡爲禾黍，閔周室之顛覆，彷徨不忍去，而作是詩也。”
② 穜，同“種”。
③ 《爾雅·釋草》：“粢，稷。”
④ 《爾雅·釋草》：“衆，秫。”《説文·禾部》：“秫，稷之黏者。”《詩·小雅·鴛鴦》：“乘馬在廄，摧之秣之。”毛傳：“秣，粟也。”
⑤ 《詩·大雅·生民》：“誕降嘉種，維秬維秠，維穈維芑。”毛傳：“秬，黑黍也。秠，一稃二米也。穈，赤苗也。芑，白苗也。”
⑥ 《爾雅·釋草》：“虋，赤苗。芑，白苗。秬，黑黍。秠，一稃二米。”
⑦ 《爾雅·釋草》：“稌，稻。”
⑧ 《説文·禾部》：“秫，稷之黏者。”
⑨ 《爾雅·釋草》陸德明釋文引《字林》：“秔，稻不黏者。”
⑩ 《詩·周頌·思文》：“貽我來牟。”陸德明釋文：“《字書》作‘䴴’，音同。《廣雅》云：‘䴴，小麥。䵽，大麥也。’”
⑪ 《儀禮·喪服傳》：“牡麻者，枲麻也。”
⑫ 《爾雅·釋草》：“蕡，枲實。枲，麻。”《詩·豳風·七月》：“九月叔苴。”毛傳：“苴，麻子也。”
⑬ 《左傳·成公十八年》：“周子有兄而無慧，不能辨菽麥。”杜預集解：“菽，大豆也。”
⑭ 《廣雅·釋草》：“小豆，荅也。”
⑮ 《廣雅·釋草》：“豆角謂之莢，其葉謂之藿。”

後種曰穋。①孰穫曰稻，生穫曰穛。②先種後孰曰種，後種先孰曰穋。③種之曰稼，斂之曰穡。④《詩》曰：“彼黍離離，彼稷之穗。”黍穗散，稷穗專。粱似稷而穗大，稷實員，粱實隋。

鄭

將仲子⑤

○刺莊公不愛其弟而以母爲辭，陰用祭仲之謀而陽不聽⑥，故斥仲子以風其君也。⑦

叔于田⑧

○“刺莊公也。叔處于京，繕甲治兵，以出于田”，國人以爲若二君然。

---

① 《詩·魯頌·閟宮》：“黍稷重穋，植稺菽麥。”毛傳：“先種曰植，後種曰穋。”
② 《禮記·內則》：“飯黍、稷、稻、粱、白黍、黃粱、稰、穛。”鄭玄注：“孰穫曰稰。生穫曰穛。”
③ 《詩·豳風·七月》：“黍稷重穋，禾麻菽麥。”毛傳：“後熟曰重，先熟曰穋。”陸德明釋文：“先種後熟曰重，又作種。”
④ 《詩·魏風·伐檀》：“不稼不穡，胡取禾三百廛兮？”毛傳：“種之曰稼。斂之曰穡。”
⑤ 小序：“《將仲子》，刺莊公也。不勝其母以害其弟，弟叔失道而公弗制，祭仲諫而公弗聽，小不忍以致大亂焉。”鄭箋：“莊公之母，謂武姜，生莊公及弟叔段。段好勇而無禮，公不早爲之所，而使驕慢。”
⑥ 武姜驕縱共叔段，而不愛鄭莊公。祭仲諫請早除之，莊公佯不聽而爲之備，卒克段。詳見《左傳·隱公元年》。
⑦ 《詩·鄭風·將仲子》：“將仲子兮，無踰我里，無折我樹杞。”毛傳：“將，請也。仲子，祭仲也。踰，越。里，居也。二十五家爲里。杞，木名也。折，言傷害也。”鄭箋：“無踰我里，喻言無干我親戚也。無折我樹杞，喻言無傷害我兄弟也。”
⑧ 小序：“《叔于田》，刺莊公也。叔處于京，繕甲治兵，以出于田，國人說而歸之。”京，共叔段之封地。

○叔似君矣，人復有似叔者乎？①

大叔于田②

○刺莊公也。段不義于君兄，狃③必敗之道，國人皆知公有害弟之心焉。

丰④

○"子之丰兮，俟我乎巷兮"⑤，女辭也。"悔予不送兮"，姆辭也。如以爲女⑥，將誰送哉？禮聞送女，不聞女送也。

○"衣錦""裳錦"⑦，婦人不殊裳。詳言之，貴之也。貴者如此，是以刺之。先裳後衣⑧，不爲顛倒，不殊裳也。"叔""伯"，猶言庶士。⑨歸妻者非一士，是曰禮俗焉。"駕予與歸"，陳古也。"婦乘以几，姆加景"，御者驅⑩，則待姆而行焉爾。其旨遠，其辭文⑪，何康成有逸言乎？"起信險膚，

---

①此處暗指祭仲。祭仲有寵于莊公，被任爲卿，遂專權。莊公卒，公子忽與公子突爭立，皆以得祭仲擁護而立，失祭仲擁護而奔，詳見《左傳》。
②小序："《大叔于田》，刺莊公也。叔多才而好勇，不義而得衆也。"
③《詩·鄭風·大叔于田》："將叔無狃，戒其傷女。"毛傳："狃，習也。"
④小序："《丰》，刺亂也。昏姻之道缺，陽倡而陰不和，男行而女不隨。"鄭箋："昏姻之道，謂嫁娶之禮。"
⑤毛傳："丰，豐滿也。巷，門外也。"鄭箋："子，謂親迎者。我，我將嫁者。有親迎我者，面貌丰丰然豐滿，善人也，出門而待我於巷中。"
⑥毛傳以爲"悔予不送兮"，乃"時有違而不至者"。而鄭箋以爲，乃所嫁之女悔己不從前來迎娶之男，朱熹同，爲莊存與所不從。
⑦《詩·鄭風·丰》："衣錦褧衣，裳錦褧裳。"毛傳："衣錦、褧裳，嫁者之服。"鄭箋："褧，禪也，蓋以禪縠爲之中衣。裳用錦，而上加禪縠焉，爲其文之大著也。庶人之妻嫁服也。"
⑧《詩·鄭風·丰》："裳錦褧裳，衣錦褧衣。"
⑨《詩·鄭風·丰》："叔兮伯兮，駕予與歸。"毛傳："叔、伯，迎己者。"鄭箋："言此者，以前之悔。今則叔也伯也，來迎己者，從之，志又易也。"
⑩《儀禮·士昏禮》："婦乘以几，姆加景，乃驅。"鄭玄注："乘以几者，尚安舒也。景之制，蓋如明衣，加之以爲行道禦塵，令衣鮮明也。"
⑪語出《易·繫辭下》。

予弗知乃所訟"①，其鄭氏之膏肓矣乎！箋云："來迎已者，從之，志又易也。""婦人謂嫁曰歸"②，歸者女也，"與歸"者姆也。"將""行"③，同義；"歸""送"④，殊指也。

溱洧⑤

○《鄘》之《桑中》，皆不易一辭⑥，所謂"并爲一談，牢不可破"⑦也。《魏》之詩曰："彼人是哉，子曰何其？"⑧貞淫、奢儉，雖曰殊科，風俗既成，非聖人不能易也。何以然乎？自以爲是，且無從斥其否也。果斥以否，衆皆以爲人之無良⑨矣。若鄭箋云云，箋云："相與戲謔，行夫婦之事。"鄭之士女則何至如是！雖下愚皆知其不可。文王在位，能使遊女不可求，不能使漢無遊女也。⑩則以出遊爲不可者，無乃以小人之腹度君子之心乎！若

---

① 《書·盤庚上》。孔安國傳："起信險爲膚受之言，我不知汝所訟言何謂。"

② 《公羊傳·隱公二年》，亦見《穀梁傳》。

③ 《詩·鄭風·丰》："悔予不將兮"，"駕予與行"。

④ 《詩·鄭風·丰》："悔予不送兮"，"駕予與歸"。

⑤ 《詩·鄭風·溱洧》："《溱洧》，刺亂也。兵革不息，男女相棄，淫風大行，莫之能救焉。"

⑥ 《詩·鄭風·溱洧》兩疊"女曰觀乎？士曰既且。且往觀乎。洧之外，洵訏且樂。維士與女，伊其相謔，贈之以勺藥"之句。鄭箋："伊，因也。士與女往觀，因相與戲謔，行夫婦之事。"《詩·鄘風·桑中》三疊"期我乎桑中，要我乎上宮，送我乎淇之上矣"之句。小序稱："《桑中》，刺奔也。衛之公室淫亂，男女相奔，至于世族在位，相竊妻妾，期於幽遠，政散民流而不可止。"

⑦ 語出韓愈《平淮西碑》："大官臆決唱聲，萬口和附，并爲一談，牢不可破。"

⑧ 《詩·魏風·園有桃》。毛傳："夫人謂我欲何爲乎？"鄭箋："彼人，謂君也。曰，於也。不知我所爲憂者，既非責我，又曰：君儉而嗇，所行是其道哉，子於此憂之何乎？"另小序："《園有桃》，刺時也。大夫憂其君國小而迫，而儉以嗇，不能用其民而無德教，日以侵削，故作是詩也。"

⑨ 人之無良，語出《詩·鄘風·鶉之奔奔》。鄭箋："人之行無一善者。"

⑩ 《詩·周南·漢廣》："漢有游女，不可求思。"毛傳："思，辭也。漢上游女，無求思者。"小序稱："《漢廣》，德廣所及也。文王之道被于南國，美化行乎江漢之域，無思犯禮，求而不可得也。"

《桑中》之詩，殆乎既其實矣。

秦

權輿①

〇"于嗟乎！不承權輿！"②郭景純《爾雅》注作"胡不承權輿？"

檜

羔裘③

〇古者大夫有罪，待放三年，而後可以之一邦，誠有罪也。④若乃大夫以諫不聽爲己罪，則謂之以道去其君⑤，去不待放，導之出疆，先于所往焉。⑥《羔裘》之詩曰："豈不爾思？中心是悼。"言君禮于其臣有加，而臣無補于其君，自悼之，莫可解也。

---

①小序："《權輿》，刺康公也。忘先君之舊臣與賢者，有始而無終也。"
②毛傳："承，繼也。權輿，始也。"
③小序："《羔裘》，大夫以道去其君也。國小而迫，君不用道，好絜其衣服，逍遥遊燕，而不能自强於政治，故作是詩也。"
④《公羊傳·宣公元年》："古者大夫已去，三年待放。君放之，非也；大夫待放，正也。"何休解詁："自嫌有罪當誅，故三年不敢去。"
⑤《孟子·萬章下》："王色定，然後請問異姓之卿。曰：君有過則諫，反覆之而不聽，則去。"
⑥《孟子·離婁下》："王曰：'禮爲舊君有服，何如斯可爲服矣？'曰：'諫行言聽，膏澤下於民。有故而去，則使人導之出疆，又先於其所往。去三年不反，然後收其田里。此之謂三有禮焉。如此則爲之服矣。'"

小雅

采芑①

○“方叔莅止，其車三千，師干之試”②，先會諸侯。“陳師鞠旅”③，後陳師旅。不戰而服“蠻荊”焉。④

鴻鴈⑤

○“維此哲人，謂我劬勞”，“不惟逸豫，惟以亂民”⑥，固哲人所以訓侯伯也。

祈父⑦

○料民大原，以補六軍之士。⑧而夫死、妻穉、子幼之家，轉而不知所底止矣。後若有事，孰爲死哉！故及幽王而廢滅也，其在位僅十一年爾。⑨此詩之所以作也。

---

①小序：“《采芑》，宣王南征也。”
②毛傳：“方叔，卿士也，受命而爲將也。莅，臨。師，衆。干，扞。試，用也。”
③毛傳：“鞠，告也。”鄭箋：“陳列其師旅，誓告之也。”
④《詩·小雅·采芑》：“顯允方叔，征伐玁狁，蠻荊來威。”
⑤小序：“《鴻鴈》，美宣王也。萬民離散，不安其居，而能勞來還定安集之，至于矜寡，無不得其所焉。”
⑥《書·説命中》。孔安國傳：“不使有位者逸豫民上，言立之主使治民。”
⑦小序：“《祈父》，刺宣王也。”
⑧《詩·小雅·祈父》：“祈父！予王之爪牙。胡轉予于恤，靡所止居？”毛傳：“祈父，司馬也，職掌封圻之兵甲。恤，憂也。宣王之末，司馬職廢，姜戎爲敗。”孔穎達正義：“《周語》云：‘宣王三十九年，戰於千畝。王師敗績於姜氏之戎。’《史記·周本紀》云：‘宣王即位。四十六年而崩。’是末有姜戎爲敗也。”《史記·周本紀》：“宣王既亡南國之師，乃料民於太原。仲山甫諫曰：‘民不可料也。’宣王不聽，卒料民。”裴駰集解：“韋昭曰：‘敗於姜戎時所亡也。南國，江漢之閒。料，數也。’”
⑨幽王爲宣王之子，立十一年，爲犬戎所滅。

斯干①

○"兄及弟矣，式相好矣，無相猶矣"②，周室世以《常棣》爲家法。③及惠、襄之族，乃倡周、召而去之，王室愈卑。④萇、劉不没之故，實由於此。⑤富辰之諫可思也。⑥

---

①小序："《斯干》，宣王考室也。"鄭箋："考，成也。德行國富，人民殷衆，而皆佼好，骨肉和親，宣王於是築宫廟群寢，既成而釁之，歌《斯干》之詩以落之。此之謂成室。宗廟成，則又祭祀先祖。"

②毛傳："猶，道也。"孔穎達正義："其兄與弟矣，用能相好樂矣，無相責以道矣。"

③《詩·小雅·常棣》小序："《常棣》，燕兄弟也。閔管蔡之失道，故作《常棣》焉。"另《詩·小雅·六月》小序："《常棣》廢則兄弟缺矣。"

④周公旦卒後，次子留相王室，世爲三公，仍周公之號。召康公奭卒後，次子留相王室，爲亞卿，春秋時或稱召公，或稱召伯。《左傳·成公十一年》載："周公楚惡惠、襄之倡也，且與伯與争政，不勝，怒而出，及陽樊，王使劉子復之，盟于鄄而入。三日，復出奔晉。"自是王室無周公矣。《左傳·昭公二十六年》載，王子朝與王子猛争位失敗，擁護王子朝的召氏族人與子朝一同奔楚，只留召伯盈于周。三年後，召伯盈亦爲周人所誅，召氏由是遂亡。

⑤《國語·周語下》載，周敬王十年，劉文公（名狄）與萇弘欲城周。衛彪傒聞之，以爲萇、劉欲支天之所壞，其不殁乎？其後范、中行之難，萇弘與之，晉人以爲討，二十八年，殺萇弘。及定王，劉氏亡。莊存與以爲，萇、劉不殁之故，實在於周景王崩，劉文公、萇弘（《左傳·哀公三年》："萇弘事劉文公。"）等人擁立王子猛，與王子朝争位，致使兄弟互相殘殺，宗族凋落。該事件詳見《左傳》昭公二十二至二十六年傳。

⑥《左傳·僖公二十四年》："[周襄]王怒，將以狄伐鄭，富辰諫曰：'不可。臣聞之，大上以德撫民，其次親親，以相及也。昔周公弔二叔之不咸，故封建親戚，以蕃屏周。管、蔡、郕、霍、魯、衛、毛、聃、郜、雍、曹、滕、畢、原、酆、郇，文之昭也；邗、晉、應、韓，武之穆也；凡、蔣、邢、茅、胙、祭，周公之胤也。召穆公思周德之不類，故糾合宗族于成周，而作詩曰："常棣之華，鄂不韡韡。凡今之人，莫如兄弟。"其四章曰："兄弟鬩于墻，外禦其侮。"如是則兄弟雖有小忿，不廢懿親。今天子不忍小忿，以棄鄭親，其若之何？庸勳親親，暱近尊賢，德之大者也。即聾從昧、與頑用嚚，姦之大者也。棄德崇姦，禍之大者也。鄭有平惠之勳，又有厲宣之親，棄嬖寵而用三良，於諸姬爲近，四德具矣。耳不聽五聲之和爲聾，目不別五色之章爲昧，心不則德義之經爲頑，口不道忠信之言爲嚚，狄皆則之，四姦具矣。周之有懿德也，猶曰"莫如兄弟"，故封建之。其懷柔天下也，猶懼有外侮，扞禦侮者，莫如親親，故以親屏周。召穆公亦云。今周德既衰，於是乎又渝周、召，以從諸姦，無乃不可乎？民未忘禍，王又興之，其若文武何？'王弗聽，使頹叔、桃子出狄師。"

正月①

○ “終其永懷，又窘陰雨”，此以下刺平王也。唐之肅宗、宋之高宗②，其獘正如此。上章言幽王之喪宗周，下章言平王之復用小人而循其覆轍也。

雨無正③

○ “舍彼有罪，既服其辜”④，褒姒、伯服既已伏辜矣。⑤

○王子余臣，子朝所謂“攜王奸命”者也。⑥虢公翰立之，晉文侯殺之，立二十一年，其不能嗣王業，則詩人所云“覆出爲惡”⑦之故也。凡失全全亡⑧之世，其獘莫不如詩人所刺矣。

○ “謂爾遷於王都”⑨，平王即安於東都，若宋宗忠簡之請

---

①小序：“《正月》，大夫刺幽王也。”
②唐肅宗，即李亨，玄宗之子。安史亂起，玄宗出奔，馬嵬兵變後李亨于靈武稱帝。在位期間，漸次克復兩京，但因任用宦官魚朝恩、李輔國、程元振等，同時又縱容張皇后干預政事，使得朝政日非。宋高宗，即趙構，徽宗之子。其父徽宗、長兄欽宗被金人北虜，趙構南渡建立南宋。在位期間賜死岳飛，罷免李綱、張浚、韓世忠等主戰派大臣，重用主和派的黃潛善、汪伯彥、王倫、秦檜等人。
③小序：“《雨無正》，大夫刺幽王也。雨自上下者也，衆多如雨，而非所以爲政也。”
④毛傳：“舍，除。”
⑤《史記·周本紀》：“三年，幽王嬖愛褒姒。褒姒生子伯服，幽王欲廢太子。……竟廢申后及太子，以褒姒爲后，伯服爲太子。”
⑥《左傳·昭公二十六年》王子朝告于諸侯曰：“至于幽王，天不弔周，王昏不若，用愆厥位。攜王奸命，諸侯替之，而建王嗣，用遷郟鄏。”孔穎達正義：“《汲冢書紀年》云：‘平王奔西申，而立伯盤以爲大子，與幽王俱死於戲。先是申侯、魯侯及許文公立平王於申，以本大子，故稱天王。幽王既死，而虢公翰又立王子余臣於攜，周二王並立。二十一年，攜王爲晉文公所殺。以本非適，故稱攜王。’”
⑦毛傳：“覆，反也。”
⑧語出《史記·田敬仲完世家》：“淳于髡曰：‘得全全昌，失全全亡。’”司馬貞索隱：“得全，謂人臣事君之禮全具無失，故云得全也。全昌者，謂若無失則身名獲昌，故云全昌也。”
⑨《詩·小雅·雨無正》：“謂爾遷于王都，曰予未有室家。”毛傳：“賢者不肯遷於王都也。”

還汴京而不從也。①

小宛②

○“無忝爾所生”③，于王有兄弟之戚矣。

○“握粟出卜，自何能穀。”④屈原《卜居》之辭⑤，其即此詩之旨乎？如果能穀，其必“念昔先人”乎？先人，謂文、武也。⑥

小弁⑦

○一憂不足以盡言，故重言“憂”也。⑧

○“靡瞻匪父，靡依匪母”，父則不得見，母又不相見，而失其所慕父而痛母也。“天之生我，我辰安在”⑨，憂不足以言其痛，故不曰“心之憂矣”。⑩

---

①宗忠簡，即宗澤，宋朝名將，曾多次上書宋高宗收復中原，還都東京，均未被采納。

②小宛，原作“小旻”。“無忝爾所生”之句出自《小宛》，據改。“握粟出卜……”條上原有標題“小菀”，從删。小序：“《小宛》，大夫刺幽王也。”

③毛傳：“忝，辱也。”

④鄭箋：“自，從。穀，生也。”“持粟行卜，求其勝負，從何能得生？”

⑤《楚辭·卜居》王逸解題：“《卜居》者，屈原之所作也。屈原履忠貞之性而見嫉妬，念讒佞之臣，承君順非而蒙富貴，己執忠直而身放棄，心迷意惑不知所爲。乃往至太卜之家，稽問神明，決之蓍龜，卜己居世何所宜行，冀聞異策，以定嫌疑。故曰《卜居》也。”

⑥《詩·小雅·小宛》：“我心憂傷，念昔先人。”毛傳：“先人，文、武也。”

⑦小序：“《小弁》，刺幽王也。大子之傅作焉。”

⑧《詩·小雅·小弁》多次言“憂”，如：“心之憂矣，云如之何”，“我心憂傷，惄焉如擣。假寐永歎，維憂用老。心之憂矣，疢如疾首”，“心之憂矣，不遑假寐”，“心之憂矣，寧莫之知”，“心之憂矣，涕既隕之”。

⑨毛傳：“辰，時也。”孔穎達正義：“本天之生我，我所遇值之時安所在乎？豈皆值凶時而生，使我獨遭此也？”

⑩《小弁》共八章，前六章，除第三章以“天之生我，我辰安在”作結外，其他五章結尾皆含“心之憂矣”之句。

巧言①

○"職爲亂階"②，所夷滅者，幾何人矣。

甫田③

○"烝我髦士"④，能爲士，于是使民興賢、興能⑤，進諸學，材諸位。⑥不能爲士，皆謂之民。

采菽⑦

○"優哉游哉，亦是戾矣"⑧，伐之而愈畔，釋之而畢來。⑨"齊侯修禮于諸侯，諸侯官受方物"⑩，而況天王乎？不以是戾，亦"不知所屆"⑪矣。

---

①小序："《巧言》，刺幽王也。大夫傷於讒，故作是詩也。"
②鄭箋："職，主也。此人主爲亂作階，言亂由之來也。"
③小序："《甫田》，刺幽王也。君子傷今而思古焉。"
④毛傳："烝，進。髦，俊也。"
⑤語出《周禮·地官·鄉大夫》："使民興賢，出使長之；使民興能，入使治之。"
⑥語出《漢書·董仲舒傳》："臣聞聖王之治天下也，少則習之學，長則材諸位，爵祿以養其德，刑罰以威其惡，故民曉於禮誼而恥犯其上。"
⑦小序："《采菽》，刺幽王也。侮慢諸侯，諸侯來朝，不能錫命，以禮數徵會之，而無信義，君子見微而思古焉。"
⑧毛傳："戾，至也。"
⑨伐，原作"代"，據文意校改。陸贄《收河中後請罷兵狀》："天下之情，翕然一變，曩討之而愈叛，今釋之而畢來。"
⑩《左傳·僖公七年》。杜預集解："諸侯官司，各於齊受其方所當貢天子之物。"
⑪《詩·小雅·小弁》。鄭箋："屆，至也。"

角弓①

○“如食宜饇，如酌孔取”②，古之所謂饗餮也，無時而飽焉，無孔不取焉。寧取之而不獲，無覤之而不酌。

○“雨雪瀌瀌，見晛曰消”③，彼以爲積實，我以爲積雪。“莫肯下遺，式居婁驕”④，掃地赤立⑤，不分不恤⑥，奢泰肆情⑦，焉知傾陁⑧，此所謂“安其危，利其菑，樂其所以亡”⑨者，亡可翹足而待矣。

○“我是用憂”，憂宗周之隕也。

都人士⑩

○“彼都人士”，有君子之容，有君子之言，有君子之行，詩

---

①小序：“《角弓》，父兄刺幽王也。不親九族而好讒佞，骨肉相怨，故作是詩也。”
②毛傳：“饇，飽也。”鄭箋：“王如食老者，則宜令之飽。如飲老者，則當孔取。孔取，謂度其所勝多少。凡器之孔，其量大小不同，老者氣力弱，故取義焉。王有族食、族燕之禮。”
③毛傳：“晛，日氣也。”鄭箋：“雨雪之盛瀌瀌然，至日將出，其氣始見，人則皆稱曰雪，今消釋矣。喻小人雖多，王若欲興善政，則天下聞之，莫不曰小人今誅滅矣。其所以然者，人心皆樂善，王不啓教之。”
④鄭箋：“式，用也。”陸德明釋文：“婁，數也。”孔穎達正義：“此小人皆爲惡行，莫肯自卑下，而遺去其惡心者。用此之故，其與人居處，數爲驕慢之行，故須化之。”
⑤語出韓愈《鄆州溪堂詩序》：“剥膚椎髓，公私掃地赤立，新舊不相保持。”
⑥語出《左傳·文公十八年》：“不分孤寡，不恤窮匱。”
⑦語出張衡《西京賦》：“流長則難竭，柢深則難朽。故奢泰肆情而馨烈彌茂。”
⑧語出張衡《西京賦》：“既定且寧，焉知傾陁。”吕向注：“陁，壞也。”
⑨《孟子·離婁上》：“孟子曰：‘不仁者，可與言哉！安其危而利其菑，樂其所以亡者。不仁而可與言，則何亡國敗家之有？’”
⑩小序：“《都人士》，周人刺衣服無常也。古者長民，衣服不貳，從容有常，以齊其民，則民德歸壹。傷今不復見古人也。”

人猶及見之矣。①遂因士君子而及君子女焉,信不可忘矣。士則見其冠也,女則見其髮也。②衡視③而上之,自遠而目之,其勢然也。由冠而旁視之,則見其"充耳"矣。漸近而面之,則"謂之尹吉"。④不可加一辭于此矣。"垂帶而厲",視由帶以上也。"卷髮如蠆",面未久而背也。⑤視上不及下,斯之謂禮。"言從之邁",不知足之前于途矣,斯之謂情。思之又重思之,言之又長言之,曰:"匪伊垂之,帶則有餘。匪伊卷之,髮則有旟。"⑥其卒從之乎哉?佇立而望之,而未能去也。詩之好德如此。始曰"不說",既曰"菀結",寫其哀也。"從之邁"、"云何盱",形于外也。方其見之,時而不見,已如此矣。不言今日之不見,惟言前日之不忘,善哉言乎!"行歸于周",忠信爲周,言士者民所望也。

---

① 《詩·小雅·都人士》:"彼都人士,狐裘黃黃。其容不改,出言有章。行歸于周,萬民所望。"毛傳:"彼,彼明王也。周,忠信也。"鄭箋:"城郭之域曰都。古明王時,都人之有士行者,冬則衣狐裘,黃黃然取溫裕而已。其動作容貌既有常,吐口言語又有法度文章。于,於也。都人之士所行,要歸於忠信。"

② 《詩·小雅·都人士》:"彼都人士,臺笠緇撮。彼君子女,綢直如髮。我不見兮,我心不說。"毛傳:"臺所以禦暑,笠所以禦雨也。緇撮,緇布冠也。密直如髮也。"

③ 《禮記·曲禮下》:"大夫衡視,士視五步。"鄭玄注:"衡,平也。平視,謂視面也。"

④ 《詩·小雅·都人士》:"彼都人士,充耳琇實。彼君子女,謂之尹吉。我不見兮,我心苑結。"毛傳:"琇,美石也。尹,正也。"鄭箋:"苑,猶屈也,積也。"

⑤ 《詩·小雅·都人士》:"彼都人士,垂帶而厲。彼君子女,卷髮如蠆。我不見兮,言從之邁。"毛傳:"厲,帶之垂者。"鄭箋:"蠆,螫蟲也。尾末揵然,似婦人髮末曲上卷然。言,亦我也。邁,行也。我今不見士女此飾,心思之,欲從之行。"

⑥ 《詩·小雅·都人士》:"匪伊垂之,帶則有餘。匪伊卷之,髮則有旟。我不見兮,云何盱矣。"毛傳:"旟,揚也。"鄭箋:"伊,辭也。此言士非故垂此帶也,帶於禮自當有餘也。女非故卷此髮也,髮於禮自當有旟也。盱,病也。思之甚,云:'何乎,我今已病也!'"

大雅

文王①

○“亹亹文王，令聞不已”②，《易大傳》曰：“君子體仁足以長人，嘉會足以合禮，利物足以和義，貞固足以幹事。君子行此四德者，故曰：乾，元亨利貞。”君子孰謂？謂文王也。《左氏傳》曰：“文王之功，天下誦而歌舞之”，“文王之行，至今爲法。”③

○“文王孫子，本支百世”④，天祚明德，有所底止，卜世三十，卜年七百，天所以命文王也。⑤

○“凡周之士，不顯亦世”⑥，《周典》曰：“王功曰勳，國功曰功，民功曰庸，事功曰勞，治功曰力，戰功曰多。凡有功者，銘書于王之大常，祭于大烝，司勳詔之。”⑦其後子孫有國，歷世不墮，久者與周祚並傳。天非有私于周，其德誠厚，其功誠遠也。

○“儀刑文王，萬邦作孚”⑧，文王之德，皆有儀而可象也。⑨文王之典，皆有法而可遵也。故曰“作孚”。

---

①小序：“《文王》，文王受命作周也。”
②毛傳：“亹亹，勉也。”鄭箋：“令，善。”
③《左傳·襄公三十一年》。
④毛傳：“本，本宗也。支，支子也。”
⑤《左傳·宣公三年》：“商紂暴虐，鼎遷于周。德之休明，雖小，重也；其姦回昏亂，雖大，輕也。天祚明德，有所底止。成王定鼎于郟鄏，卜世三十，卜年七百，天所命也。”杜預集解：“底，致也。”
⑥毛傳：“不世顯德乎也者，世祿也。”鄭箋：“凡周之士，謂其臣有光明之德者，亦得世世在位，重其功也。”
⑦《周禮·夏官·司勳》。鄭玄注：“銘之言名也。生則書於王旌，以識其人與其功也。死則於烝先王祭之。詔，謂告其神以辭也。盤庚告其卿大夫曰‘茲予大享於先王，爾祖其從與享之’是也。今漢祭功臣於廟庭。”
⑧毛傳：“刑，法。孚，信也。”鄭箋：“儀法文王之事，則天下咸信而順之。”
⑨語出《左傳·襄公三十一年》：“有威而可畏，謂之威。有儀而可象，謂之儀。”

大明①

　　○"小心翼翼，昭事上帝"②，其以天之心爲心，以天之事爲事矣。

旱麓③

　　○"鳶飛戾天，魚躍于淵"④，此言大王、王季能知時也。商德小破⑤，諸侯多不循道者，鳶之飛也。民失其所者衆，魚之躍也。大王、王季修德行仁，能治其國家，小諸侯耳，未克正諸侯而安之也。察鳶之飛，己不毀其居。察魚之躍，不必爲己歐。⑥天所助者順⑦，鳶奚能爲？人所助者信，豚魚不欺也。⑧民物之任，必有其人而後降之，不可索也。時會適來而無人，焉以待之？此不可不"作"。⑨"豈弟君子"⑩，上察天之心，不畀不明之人；下察民之心，不吉不才之子。"作人"以俟之。及文王

---

①小序："《大明》，文王有明德，故天復命武王也。"
②《詩·大雅·大明》："維此文王，小心翼翼。昭事上帝，聿懷多福。"鄭箋："小心翼翼，恭慎貌。昭，明。"
③小序："《旱麓》，受祖也。周之先祖，世脩后稷、公劉之業，大王、王季申以百福干禄焉。"大王，文王之祖。王季，文王之父。另，本節文字重見于莊存與《四書説》。
④毛傳："言上下察也。"鄭箋："鳶，鴟之類，鳥之貪惡者也。飛而至天，喻惡人遠去，不爲民害也。魚跳躍於淵中，喻民喜得所。"鄭箋爲莊存與所不采，詳下文。
⑤《大戴禮記·少閒》："成湯卒崩，殷德小破，二十有二世，乃有武丁即位。……武丁卒崩，殷德大破，九世，乃有末孫紂即位。"
⑥《孟子·離婁上》："爲淵歐魚者，獺也；爲叢歐爵者，鸇也；爲湯、武歐民者，桀與紂也。今天下之君有好仁者，則諸侯皆爲之歐矣，雖欲無王，不可得已。"
⑦《易·繫辭上》："天之所助者順也，人之所助者信也。"
⑧《易·中孚》："中孚。豚魚吉。"孔穎達正義："'中孚'，卦名也。信發於中，謂之中孚。魚者，蟲之幽隱。豚者，獸之微賤。人主内有誠信，則雖微隱之物，信皆及矣。莫不得所而獲吉，故曰'豚魚吉'也。"
⑨《詩·大雅·旱麓》："豈弟君子，遐不作人。"鄭箋："遐，遠也。言大王、王季之德近於變化，使如新作人。"
⑩《詩·大雅·旱麓》："豈弟君子，干禄豈弟。"鄭箋："君子，謂大王、王季。"

作, 而多士生此王國。所謂"受祖"者, 此也。《關雎》《鵲巢》造端乎夫婦①,《麟趾》《騶虞》功成而嘉祥至②, 察乎天地。③

皇矣④

○"此維與宅",《漢書·韋玄成傳》作"此維予宅"。⑤

○"帝謂文王, 予懷明德", 文王有明德, 上帝懷之也。"不大聲以色, 不長夏以革", 言文王之政謹好惡以示民, 曾不大其聲色而民化也。"長"之言"上"也。⑥夏, 教刑。⑦革, 官刑。⑧不上之者, 教易從、政易行也。"不識不知, 順帝之則", 夫凡民"不識不知"也。上之人無明德, 則作好作惡⑨、多忌多克, 其

---

① 《詩·周南·關雎》小序:"《關雎》, 后妃之德也, 風之始也。所以風天下而正夫婦也。故用之鄉人焉, 用之邦國焉。"《詩·召南·鵲巢》小序:"《鵲巢》, 夫人之德也。國君積行累功, 以致爵位。夫人起家而居有之, 德如鳲鳩, 乃可以配焉。"

② 嘉祥, 猶祥瑞。《詩·周南·麟之趾》小序:"《麟之趾》,《關雎》之應也。《關雎》之化行, 則天下無犯非禮, 雖衰世之公子, 皆信厚如麟趾之時也。"《詩·召南·騶虞》小序:"《騶虞》,《鵲巢》之應也。《鵲巢》之化行, 人倫既正, 朝廷既治, 天下純被文王之化, 則庶類蕃殖, 蒐田以時。仁如騶虞, 則王道成也。"《詩·周南·關雎》大序:"《關雎》《麟趾》之化, 王者之風","《鵲巢》《騶虞》之德, 諸侯之風也, 先王之所以教"。孔穎達正義:"《關雎》《麟趾》之化, 是王者之風, 文王之所以教民也。""《鵲巢》《騶虞》之德, 是諸侯之風, 先王大王、王季所以教化民也。"

③ 《中庸》:"詩云:'鳶飛戾天, 魚躍于淵。'言其上下察也。君子之道, 造端乎夫婦。及其至也, 察乎天地。"

④ 小序:"《皇矣》, 美周也。天監代殷, 莫若周。周世世脩德, 莫若文王。"

⑤ 疑莊存與誤記, 此引文不見于《韋玄成傳》, 而見于《漢書·郊祀志》匡衡、張譚奏議。

⑥ 長, 上, 即崇尚。《鹽鐵論·非鞅》:"商鞅峭法長利, 秦人不聊生。"

⑦ 莊存與以爲, 夏謂夏楚, 教刑也。《書·舜典》:"扑作教刑。"孔安國傳:"扑, 榎楚也。不勤道業則撻之。"

⑧ 莊存與以爲, 革謂革鞭, 官刑也。《書·舜典》:"鞭作官刑。"孔安國傳:"以爲治官事之刑。"

⑨ 語出《書·洪範》:"無有作好, 遵王之道。無有作惡, 遵王之路。"孔安國傳:"言無有亂爲私好惡, 動必循先王之道路。"

違帝之則也易。上之明德如文王，則無作好、無作惡，不忌不克①，其“順帝之則”也易。不知詩，因不知“順帝之則”爲文王之民，遂以“不識不知”爲文王之德②，而異端之學于是乎不可辨矣。

靈臺③

○“於論鼓鐘，於樂辟雍”④，君子所樂，則君子所性也。⑤

生民⑥

○“以弗無子，履帝武敏。”傳曰“高辛氏之帝”⑦，則其後世之帝也。彼以爲無父者何人哉？司馬遷記之，刑及其身，可畏哉！⑧

---

① 《左傳·僖公九年》：“詩曰：‘不識不知，順帝之則。’文王之謂也。又曰：‘不僭不賊，鮮不爲則。’無好無惡、不忌不克之謂也。”

② 朱熹集傳：“言上帝眷念文王，而言其德之深微，不暴著其形跡，又能不作聰明，以循天理，故又命之以伐崇也。呂氏曰：‘此言文王德不形，而功無跡，與天同體而已。雖興兵以伐崇，莫非順帝之則，而非我也。’”

③ 小序：“《靈臺》，民始附也。文王受命，而民樂其有靈德，以及鳥獸昆蟲焉。”

④ 毛傳：“論，思也。”

⑤ 語出《孟子·盡心上》：“孟子曰：‘廣土衆民，君子欲之，所樂不存焉。中天下而立，定四海之民，君子樂之，所性不存焉。君子所性，雖大行不加焉，雖窮居不損焉，分定故也。君子所性，仁義禮智根於心。其生色也，睟然見於面，盎於背，施於四體，四體不言而喻。’”

⑥ 小序：“《生民》，尊祖也。后稷生於姜嫄，文武之功，起於后稷，故推以配天焉。”本節文字亦見于莊存與《四書説》，其中“可畏哉”，《四書説》作“可不畏哉”。

⑦ 《詩·大雅·生民》：“厥初生民，時維姜嫄。生民如何？克禋克祀。以弗無子，履帝武敏歆。”毛傳：“生民，本后稷也。姜，姓也。后稷之母配高辛氏帝焉。”“履，踐也。帝，高辛氏之帝也。武，跡。敏，疾也。”

⑧ 《史記·周本紀》：“周后稷，名棄。其母有邰氏女，曰姜原。姜原爲帝嚳元妃。姜原出野，見巨人迹，心忻然説，欲踐之，踐之而身動如孕者。居期而生子……初欲棄之，因名曰棄。”

板^①

〇大小二《雅》，其正者惟文、武，其變者惟幽、厲。^②所以究王道之廢興，著善惡之殊貫，其他皆不録之矣。厲王之惡，有《大雅》，無《小雅》。二《雅》録宣王，著東周所以存。《小雅》思成王，因幽王而陳古焉。^③荀卿子曰：“其辭有思，其聲有哀。”^④不獨此也，成王之政，率由文、武之政，不自造也。守文之君，賢者皆然，所謂“禮義科指可世世通行者”^⑤，惟三代有焉。憲憲泄泄，制法則也，則《詩》戒之以“無然”也。^⑥厲王板板^⑦于上，榮公^⑧之儔憲憲泄泄於下，文、武之仁政蕩然，此王道

---

①小序：“《板》，凡伯刺厲王也。”另，本節文字重見于莊存與《四書説》。

②鄭玄認爲《詩經》有正風、正雅，變風、變雅，天下有道，政教大洽之時，則正經作。至於王道衰，禮義廢，政教失，國異政，家殊俗，而變風、變雅作矣。小雅從《鹿鳴》至《菁菁者莪》爲正，大雅從《文王》至《卷阿》爲正，小雅《六月》、大雅《民勞》之後，謂之變。見鄭玄《毛詩譜·小大雅譜》。孔穎達正義：“此二《雅》，正有文、武、成，變有厲、宣、幽。”

③《小雅》多思古而諷今（刺幽王）之詩，故莊氏云云。

④《荀子·大略》：“《小雅》不以於汙上，自引而居下，疾今之政以思往者，其言有文焉，其聲有哀焉。”王先謙集解：“以，用也。汙上，驕君也。言作《小雅》之人，不爲驕君所用，自引而疏遠也。”“《小雅》多刺幽、厲，而思文、武，言有文，謂不鄙陋；聲有哀，謂哀以思也。”

⑤語出《漢書·禮樂志》。

⑥《詩·大雅·板》：“天之方難，無然憲憲。天之方蹶，無然泄泄。”毛傳：“憲憲，猶欣欣也。蹶，動也。泄泄，猶沓沓也。”鄭箋：“天斥王也。王方欲艱難天下之民，又方變更先王之道。臣乎，女無憲憲然，無沓沓然，爲之制法度，達其意，以成其惡。”

⑦《詩·大雅·板》：“上帝板板，下民卒癉。”毛傳：“板板，反也。”鄭箋：“王爲政反先王與天之道，天下之民盡病。”

⑧《史記·周本紀》：“厲王即位三十年，好利，近榮夷公。大夫芮良夫諫厲王曰：‘王室其將卑乎？夫榮公好專利而不知大難。……今王學專利，其可乎？匹夫專利，猶謂之盜，王而行之，其歸鮮矣。榮公若用，周必敗也。’厲王不聽，卒以榮公爲卿士，用事。”

大壞之實①也，何待四夷交侵、中國倍叛哉！②

抑③

　　○"匪用爲教，覆用爲虐"④，古人之善教以爲清議，不以作刑罰。苟作刑罰，則秋荼也⑤，幽、厲實用之。清議曷可少哉！夫清議，所以養不中不才之人，使勸勉愧恥，以共遵王路。彼賢智者過之，則未可謂之昭昭也⑥，而主持之，是以人不見容而見拒，畏之若申、韓之法，而清議廢。若其人既在誅絶之列，則"不在其位，不謀其政"⑦，君子焉得引爲己責？一國之士，又焉得以不論不議爲君子恥乎？此非清議所及，乃執法之任也。魯人爲長府，其事未成且未遂，閔子有言，事乃得已，夫子不以爲出位。⑧既以"不言"表其平生，而必深許其言之"有中"也。苟無及於事，不言決矣。⑨而豈鄭人游於鄉校比哉⑩！

---

①實，《四書説》作"日"，于意爲長。
②《詩·小雅·六月》毛傳："《小雅》盡廢，則四夷交侵，中國微矣。"《詩·小雅·何草不黃》毛傳："下國刺幽王也。四夷交侵，中國背叛，用兵不息，視民如禽獸，君子憂之，故作是詩也。"
③小序："《抑》，衛武公刺厲王，亦以自警也。"
④《詩·大雅·抑》："誨爾諄諄，聽我藐藐。匪用爲教，覆用爲虐。"毛傳："藐藐然，不入也。"鄭箋："我教告王，口語諄諄，然王聽聆之藐藐然忽略，不用我所言爲政令，反謂之有妨害於事，不受忠言。"
⑤《鹽鐵論·刑德》："昔秦法繁於秋荼，而網密於凝脂。"
⑥語出《孟子·盡心下》："孟子曰：'賢者以其昭昭，使人昭昭。'"
⑦語出《論語·憲問》："子曰：'不在其位，不謀其政。'曾子曰：'君子思不出其位。'"
⑧《論語·先進》："魯人爲長府。閔子騫曰：'仍舊貫，如之何？何必改作。'子曰：'夫人不言，言必有中。'"
⑨意爲如果所言不足以改變事情，必定不言也。
⑩《左傳·襄公三十一年》："鄭人游于鄉校，以論執政。然明謂子產曰：'毀鄉校何如？'子產曰：'何爲？夫人朝夕退而游焉，以議執政之善否。其所善者，吾則行之；其所惡者，吾則改之。是吾師也，若之何毀之？我聞忠善以損怨，不聞作威以防怨。豈不遽止，然猶防川，大決所犯，傷人必多，吾不克救也。不如小決，使道不如，吾聞而藥之也。'"

桑柔①

○"民有肅心，荓云不逮。"②世非無深慮知化之士也，然所以不敢盡忠拂過者，多忌諱之禁，忠言未卒于口，而身爲戮没矣。

○"降此蟊賊"，貪人之謂也。

○"進退維谷"，進不得于王，退不容于榮夷公。③此下八章反覆以悟榮公，若司馬君實之于王安石也。上章言王之説榮夷公，下章言榮公之牽引諸小人以虐民也。

江漢④

○"王命召虎"⑤，命召虎行仁德焉。

召旻⑥

○周無邇封，以四海爲"居圉"。⑦豊、鎬、岐山⑧，周"邦"也。⑨

---

①小序："《桑柔》，芮伯刺厲王也。"鄭玄注："芮伯，畿內諸侯，王卿士也，字良夫。"

②毛傳："荓，使也。"鄭箋："肅，進。逮，及也。王爲政，民有進於善道之心，當任用之，反却退之，使不及門。"

③周厲王好利，寵榮夷公，任爲卿士，卒敗，國人叛，厲王出奔彘。詳見《史記·周本紀》。

④小序："《江漢》，尹吉甫美宣王也。能興衰撥亂，命召公平淮夷。"

⑤毛傳："召虎，召穆公也。"召虎，周厲王時大臣，國人暴亂，藏匿太子靜于家，後擁立爲宣王。

⑥小序："《召旻》，凡伯刺幽王大壞也。旻，閔也，閔天下無如召公之臣也。"

⑦《詩·大雅·召旻》："民卒流亡，我居圉卒荒。"毛傳："圉，垂也。"鄭箋："荒，虛也。國中至邊竟以此故盡空虛。"

⑧豊、鎬、岐山，皆爲周之國都。《史記·貨殖列傳》："公劉適邠，大王、王季在岐，文王作豊，武王治鎬。"

⑨《詩·大雅·召旻》："昏椓靡共，潰潰回遹，實靖夷我邦。"毛傳："椓，夭椓也。潰潰，亂也。靖，謀。夷，平也。"鄭箋："昏椓皆奄人也。昏，其官名也。椓，椓毁陰者也。王遠賢者，而近任刑奄之人，無肯共其職事者，皆潰潰然維邪是行，皆謀夷滅王之國。"

○“天子一位”，周之位也。①“我躬”，幽王之身也。②幽王卒隕于犬戎。

○“職況斯引”③，引之示戒。飲食也，宮室也，聲色也，田獵也，凡所以娛心意、悦耳目者，亦不必苦禁之，吾知其不能以終不厭。厭者一，而不厭者又有其一焉，其端無窮，不可得而絶也，其務修德哉！

○“池之竭矣，不云自頻？泉之竭矣，不云自中”④，言國之無人。治之所爲，乃亂之所起也。

○“今也日蹙國百里”⑤，周尚有東遷之祚，而召公所職，幾盡亡之矣。⑥

---

① 《孟子·萬章下》：“北宮錡問曰：‘周室班爵禄也，如之何？’孟子曰：‘其詳不可得聞也。諸侯惡其害己也，而皆去其籍。然而軻也嘗聞其略也：天子一位，公一位，侯一位，伯一位，子、男同一位，凡五等也。’”
② 《詩·大雅·召旻》：“溥斯害矣，職兄斯弘，不烖我躬。”鄭箋：“溥，猶徧也。今時徧有此内外之害矣，乃兹復主大此爲亂之事，是不烖王之身乎？責王也。烖謂見誅伐。”
③ 毛傳：“況，兹也。引，長也。”鄭箋：“職，主也。乃兹復主長此爲亂之事乎？責之也。”
④ 毛傳：“頻，崖也。泉水從中以益者也。”鄭箋：“頻，當作‘濱’。崖，猶外也。自，由也。池水之益，由外灌焉。今池竭，人不言由外無益者與？言由之也。喻王猶池也，政之亂，由外無賢臣益之。泉者，中水生則益，深水不生則竭。喻王猶泉也，政之亂，又由内無賢妃益之。”
⑤ 《詩·大雅·召旻》：“昔先王受命，有如召公，日辟國百里。今也日蹙國百里。”
⑥ 《公羊傳·隱公五年》：“自陝而東者，周公主之。自陝而西者，召公主之。”周室東遷後，召公所職之地淪爲秦有。

頌

天作①

○聖人興謂之“作”。②天下歸之心，曰“彼徂矣”。③天下之父歸之，其子焉往？④不謀同辭也。

雝⑤

○“辟公”，周公也。“天子”，武王也。⑥“予”⑦，武王之辭。“皇考”⑧，文王也。

○“宣哲維人，文武維后”⑨，如七十子之服孔子也。《説命》曰：“惟后非賢不乂，惟賢非后不食。”⑩此始受命王之盛

---

①小序：“《天作》，祀先王先公也。”
②《詩·周頌·天作》：“天作高山，大王荒之。彼作矣，文王康之。”毛傳：“作，生。荒，大也。天生萬物於高山，大王行道，能大天之所作也。”
③《詩·周頌·天作》：“彼徂矣，岐有夷之行。子孫保之。”毛傳：“夷，易也。”鄭箋：“彼，彼萬民也。徂，往。行，道也。彼萬民居岐邦者，皆築作宮室，以爲常居，文王則能安之。後之往者，又以岐邦之君有佼易之道故也。”
④《孟子·離婁上》：“孟子曰：‘伯夷辟紂，居北海之濱，聞文王作，興曰：“盍歸乎來？吾聞西伯善養老者。”太公辟紂，居東海之濱，聞文王作，興曰：“盍歸乎來？吾聞西伯善養老者。”二老者，天下之大老也，而歸之，是天下之父歸之也。天下之父歸之，其子焉往？諸侯有行文王之政者，七年之內，必爲政於天下矣。’”
⑤小序：“《雝》，禘大祖也。”
⑥《詩·周頌·雝》：“相維辟公，天子穆穆。”毛傳：“相，助。”孔穎達正義：“其時辟公助祭”，“天子之容則穆穆然而美”。鄭箋以“辟公”爲“百辟與諸侯”，莊存與不從。
⑦《詩·周頌·雝》：“於薦廣牡，相予肆祀。”毛傳：“廣，大也。”孔穎達正義：“於我天子薦進大牡之牲，其時辟公助祭，陳其祭祀之饌。”
⑧《詩·周頌·雝》：“假哉皇考，綏予孝子。”毛傳：“假，嘉也。”鄭箋：“嘉哉君考，斥文王也。文王之德，乃安我孝子，謂受命定基業也。”
⑨鄭箋：“宣，徧也。又徧使天下之人有才知，以文德武功爲之君故。”
⑩孔安國傳：“言君須賢治，賢須君食。”

德也。

○"燕及皇天"①,"從容中道,聖人也"②,及天,然後能基命定命。③

○"克昌厥後"④,原大王、王季之命,而尊文王爲太祖焉,故稱名矣。

○"綏我眉壽",武王年已八十矣。⑤

○"烈考""文母"⑥,文王及大姒也。太姒没在文王之後,故曰"亦右文母",所謂祔也。⑦

載見⑧

○"辟王",成王也。⑨"昭考",武王也。⑩

武⑪

○"嗣武"⑫,若《下武》"祖武"矣。⑬武,迹也。

---

①毛傳:"燕,安也。"鄭箋:"文王之德,安及皇天,謂降瑞應,無變異也。"

②《中庸》。

③《書·洛誥》:"王如弗敢及天基命定命。"蔡沈集傳:"凡有造,基之而後成,成之而後定。基命,所以成始也;定命,所以成終也。言成王幼沖退託,如不敢及知天之基命定命。"

④陸德明釋文:"克昌,如字,或云文王名。"

⑤《禮記·文王世子》:"文王九十七乃終,武王九十三而終。"

⑥《詩·周頌·雝》:"既右烈考,亦右文母。"毛傳:"烈考,武王也。文母,大姒也。"

⑦《禮記·檀弓下》:"孔子曰:'衛人之祔也離之,魯人之祔也合之。善夫!'"鄭玄注:"祔,謂合葬也。"

⑧小序:"《載見》,諸侯始見乎武王廟也。"

⑨《詩·周頌·載見》:"載見辟王,曰求厥章。"毛傳:"載,始也。"鄭箋:"諸侯始見君王,謂見成王也。"

⑩《詩·周頌·載見》:"率見昭考,以孝以享。"毛傳:"昭考,武王也。"

⑪小序:"《武》,奏《大武》也。"

⑫《詩·周頌·武》:"嗣武受之,勝殷遏劉,耆定爾功。"毛傳:"武,迹。"

⑬《詩·大雅·下武》:"昭兹來許,繩其祖武。"毛傳:"武,迹也。"

閔予小子①

○ "皇考"，武王。② "皇祖"，文王。③

小毖④

○ "肇允彼桃蟲，拚飛維鳥"⑤，喻武庚也。

載芟⑥

○ "且"，讀爲"徂"⑦，往昔也。

酌⑧

○武嗣文，成嗣武，故曰"載"。⑨

駉⑩

○《魯頌》不皆一人作也，此篇則史克所作。

---

①小序："《閔予小子》，嗣王朝於廟也。"
②《詩·周頌·閔予小子》："於乎皇考，永世克孝。"鄭箋："於乎我君考武王，長世能孝。"
③《詩·周頌·閔予小子》："念茲皇祖，陟降庭止。"鄭箋："念此君祖文王，上以直道事天，下以直道治民，言無私枉。"
④小序："《小毖》，嗣王求助也。"
⑤毛傳："桃蟲，鷦也，鳥之始小終大者。"鄭箋："肇，始。允，信也。始者信以彼管、蔡之屬，雖有流言之罪，如鷦鳥之小，不登誅之，後反叛而作亂，猶鷦之翻飛爲大鳥也。"
⑥小序："《載芟》，春籍田而祈社稷也。"
⑦《詩·周頌·載芟》："匪且有且，匪今斯今，振古如茲。"陸德明釋文："且，七也反，又子餘反。"
⑧小序："《酌》，告成《大武》也。言能酌先祖之道，以養天下也。"
⑨《詩·周頌·酌》："載用有嗣"。莊存與之意，當取"載"之"再"義，《潛夫論·考績》："古者諸侯貢士，一適謂之好德，載適謂之尚賢，三適謂之有功。"
⑩小序："《駉》，頌僖公也。僖公能遵伯禽之法，儉以足用，寬以愛民，務農重穀，牧于坰野，魯人尊之。於是季孫行父請命于周，而史克作是頌。"鄭箋："史克，魯史也。"

○“駉駉牡馬”，《文選》注：“《毛詩》曰：‘駉駉牧馬。’”①于文爲長。

泮水②

○君父之道以事閔公，有年所矣，未嘗敢有布衣昆弟之心③，不然則僖公其篡矣。④故曰“靡有不孝”。⑤

閟宮⑥

○“克咸厥功”，文、武之功，周公不自以爲功也。⑦

○“土田附庸”⑧，昭周公之明德，如是止矣，不聞賜以天

---

①見宋尤袤刻本《六臣注文選》卷四十一李陵《答蘇武書》“牧馬悲鳴”注。

②小序：“《泮水》，頌僖公能脩泮宮也。”

③語出《漢書·賈誼傳》：“若此諸王，雖名爲臣，實皆有布衣昆弟之心，慮亡不帝制而天子自爲者。”顔師古注：“自以爲於天子爲昆弟，而不論君臣之義。”

④魯莊公薨，慶父使人弑世子般，而立閔公，後又弑閔公自立。季友誅慶父，而立僖公。僖公于閔公爲弟。但《公羊傳·僖公元年》稱：“公何以不言即位？繼弑君，子不言即位。此非子也，其稱子何？臣、子一例也。”故莊存與此處以爲，僖公以事父之道事閔公有年，否則《詩》不會頌其孝也。

⑤《詩·魯頌·泮水》：“穆穆魯侯，敬明其德。敬慎威儀，維民之則。允文允武，昭假烈祖。靡有不孝，自求伊祜。”孔穎達正義：“魯國之民，無有不爲孝者，皆庶幾力行孝，自求此維多福祿。言能勉力行善，則福祿自來歸之。僖公行己有道，化之深也。”

⑥小序：“《閟宮》，頌僖公能復周公之宇也。”

⑦《詩·魯頌·閟宮》：“敦商之旅，克咸厥功。”鄭箋：“敦，治。旅，衆。咸，同也。武王克殷，而治商之臣民，使得其所，能同其功於先祖也。后稷、大王、文王亦周公之祖考也。伐紂，周公又與焉，故述之以美大魯。”

⑧《詩·魯頌·閟宮》：“乃命魯公，俾侯于東。錫之山川，土田附庸。”鄭箋：“東，東藩，魯國也。既告周公以封伯禽之意，乃策命伯禽，使爲君於東，加賜之以山川、土田及附庸，令專統之。”

子之禮樂也。①

　　○“周公之孫，莊公之子”②，實惟僖公，始僭禮樂焉。③

　　○“是享是宜”④，魯以是享，莫知其不宜也。莫之知，亦莫之罪，福不“既多”矣乎？

　　○“周公皇祖，亦既福女”，未可知也。孔子曰：“魯之郊、禘，非禮也，周公其衰矣！”⑤后稷，天子之祖也，皆稱皇祖。魯祖周公，不得祖后稷，詩見之矣。⑥非頌也，其風也。⑦君子讀之，以爲魯僭郊禘之實録焉。

　　○“公車千乘，朱英緑縢，二矛重弓。公徒三萬，貝冑朱綬，

①莊存與此處意在暗駁《禮記》成王賜魯郊、禘之説。《禮記·祭統》稱：“昔者周公旦有勳勞於天下。周公既没，成王、康王追念周公之所以勳勞者，而欲尊魯，故賜之以重祭。外祭則郊、社是也，内祭則大嘗、禘是也。夫大嘗、禘，升歌《清廟》，下而管《象》，朱干玉戚以舞《大武》，八佾以舞《大夏》，此天子之樂也。康周公，故以賜魯也。子孫纂之，至于今不廢。”

②《詩·魯頌·閟宮》：“周公之孫，莊公之子。龍旂承祀，六轡耳耳。春秋匪解，享祀不忒。”毛傳：“周公之孫，莊公之子，謂僖公也。”莊存與之意，此處描寫之享祀，即爲僖公行郊、禘之祀。

③郊、禘爲天子之禮，魯用郊、禘，乃爲僭禮，始見于《春秋》僖公篇。即，僖公八年：“秋七月，禘于太廟。”僖公三十一年：“夏四月，四卜郊不從，乃免牲，猶三望。”公羊子傳：“魯郊，非禮也。魯郊何以非禮？天子祭天，諸侯祭土。天子有方望之事，無所不通，諸侯山川有不在其封内者，則不祭也。”

④《詩·魯頌·閟宮》：“皇皇后帝，皇祖后稷。享以騂犧，是饗是宜，降福既多。”毛傳：“騂，赤。犧，純也。”鄭箋：“其牲用赤牛純色，與天子同也。”孔穎達正義：“皇皇而美者，爲君之天及君祖后稷，獻之以赤與純色之牲。天與后稷於是歆饗之，於是以爲宜，下福與之，既已多大矣。”

⑤《禮記·禮運》：“孔子曰：‘於呼哀哉！我觀周道，幽、厲傷之，吾舍魯何適矣？魯之郊、禘，非禮也，周公其衰矣！杞之郊也，禹也；宋之郊也，契也；是天子之事守也。故天子祭天地，諸侯祭社稷。’”

⑥謂此處詩所言“周公皇祖”，是魯祖周公，不祖后稷之證。即莊存與以該句詩中之皇祖即周公，非若鄭箋以皇祖別爲“伯禽”也。

⑦《詩大序》：“上以風化下，下以風刺上。主文而譎諫，言之者無罪，聞之者足以戒，故曰風。”

烝徒增增。戎狄是膺，荆舒是懲，則莫我敢承。"①夫子讀詩至此，儻亦有傷今思古之心乎？

　　○"新廟奕奕，奚斯所作"，毛傳云："新廟，閔公廟也。有大夫公子奚斯者作是廟也。"齊、魯、韓三家以爲"作此頌"，宜屬卒章以頌之。毛傳或傳寫于俗師，訛"頌"爲"廟"也。上文曰"孔碩"，美新廟也；下文曰"孔曼且碩"，美作頌也。②《大雅》表之矣："其詩孔碩"③、"穆如清風"④，不以爲自伐善焉。鄭箋以"新廟"爲"新姜嫄之廟"，毛公則兼述孟仲子"祕宫"之訓⑤，且不質言姜嫄。且先妣之廟在周不在魯也。鄭君之箋，何其遼哉！"奚斯頌魯"⑥，見《文選》。其説是。"正考父睎尹吉甫"⑦，見《揚子》。其言非。⑧不可不分別也。

---

① 毛傳："大國之賦千乘。朱英，矛飾也。縢，繩也。重弓，重於🔾中也。貝胄，貝飾也。朱綬，以朱綬綴之。增增，衆也。膺，當。承，止也。"鄭箋："懲，艾也。僖公與齊桓舉義兵，北當戎與狄，南艾荆及群舒，天下無敢禦也。"

② 《詩·魯頌·閟宫》卒章曰："松桷有舄，路寢孔碩。新廟奕奕，奚斯所作。孔曼且碩，萬民是若。"毛傳："桷，榱也。舄，大貌。路寢，正寢也。新廟，閔公廟也。有大夫公子奚斯者，作是廟也。曼，長也。"鄭箋："孔，甚。碩，大也。奕奕，姣美也。修舊曰新。所新者，姜嫄廟也。僖公承衰廢之政，修周公、伯禽之教，故治正寢，上新姜嫄之廟。""曼，修也，廣也。且，然也。國人謂之順也。"

③ 《詩·大雅·崧高》："吉甫作誦，其詩孔碩。"鄭箋："碩，大也。吉甫爲此誦也。言其詩之意甚美大。"

④ 《詩·大雅·烝民》："吉甫作誦，穆如清風。"鄭箋："穆，和也。吉甫作此工歌之誦，其調和人之性，如清風之養萬物然。"

⑤ 《詩·魯頌·閟宫》："閟宫有侐，實實枚枚。"毛傳："閟，閉也。先妣姜嫄之廟，在周常閉而無事。孟仲子曰：'是祕宫也。'侐，清静也。"孔穎達正義："蓋以姜嫄祈郊禖而生后稷，故名姜嫄之廟爲禖宫。"

⑥ 班固《兩都賦序》。

⑦ 楊雄《法言·學行》："昔顔嘗睎夫子矣，正考甫嘗睎尹吉甫矣，公子奚斯嘗睎正考甫矣。"汪榮寶義疏："正考甫，宋襄公之臣也。尹吉甫，周宣王之臣也。吉甫作《周頌》，正考甫慕之而作《商頌》。奚斯，魯僖公之臣也，慕正考甫，作《魯頌》。"

⑧ 莊存與意爲：班固言奚斯作《閟宫》（《魯頌》之一篇）頌魯，其説爲是；楊雄言奚斯作《魯頌》，其説爲非。

烈祖①

○味入不精，氣志越軼，視聽話言，震眩轉易②，莫知以可否相濟，"濟其不及，以洩其過"。③君臣朋友，雷同相從，一有持異議者出于其間，如惡藥石而保疾疢也，弗之味也，不和莫甚焉。物情由是去，而神明所不歆饗也。《詩》曰："亦有和羹，既戒既平。"④其知味者乎！天下鮮矣。

序

○"《螽斯》，后妃子孫衆多也。言若螽斯不妒忌，則子孫衆多也。"⑤誰若螽斯不妒忌？言以知物⑥，螽斯以喻衆妾也。妾則微矣，衆則多矣。《周官》九嬪以下，皆無數。⑦御叙于燕寢者，女御掌之⑧，族非一姓，姓⑨非一人，無所同異、輕重、遲

---

① 小序："《烈祖》，祀中宗也。"鄭玄注："中宗，殷王大戊，湯之玄孫也。有桑穀之異，懼而修德，殷道復興，故表顯之，號爲中宗。"另，本節文字重見于《四書説》。

② 《國語·周語下》："若視聽不和，而有震眩，則味入不精，不精則氣佚，氣佚則不和。于是乎有狂悖之言，有眩惑之明，有轉易之名，有過慝之度。"

③ 語出《左傳·昭公二十二年》。杜預集解："濟，益也。洩，減也。"

④ 《詩·商頌·烈祖》。毛傳："戒，至。"鄭箋："和羹者，五味調，腥熟得節，食之於人性安和，喻諸侯有和順之德也。"

⑤ 《詩·周南·螽斯》小序。

⑥ 語出《左傳·昭公元年》。杜預集解："物，類也。"

⑦ 《周官》九嬪以下，有世婦、女御、女祝等官。《禮記·昏義》稱："古者天子后立六宮、三夫人、九嬪、二十七世婦、八十一御妻，以聽天下之內治，以明章婦順，故天下內和而家理。"

⑧ 《周禮·天官·女御》："女御掌御叙于王之燕寢。"孫詒讓正義："謂令嬪御等以尊卑叙次，更迭御侍於王。"

⑨ 姓，原作"性"，據文意校改。

速，若螽斯之羽焉。[①]宮中之人相與如此，則后妃之化也。彼以此爲后妃不妬忌者，不知詩也。[②]

　　○“《桃夭》，后妃之所致也。不妬忌，則男女以正，婚姻以時，國無鰥民也。”[③]一國之人皆不妬忌，此内和家理之所致也。公卿、大夫、士皆以父母之服服之，民有妬忌之心，則閨門之内不和，男不得其分，女不得所歸[④]，愛者或早婚少聘，不愛者無嫁娶之端，媒氏所不能禁也。苟非和氣致祥，安見“國無鰥民”也哉！

　　○“《無衣》，美晉武公也。”[⑤]“美”當作“刺”，武公知假天子之命，而實不敬也。

<hr />

①《詩·周南·螽斯》：“螽斯羽，詵詵兮。宜爾子孫，振振兮。螽斯羽，薨薨兮。宜爾子孫，繩繩兮。螽斯羽，揖揖兮。宜爾子孫，蟄蟄兮。”毛傳：“詵詵，衆多也。”“薨薨，衆多也。”“揖揖，會聚也。”

②鄭玄、朱熹皆認爲指后妃不妬忌。

③《詩·周南·桃夭》小序。

④語出《禮記·禮運》：“男有分，女有歸。”鄭玄注：“分，猶職也。”

⑤《詩·唐風·無衣》小序。孔穎達正義：“作《無衣》詩者，美晉武公也。所以美之者，晉昭公封叔父成師於曲沃，號爲桓叔。桓叔生莊伯，莊伯生武公，繼世爲曲沃之君，常與晉之正適戰争不息。及今武公，始滅晉而有之。其大夫爲之請王賜命於天子之使，而作是《無衣》之詩以美之。”晉自唐叔始受封，傳世十一而至昭侯，昭侯封文侯之弟成師于曲沃，晉始亂，分爲二，以翼、曲沃别之，各自獨立傳世，其間互有攻伐，至晉侯緡二十八年，曲沃武公滅晉侯緡，并其地而有之，列爲諸侯，更號晉武公，晉復統一。（詳見《史記·晉世家》）

毛詩説附卷四

楚茨篇集釋^①

《楚茨》，刺幽王也。政煩賦重，田萊多荒。饑饉降喪，民卒流亡，祭祀不饗，故君子思古焉。^②

○楚楚者茨，言抽其棘。自昔何爲？我蓺黍稷。我黍與與，我稷翼翼。我倉既盈，我庾維億。以爲酒食，以饗以祀。以妥以侑，以介景福。

傳：“楚楚，茨棘貌。抽，除也。露積曰庾。萬萬曰億。妥，安坐也。侑，勸也。”

箋：“茨，蒺藜也。言先王之政，以農爲本。茨言楚楚，棘言抽，互辭。與與、翼翼，蕃廡貌。陰陽和，風雨時，則萬物成。享，獻也，獻之以祀先祖。既又迎尸，于神坐北而食之，祝以主人之辭勸之。”

正義：“《祭義》：‘君親耕以供粢盛。’而此文用税物者，親耕示孝敬之心，且勸民耳，未必祭祀所用皆所親爲。《信南山》云：‘曾孫之穡，以爲酒食，畀我尸賓。’皆得用税物之明文。享、祀，總辭也。在妥、侑前，則爲灌及朝踐矣。妥、侑當饋食之節。初，尸入，祝延之于奥行灌禮，至朝踐。《祭統》注云：‘天子、諸侯之祭，延尸于户外。’《郊特牲》注云：‘朝事，延尸于户西，南面。’又云：‘至薦熟，乃更延主于室之奥。尸來升席，自北方坐于主北焉。’《郊特牲》曰：‘舉斝、角，詔妥尸。’注云：

---

① 本篇爲莊存與對《詩·小雅·楚茨》篇所做的集釋，主要集毛傳、鄭箋、孔穎達正義、朱熹集傳，最後以“案”語表達一己之見。
② 此爲《楚茨》篇小序。

‘尸舉奠斝若奠角將祭之，祝則詔主人拜安尸，使之坐。’”

集傳：“筮族人之子爲尸。既奠，迎之使坐，而拜以安之也。尸飯告飽，祝侑之曰：皇尸未實也。”

案：朱子以此詩爲公卿有田禄者奉其宗廟之祭[①]，則不必皆灌及朝踐如天子之禮。然既曰公卿，固諸侯之禮矣。召穆公有“釐爾圭瓚，秬鬯一卣”[②]之文，則周之公卿有灌禮焉。少牢、特牲，諸侯之大夫、士也，故禮自饋食始。[③]即欲如《集傳》，亦僅以彼況此，不得據彼爲正説。此詩之儀，下章“牛羊”之文、“烝嘗”之文皆當顧。苟求詩故，“享”，享人鬼也；“祀”，祀天神也。舉享祀則地祇該而存焉。及其饋食，皆有妥、侑之禮。《大宗伯》“以吉禮事鬼神祇”，王所以建保邦國也。[④]幽王不能明德恤祀，故“思古”焉。“以往烝嘗”，乃詳言享禮，而祀從可知矣。“祀事孔明”，散文則通。

〇濟濟蹌蹌，絜爾牛羊，以往烝嘗。或剥或亨，或肆或將。祝祭于祊，祀事孔明。先祖是皇，神保是饗，孝孫有慶。報以介福，萬壽無疆。

傳：“濟濟蹌蹌，言有容也。烹，飪之也。肆，陳；將，齊也。或陳于互，或齊于肉。祊，門內也。皇，大；保，安也。”

---

① 《楚茨》：“自昔何爲？我蓺黍稷。”朱熹集傳：“我，爲有田禄而奉祭祀者之自稱也。”

② 《詩·大雅·江漢》。毛傳：“釐，賜也。秬，黑黍也。鬯，香草也。築煮合而鬱之曰鬯。卣，器也。九命錫圭瓚秬鬯。”鄭箋：“秬鬯，黑黍酒也。謂之鬯者，芬香條鬯也。王賜召虎以鬯酒一樽，使以祭其宗廟，告其先祖諸有德美見記者。”

③ 《儀禮》中專言祭禮者，凡三篇：《特牲饋食禮》《少牢饋食禮》《有司徹》。其中《有司撤》乃言上大夫儐尸及下大夫不儐尸之禮，與《少牢饋食禮》本爲一篇，蓋因簡册繁重而分爲二。《特牲饋食禮》記諸侯之士歲時祭其祖禰之禮，《少牢饋食禮》記諸侯之卿大夫祭其祖禰之禮。所謂特牲，即一牲，謂豕；少牢，即二牲，謂羊、豕；以別於天子、諸侯祭禮所用的太牢（牛、羊、豕）。

④ 《周禮·春官·大宗伯》：“大宗伯之職，掌建邦之天神、人鬼、地示之禮，以佐王建保邦國。以吉禮事邦國之鬼神示。”鄭玄注：“建，立也。立天神、地祇、人鬼之禮者，謂祀之，祭之，享之。”

　　箋："有容，言威儀敬慎也。冬祭曰烝，秋祭曰嘗。祭祀之禮，各有其事。有解剝其皮者，有煮熟之者，有肆其骨體于俎者，有奉持而進之者。孝子不知神之所在，使祝博求之門內之旁，待賓客之處。皇，暀也。先祖以孝子故，精氣歸往①之，其神安而享其祭祀。"

　　正義："《曲禮》：'大夫濟濟，士蹌蹌'，是有容也。'將，齊'，《釋言》文。郭璞曰：'謂分齊也。'《地官·牛人》：'凡祭祀，共其牛牲之互。'注云：'若今屠家縣肉格。'則肆謂既殺乃陳之于互上也。'齊其肉'者，王肅云：'分齊其肉所當用。'則是既陳于互，就互上而齊之也。不言祠礿者，王肅云：'舉盛言也。'《禮運》曰：'腥其俎，孰其殽。'注云：'腥，謂豚解而腥之。熟，謂體解而爓之。'豚解腥之，是解剝其肉也。體解爓之，是煮熟之也。《禮運》又曰：'然後退而合亨，體其犬、豕、牛、羊。'注云：'謂分別骨體之貴賤，以爲衆俎也。'是肆其骨體于俎也。《特牲》《少牢》之禮每云'佐食奉俎肉'，是奉持而進之。此説天子之祭，群臣各有所司。于《周禮·內饔》：'凡宗廟之祭祀，掌割亨之事。'則解剝其肉，是內饔也。《亨人》：'掌共鼎鑊，以給水火之齊。職外內饔之爨亨煮。'則煮熟之者，是亨人也。《外饔》：'掌外祭祀之割亨，共其脯修，刑膴。陳其鼎俎，實之牲體。'則肆其骨體于俎，是外饔也。《大司徒》：'祀五帝，奉牛牲，羞其肆，享先王亦如之。'注云：'肆進所解骨體。'又《小子》'掌祭祀，羞羊肆、羊殽、肉豆'。則奉持進之，是司徒、小子之類也。群臣助祭，各有所掌，故稱'奔走在廟'，奉持進之，非獨此二職而已。易傳者，以祭雖有互，不施于既亨之後，非文次也。孫毓云：'此章祭時之事，始于絜牛羊，成於神保享，各以次第也。既解剝，當亨煮之于鑊。既熟，當陳其骨體于俎。然後奉持而進之爲尸羞。不待既亨熟，乃分齊所當用也。箋義爲長。'《釋宮》云：'閎，謂之門。'李巡曰：'閎，廟門名。'

①往，武英殿本《毛詩正義》作"暀"。

孫炎曰：‘《詩》云：“祝祭于祊。”祊謂廟門也。’彼直言門，知門內者，以正祭之禮，不宜出廟門也。而《郊特牲》云：‘直祭祝于主。’注云：‘直，正也。謂薦熟時也。祭以熟爲正。’又曰：‘索祭祝于祊。’注云：‘廟門外曰祊。’又注：‘祊之禮，宜于廟門外之西室。’于此不同者，以彼祊對正祭，是明日之名。又彼《記》文稱祊之于東方爲失①，明在西方，與繹俱在門外，故《禮器》曰：‘爲祊于外。’《祭統》曰：‘而出于祊。’對設祭于堂爲正，是以明日之繹皆在門外，與此不同。以廟門謂之祊，知內外皆有祊稱也。其內得有待賓客之處者，《聘禮》《公食大夫》皆行事于廟，其待之迎于大門之內，則天子之禮焉。其迎諸侯之臣，或于廟門內也。繹祭之祊，在廟門外之西。此正祭之祊，或在廟門內之西。天子迎賓在門東，此祭當在門西，大率繫之門內，爲待②賓客之處耳。先祖與神，一也。本其生存謂之祖，言其精氣謂之神。‘是皇’‘是享’，異事變其文耳。箋易傳以‘皇’爲‘暀’者，孫毓云：‘《孝經》稱：“宗廟致敬，鬼神著矣。”《禮》曰：“聖人爲能享帝，孝子爲能享親。”故此章云“神保是享”，下章稱“神保是格”，皆取迎往安來爲義。箋說爲長。’”

　　集傳：“神保，蓋尸之嘉號。《楚辭》所謂靈保，亦以巫降神之稱也。”

　　案：毛、鄭、孔皆以天子禮言之，詩故也。牛、羊，大牲。《祭義》：“古者天子諸侯必有養獸之官，及歲時齊戒沐浴而躬朝之，犧牷祭牲必於是取之，敬之至也。君召牛，納而視之，擇其毛而卜之，吉，然後養之。君皮弁、素積，朔月、月半，君巡牲所以致力，孝之至也。”《周官·司士》：“帥其屬而割牲，羞俎豆。”《諸子》：“大祭祀，正六牲之體。”則牲事皆學士及國子職之，內、外饔掌器數而已。蓋牽牲、制祭、割牲，君皆親之，卿大夫從焉。而五官之卿各奉其牲，羞其肆，不得以饔人專剝

① 《禮記·郊特牲》：“孔子曰：‘繹之於庫門內，祊之於東方，朝市之於西方，失之矣。’”
② 待，原作“侍”，據武英殿本《毛詩正義》改。

亨肆將之事明矣。毛公以門内訓祊，不若據大、小戴《記》以祊
爲門外也。

　　○執爨踖踖，爲俎孔碩，或燔或炙。君婦莫莫，爲豆孔庶。
爲賓爲客，獻酬交錯。禮儀卒度，笑語卒獲。神保是格，報以介
福，萬壽攸酢。

　　傳："爨，饔爨、廩爨也。踖踖，言爨竈有容也。燔，取膟
脊。炙，炙肉也。莫莫，言清静而敬至也。豆，謂内羞、庶羞也。
繹而賓尸及賓客。東西爲交，邪行爲錯。度，法度也。獲，得時
也。格，來。酢，報也。"

　　箋："燔，燔肉也。炙，肝炙也。皆從獻之俎也，其爲之于
爨。君婦，謂后也。凡嫡妻稱君婦，事舅姑之稱也。祭祀之禮，
后夫人主共籩豆。始主人酌賓爲獻。賓既酌主人，主人又自飲
酌賓曰醻。至旅而爵交錯以徧。卒，盡也，古者于旅也語。"

　　正義："《少牢》云：'雍人摡鼎匕俎于①雍爨，雍爨在門東
南北上。廩人摡甑甗匕與敦于廩爨，廩爨在雍爨之北。'故知
有二焉。'踖踖，爨竈有容'者，謂執爨之有容儀也。'燔，取膟
脊'，王肅云：'取膟脊燔燎，報陽也。'既以燔爲膟脊，故以炙
爲炙肉。則是薦俎，非從獻也。鄭以此非尸賓常俎，故爲從獻之
俎。既以爲從獻之俎，明燔炙是從獻之物。《特牲》：'主人獻
尸，賓長以肝從；主婦獻尸，兄弟以燔從。'故云'炙，肝炙也'。
炙既用肝，明燔用肉矣。《夏官·量人》：'凡祭祀，制其從獻脯
燔之數量。'是從獻之文也。燔者，火燒；炙者，遠火。以難熟者
近火，易熟者遠之，故肝炙而肉燔也。《生民》傳曰：'傳火曰
燔。'《瓠葉》傳曰：'加火曰燔。'對遥炙者爲近火，其實亦炙，
非炮燒之也。故《量人》注云'燔從于獻酒之肉炙'也。《特牲》
注云：'燔，炙肉。'是燔亦炙也。易傳者，燔燎報陽，祭初之事，
君親爲之。此文言執爨有容，則序助祭之人，非君親之也。且

──────────

①匕俎于，原作"七俎也"，武英殿本《毛詩正義》作"七俎于"，據汲古
　閣本及阮刻本《毛詩正義》改。

膟膋燎之於爐，此燔炙爲之於爨。禮有燔肉、炙肝，從獻所用，故易之也。‘爲豆孔庶’，正祭則先薦豆，然後獻。繹祭則先獻後薦。《少牢》正祭云：‘主婦薦韭菹、醓醢’，主人乃獻尸。《有司徹》大夫賓尸禮‘主人獻尸’，乃始云‘主婦薦韭菹’。是以鄭注《祭義》云：‘君獻尸，夫人薦豆，謂繹日也。’豆言‘孔庶’，則非一，故《傳》以爲内羞、庶羞也。《有司徹》：‘宰夫羞房中之羞于尸侑，主人主婦皆右之。司士羞庶羞於尸侑，主人主婦皆左之。’注云：‘二羞，所以盡歡心。房中之羞，其籩則糗餌粉餈，其豆則酏食糝食。庶羞，羊臐豕膮皆有胾醢。房中之羞，内羞也。内羞在右，陰也。庶羞在左，陽也。’是有二羞之事也。彼大夫賓尸尚有二羞，明天子之正祭有二羞矣。天子庶羞百有二十品，明内羞亦多矣。毛又以豆非但正祭所用，至繹又用之，故云‘繹而賓尸及賓客’也。《天官·九嬪》職曰：‘贊后薦徹豆籩。’后、夫人所主籩豆，惟有朝事饋食之籩豆后薦之耳。于《周禮》，加籩則内宗薦之，内羞、庶羞則世婦薦之。獻酬，據其初。交錯，言其末。‘古者于旅也語’，《鄉射記》文。”

集傳：“俎，所以載牲體也。碩，大也。庶，多也。賓客筮而戒之，使助祭者。獲，得其宜也。”

案：《尚書大傳》曰：“宫室中度，衣服中制，犧牲中辟，殺者中死，割者中理。振拚者爲文，爨竈者有容，椓杙者有數。大廟之中，繽乎其猶模繡也。”毛公所謂踖踖者，非聖人至德，曷以有此爲俎？自胙俎以下，體解節折殽脅，各有等焉，皆甚碩大也。鄭君云：“后主共籩豆”，則爲朝事饋食之籩豆矣。孔氏以此在正祭則先薦後獻，于賓尸則先獻後薦，而非毛公庶羞、内羞之云。如以爲二羞，則主婦不親薦也。爲豆者，皆内官。《特牲饋食》：“賓戒而不筮。”《少牢饋食》：“賓不戒不筮。”天子之禮，賓長宜有戒矣，未必筮也。賓，則二王後及諸侯來助祭者也。客，謂公之孤以下。《大行人》：“掌大賓之禮及大客之儀。”而《司儀》職云：“諸公相爲賓，諸公之臣相爲國客。”則知賓大而客小矣。《祭統》：“尸飲五，君洗玉爵獻卿。尸飲七，以瑶爵獻大夫。尸飲九，以散爵獻士及群有司。”注云：“大夫士祭，三獻而獻賓。”《特牲禮》徧獻賓而後醻賓長，賓長奠之。及嗣舉奠之後，兄弟弟子舉觶於長兄弟，賓乃舉所奠觶酬長兄弟，而行旅酬。行旅酬而有交錯以辯之儀也。《中庸》曰：“旅酬下爲上”，則天子禮必有之，未聞其節爾。毛公以“繹而賓尸及賓客”釋“爲賓爲客”，不承“爲豆孔庶”之文。毛公解于詩義當否，未可知也。天子禮今不可考，以士禮推之，則正祭宜有旅酬矣。以大夫禮推之，賓尸則未徹以前不行旅酬。有司徹乃賓尸而後行旅酬。不賓尸然後交錯其酬，終正祭爾。《祭統》雖有獻卿、大夫、士及有司之文，未必不以繹祭言之。若正祭、繹祭並有旅酬，則禮之失煩矣。[①]繹而賓尸，乃及賓客，正祭不及賓客，于禮爲不煩，故曰當否未可知也。

　　○**我孔熯矣，式禮莫愆。工祝致告，徂賚孝孫。苾芬孝祀，神嗜飲食。卜爾百福，如幾如式。既齊既稷，既匡既敕。永錫爾極，時萬時億。**

　　傳：“熯，敬也。善其事曰工。賚，予也。幾，期；式，法也。稷，疾；敕，固也。”

　　箋：“卜，予也。今予汝百福，其來如有期矣，多少如有法矣。”

　　正義：“‘熯，敬’，《釋詁》文。王肅云：‘執事已整齊，已亟疾，已誠正，已固慎也。’《少牢禮》：‘二佐食，各取黍于一敦。上佐食，兼受搏之以授尸。尸執以命祝，卒命祝。祝受以東，北面于戶西，以嘏于主人，曰：“皇尸命工祝，承致多福無疆。于汝孝孫，來汝孝孫，使汝受祿于天，宜稼于田，眉壽萬年，勿替引之。”主人坐奠爵，興，受黍。坐振祭，嚌之。詩懷之，實於左袂，挂于季指。執爵以興，出。宰夫以籩受嗇黍，主人嘗之，納諸内。’是大夫受嘏之禮也。《特牲禮》：‘佐食搏黍授祝，祝授[②]尸，尸受以菹豆，執以親嘏主人。主人左執角，再拜稽首，受，

---

①《禮記·經解》：“《詩》之失愚，《書》之失誣，樂之失奢，《易》之失賊，禮之失煩，《春秋》之失亂。”鄭玄注：“失，謂不能節其教者也。”
②授，原作“受”，據武英殿本《毛詩正義》改。

復位。詩懷之，實于左袂，挂于季指，卒角拜，尸答拜。主人出，寫嗇于房，祝以籩受。'是士受嘏之禮。天子嘏辭，無以言之。此'永錫爾極，時萬時億'，是其辭之略。"

集傳："極，至也。"

案：鄭君説"嘏之禮，祝徧取黍、稷、牢肉、魚，擩于醢，以授尸。孝孫前就尸受之。天子使宰夫受之以筐，祝則釋嘏辭以勑之。"將以是爲天子之禮也。于是讀"齊"爲"資"，"稷"爲"即"，"匡"爲"筐"，"勑"爲"敕"，既失其辭理矣，且嘏禮安得徧取牛、羊、豕、魚而授之尸與？兼之不可爲儀也。次第而授受之，是以有筐焉。將使主人未聽嘏而委之筐與？將畢聽而後宰夫受以筐也？宰夫不爲儀則焉用筐？委之筐而受嘏，得無不敬乎？割牲有制祭焉，不聞有資以爲嘏之體而不制也。舉之者乎？攙之者乎？古人無是禮也。有所受之乎？其即以此詩爲本乎？詩之辭理，不能附而著之也，焉庸改讀。爲祝嘏之常，古舍《特牲》《少牢》，其禮與辭不可得而聞已。以孝告，以慈告，曰致。不如是，則不能究盡其理，非致也。天子所謂福，必與天地相終始，然後可以役使天下。不居其極，或則作而私有之。"一人有慶，兆民賴之"，《書》之訓也。[1]"首出庶物，萬國咸寧"，《易》之贊也。[2]"永錫爾極，時萬時億"，《詩》之持也[3]。非天子無足以受此嘏者。嚴粲曰："錫極，言致福之本。君能建其有極，則五福備。"[4]箕子之訓，蓋曰極不建則福不斂。[5]不斂者，必散之。散之，則諸侯、大夫、士、庶人皆得而私之。自幽王以下實然，而王道廢矣。

---

[1]《書·呂刑》。孔安國傳："天子有善則兆民賴之，其乃安寧長久之道。"

[2]《易·乾卦·彖辭》。王弼注："萬國所以寧，各以有君也。"

[3]《詩緯含神霧》："詩者，持也。"

[4]見嚴粲《詩緝·楚茨》。

[5]《書·洪範》："皇建其有極。斂時五福，用敷錫厥庶民。"蔡沈集傳："皇，君。建，立也。極，猶北極之極，至極之義、標準之名，中立而四方之所取正焉者也。""極者，福之本。福者，極之效。極之所建，福之所集也。"

○禮儀既備，鐘鼓既戒。孝孫徂位，工祝致告。神具醉止，皇尸載起。鼓鐘送尸，神保聿歸。諸宰君婦，廢徹不遲。諸父兄弟，備言燕私。

傳：“致告，告利成也。皇，大也。燕而盡其私恩。”

箋：“位，堂下西面位也。皇，君也。尸，節神者也。神醉而尸謖，送尸而神歸。尸出入，奏《肆夏》。尸稱君，尊之也。廢，去也。尸出而徹，諸宰徹諸饌，君婦籩豆而已。不遲，以疾爲敬也。祭畢，歸賓客俎，同姓則與之燕，所以尊賓客、親骨肉也。”

正義：“《特牲》告利成之位：‘主人出立于户外西面。’《少牢》告利成之位：‘主人出立于阼階上西面。’是尊者出稍遠。此‘徂位’，明遠于大夫，故知至堂下也。《特牲》《少牢》皆西面，故知天子之位亦西面也。《少牢》：‘主人立于阼階，祝立于西階上，告利成。’此孝孫在堂下西面，則祝當以西階下告利成也。《特牲》告利成，即云‘尸謖祝前，主人降。’《少牢》祝告利成，即云‘祝入尸謖，主人降。’此二者皆祝告主人以利成。言‘利成’者，《少牢》注云：‘利，猶養也。’言‘皆醉’者，祭群廟，非一神也。《特牲》《少牢禮》尸出之后乃餕，乃陽厭，尋亦徹之，故此繫于尸起也。知‘諸宰徹諸饌，君婦籩豆而已’者，《周禮·九嬪》：‘凡祭祀，贊后薦徹豆籩’，知君婦籩豆而已，餘饌諸宰徹之也。《周禮·膳夫》：‘凡王祭祀，賓客則徹王之胙俎。’注云：‘膳夫親徹胙俎，胙俎最尊也。其餘則其屬徹之。’則徹饌者，膳夫也。言‘諸宰’者，以膳夫是宰之屬官，宰、膳皆食官之名。《特牲》《少牢》皆曰‘祝執其俎以出’，是祭祀畢，賓客歸之俎也。《特牲》：‘祝命徹胙俎豆籩①，設于東序下。’注云：‘胙俎，主人之俎。設于東序下，亦將燕也。’是祭末而燕私之事。歸之俎，所以尊賓客。留之燕，所以親骨肉也。”

集傳：“鬼神無形，言其醉而歸者，誠敬之至，如見之也。諸宰，冢宰，非一人之稱也。”

---

①籩，原作“邊”，據武英殿本《儀禮注疏》改。

案：《禮》曰：周人尚臭，始于祼，次納牲，次朝踐。①天子
逮闇而祭謂之朝事，謂之肆獻祼，大節也。凡祭，慎諸此。是故
《禮運》曰："作其祝號，玄酒以祭，薦其血毛，腥其俎，孰其
殽，與其越席，疏布以冪，衣其澣帛，醴醆以獻，薦其燔炙，君
與夫人交獻，以嘉魂魄，是謂合莫。"致愛致愨，神存以著。嘉
而合之，神之盛也。"孰其殽"云者，豆實云乎？"燔炙"云者，
脾脊燔燎云乎？詔于室，詔于庭，每事皆祝，皆用幣，未迎尸
也。其在《周官》納亨以前事乎？②既云納亨，又云祭之日，謂
羹定而正晝時也。是以《禮運》曰："然後退而合亨，體其犬豕
牛羊，實其簠簋籩豆鉶羹，祝以孝告。"而《禮器》曰："羹定詔
于堂。"《郊特牲》曰："直祭祝于主，索祭祝于祊。"《禮器》曰：
"設祭于堂，爲祊乎外。"故曰：于彼乎？于此乎？當此之時，所
謂不知神之所在，求而未之得也。于是祝奠斝，以是爲神之所
依。故不以主人，以祝酌而奠之云爾，未迎尸也。天子、諸侯所
謂饋食者，皆如此，皆堂事，皆非室事。特牲、少牢不可以同乎
此，故無祭于祊之禮焉。天子、諸侯事尸無于奧者，至奠斝，然
後迎尸而坐于堂也。是以《郊特牲》曰"詔祝于室"，謂祼也，
謂肆獻也，皆有祝辭焉。坐尸于堂，既酌奠而事尸始已。所謂
尸，亦餕鬼神之餘也。③用牲于庭，納牲時也。升首于室，朝踐
時也。時則未迎尸也。迎尸乃"舉斝、角，詔妥尸"，以爲神象

---

① 《禮記·郊特牲》："周人尚臭，灌用鬯臭，鬱合鬯，臭陰達於淵泉。灌
以圭璋，用玉氣也。既灌，然後迎牲，致陰氣也。蕭合黍稷，臭陽達於
墻屋，故既奠，然後焫蕭合羶薌。凡祭，慎諸此。"

② 《周禮·天官·大宰》："及納亨，贊王牲事。"鄭玄注："納亨，納
牲。"賈公彥疏："及殺訖，納與亨人，故言納亨。"

③ 《禮記·祭統》："是故古之君子曰：尸亦餕鬼神之餘也。"孔穎達正
義："尸亦餕鬼神餘者，若王侯初薦毛血燔燎，是薦於鬼神，至薦熟
時，尸乃食之，是尸餕鬼神之餘；若大夫士陰厭，亦是先薦鬼神而後
尸乃食，亦尸餕鬼神餘，故并云'尸亦餕鬼神之餘'也。"

也。①斝，祝所奠也，而尸舉之，餕之義也。奠斝以依神，舉斝而妥尸。及惠既徧，則上嗣舉之，傳重②之義著矣。不其然，與妥尸而侑，卒食而酳尸，酢而進聽嘏，大節也。自是而惠行于下，乃獻祝焉。觀祭之志與義，成于受嘏而已矣。是以《禮運》曰：“嘏以慈告，是謂大祥。”此禮之大成也。尸飲一而獻祝佐食，祝以將命也。佐食謂之利，以助養也，故尚之。王與后更獻，五爵飲，六爵止，獻卿也，王則獻諸侯也。七爵飲，八爵止，獻大夫也，王則獻公卿也。賓長九獻，尸飲之。長兄弟爲加爵，爵止而獻士及群有司，王則獻大夫、元士也。蓋二王後，王親酌焉，《書》曰：“祖考來格，虞賓在位”是已。諸侯長亦如之，内則三公及孤卿，其他蓋皆有司酌之已。于是衆賓長爲加爵，于是嗣舉奠而正祭之儀備，于是告利成而尸謖而蓋，而改饌于室而未夕也。夕而視濯，明日而繹，殺一牢具③，他則燔之，賓尸，而尸有灌。于卒也，獻酬交錯，至于無算爵，則佐食洗而獻尸，而繹祭之儀備。祭，大事也，大惠也。祭之末惠在餕，正祭也。繹祭而後，以其餘畀煇、胞、翟、閽焉，其興物備矣，是之謂“既備”。祭享祀之樂博矣，其在《周頌》之篇，周文公所作也。《清廟》，祀文王也。④《執競》，祀武王也。⑤《天作》，祀先王、先公也。⑥《雝》，禘太祖也。⑦《周官·大師》職曰：“大祭

①《禮記·郊特牲》：“舉斝、角，詔妥尸。古者尸無事則立，有事而后坐也。尸，神象也。祝，將命也。”鄭玄注：“妥，安坐也。尸始入，舉奠斝若奠角將祭之，祝則詔主人拜，妥尸，使之坐。尸即至尊之坐，或時不自安，則以拜妥之也。天子奠斝，諸侯奠角。古，謂夏時也。”
②傳重，謂喪祭及宗廟之重責傳於嗣君。
③牢具，遣奠時所用的經過包裹的牲牢之體。《禮記·雜記上》：“遣車視牢具”。
④《詩·周頌·清廟》小序：“《清廟》，祀文王也。周公既成洛邑，朝諸侯，率以祀文王焉。”
⑤《詩·周頌·執競》小序。孔穎達正義：“《執競》詩者，祀武王之樂歌也。謂周公、成王之時，既致太平，祀於武王之廟。”
⑥《詩·周頌·天作》小序。
⑦《詩·周頌·雝》小序。鄭箋：“禘，大祭也。大於四時，而小於祫。大祖，謂文王。”

祀，帥瞽登歌，令奏擊拊。下管播樂器，令奏鼓棟。"登莫重于登歌，歌莫重于《清廟》，記禮者往往述之。而《執競》《天作》各由所祭歌之，猶文王之歌《清廟》也。于是而下管《象》①，季札所見《象箾》《南籥》是也。②則歌《維清》③，然後奏之。于是冕而總干，以舞《大武》。《賓牟賈》篇述其略矣。④則歌《武》，然後奏之。二詩于《頌》存焉，二舞在樂則亡矣。二王後助祭，歌《振鷺》。⑤諸侯助祭，歌《烈文》。⑥賓長獻尸，在九獻也，故有《頌》焉。繹而賓尸，則歌《絲衣》。⑦宗廟之詩，正在《頌》者，表諸此矣。其《大司樂》職："《大濩》享先妣姜嫄也，《大武》享先祖后稷也"，在下管之後；"《九韶》之舞，于宗廟之中奏之"，先降神而作。⑧則雖周人，未嘗不尚聲焉。他有王出入，奏《王夏》；尸出入，奏《肆夏》；牲出入，奏《昭夏》⑨；夫人祭，奏《齊夏》，不言后，蓋下就也；族人侍，奏《族夏》，亦謂侍祭也。⑩則長兄弟爲加爵，與皆《九夏》之篇，而

①《禮記·明堂位》："[以禘禮祀周公於大廟]升歌清廟，下管《象》，朱干玉戚，冕而舞《大武》。"
②《左傳·襄公二十九年》："[季札]見舞《象箾》《南籥》者，曰：'美哉！猶有憾。'"杜預集解："《象箾》，舞所執。《南籥》，以籥舞也。皆文王之樂。"
③《詩·周頌·維清》小序："《維清》，奏象舞也。"孔穎達正義："《維清》詩者，奏《象舞》之歌樂也。謂文王時有擊刺之法，武王作樂，象而爲舞，號其樂曰《象舞》。至周公、成王之時，用而奏之於廟。"
④參見《禮記·樂記》賓牟賈問樂，孔子答語。
⑤《詩·周頌·振鷺》小序："《振鷺》，二王之後來助祭也。"
⑥《詩·周頌·烈文》小序："《烈文》，成王即政，諸侯助祭也。"
⑦《詩·周頌·絲衣》小序："《絲衣》，繹賓尸也。高子曰：'靈星之尸也。'"鄭箋："繹，又祭也。天子諸侯曰繹，以祭之明日。卿大夫曰賓尸，與祭同日。周曰繹，商謂之肜。"孔穎達正義："以賓事所祭之尸，行之得禮。"
⑧《周禮·春官·大司樂》。
⑨《周禮·春官·大司樂》。
⑩《周禮·春官·鍾師》："鍾師掌金奏。凡樂事，以鍾鼓奏《九夏》：《王夏》《肆夏》《昭夏》《納夏》《章夏》《齊夏》《族夏》《祴夏》《驁夏》。"鄭玄注引杜子春云："夫人祭奏《齊夏》，族人侍奏《族夏》。"

金奏也。所謂"《夏》籥序興"①者此乎？徹則歌《徹》②，或以《振羽》③，《内宗》職云"以樂徹，則佐④傳豆籩"⑤是也。《外宗》職云"王后以樂羞齍則贊"，殆房中之樂，而二《南》之詩乎？韎師也，旄人也，鞮鞻氏也，皆掌四夷之樂⑥，納于太廟門外作之矣。鐘鼓也者，所謂《九夏》，"以金奏，贊陽出滯"⑦者也，鐘鎛之師職之。⑧其以戒廟中詩樂未聞，而《笙師》有"教祴樂"⑨之文，則祴樂篇章衆矣，何獨《陔夏》乎？⑩以戒廟中者，何獨不在祴樂乎？燕而入奏，則《周官》所謂"燕樂"、"縵樂"⑪是已。磬師、鐘師、笙師三官皆有二樂⑫，以較太師、小⑬師所掌登歌、下管⑭，殊文而異科，則入奏之樂明矣。《特牲禮》

①《禮記·仲尼燕居》："〔兩君相見〕下管《象》《武》，《夏》籥序興。陳其薦俎，序其禮樂，備其百官，如此而后君子知仁焉。"鄭玄注："《象》《武》，武舞也。《夏》籥，文舞也。序，更也。堂下吹管，舞文、武之樂，更起也。"

②《周禮·春官·樂師》："詔及徹，帥學士而歌《徹》。"鄭司農云："謂將徹之時自有樂，故帥學士而歌《徹》。"

③《禮記·仲尼燕居》："客出以《雍》，徹以《振羽》，是故君子無物而不在禮矣。"

④佐，原作"左"，據《周禮》原文改。

⑤《周禮·春官·内宗》。賈公彦疏："籩豆后於神前徹之，傳與外宗，外宗傳與内宗，内宗傳與内者，故知佐傳也。"

⑥皆爲大宗伯屬官，參見《周禮·春官》。

⑦《國語·周語下》。韋昭注："贊，佐也。"

⑧《周禮·春官·鍾師》："凡樂事，以鍾鼓奏《九夏》。"《周禮·春官·鎛師》："鎛師掌金奏之鼓。"

⑨《周禮·春官·笙師》。鄭玄注："祴樂，《祴夏》之樂。"

⑩《周禮·春官·鍾師》："鍾師掌金奏。凡樂事，以鍾鼓奏《九夏》：《王夏》《肆夏》《昭夏》《納夏》《章夏》《齊夏》《族夏》《祴夏》《驁夏》。"鄭玄注引杜子春云："祴讀爲陔鼓之陔"，"客醉而出奏《陔夏》"。

⑪《周禮·春官·磬師》："磬師掌教擊磬。擊編鍾，教縵樂、燕樂之鍾磬，凡祭祀奏縵樂。"鄭玄注："縵讀爲縵錦之縵，謂雜聲之和樂者也。《學記》曰：'不學操縵，不能安弦。'燕樂，房中之樂，所謂陰聲也。"

⑫磬師掌教縵樂、燕樂，鐘師掌奏燕樂、縵樂，笙師掌教祴樂、燕樂。參見《周禮·春官》。

⑬小，原作"少"，據武英殿本《周禮注疏·春官》改。

⑭參見《周禮·春官》。

“主人出，立于户外西面”者二，皆目之。于祝告利成，而云“主人降即位”①，不目曰阼階下西面也，見户外西面不爲位也。户内西面則爲位，言“入復位”者屢焉。《少牢禮》“阼階上西面”“阼階東西面”，皆目之矣，亦不以阼階上西面爲定位也。徒言位則阼階下已著，故鄭君之説“阼位”可據也。利成者，養成也，非畢也。不矯舉則直，無愧辭而信，此之謂成。《特牲》告利成者二，以爲畢矣，則先告何居？《少牢》于賓尸前告利成，養固未畢也。朱子以諸宰爲冢宰，以爲公卿之詩也。冢宰則一人而已，又安得有非一人之稱？②宰，膳夫之屬也。③阼俎之上惟尸俎，尸俎則佐食徹之④，膳夫上士，徹阼俎以下，不得使卿大夫徹之矣，知非小宰，宰夫也。⑤禘太祖，則群廟之主合食焉。祼惟太祖有室中之饌，群祖辯有朝獻堂上饋食之事，唯太祖、不祧之祖、三昭、三穆，有牢具、俎簋、籩豆之饌。毀廟有主無尸，合于太祖。太祖蓋用五牢。正祭有加爵，無旅酬，繹祭而行旅酬。《禮器》曰：“周旅酬六尸。”禘祫則毀廟無尸。烝嘗不及毀廟，而昭穆皆合祭，有六尸矣。尸各有祝，有佐食。其于饋食也，昭穆之饌畢陳，乃迎尸。太祖之尸既食而酳，乃迎六尸以次食、以次酳，而後天子酢而受嘏也。上章曰“我孔熯矣，式禮莫愆”，謂饋食之序與其等，禮皆無過者，敬而能以禮，然後爲孝也已。於賓尸也，其祼其獻之備，皆在太祖，六尸等而下之。太祖之尸，舉酬⑥而之於下，儀有等殺，然後可以洽百禮，而歆群神也。古者不遷之祖自措之，廟立之主而素定矣。周以后稷爲始

①《儀禮·特牲饋食禮》：“祝告利成，降出，主人降即位。”
②意在駁朱子之説，參見前文所引朱子對本句詩的集傳。
③《周禮·天官·膳夫》：“膳夫掌王之食飲膳羞，以養王及后世子。”此處莊存與反對朱熹解詩“諸宰”爲“冢宰”之説，而以爲當爲膳夫之類的飲食之官。
④《儀禮·特牲饋食禮》：“祝反，及主人入，復位。命佐食徹尸俎，俎出于廟門。”
⑤膳夫職級爲上士，小宰職級爲中大夫，宰夫職級爲下大夫。
⑥舉酬，即旅酬，謂祭禮完畢後衆親賓一起宴飲，相互敬酒。《詩·小雅·賓之初筵》：“鍾鼓既設，舉醻逸逸。”

祖，文王爲太祖。文王廟在豐，初立者也。在洛邑，周公尊之曰
清廟，皆不可以在遞遷迭毀之列，決然無疑者。武王之廟，《祭
法》所謂"宗"也①，他書雖無可見，然必不可以《明堂位》之文
世室、武世室名祖宗之廟②決矣。祖宗之廟，天子皆歲獻，文、
武不合祭于后稷之廟亦決矣。其祭之序，先后稷，而文王繼之，
各致齊三日。③散齊七日則因之，孔子曰"三日齊，一日用之，猶
恐不敬"④，故致齊不得相因也。然而《召誥》曰"翼日戊午，乃
社于新邑"者，非天子親祀也。《洛誥》曰"烝祭歲，文王騂牛
一，武王騂牛一"，則文王、武王合祭可矣。《洛誥》又曰："以秬
鬯二卣，曰：'明禋，拜手稽首休享。'予不敢宿，則禋于文王、
武王。"此周人祖宗之廟在洛邑者，而不見后稷廟，蓋尊以配天
則極矣。《書》記大事，常曰"王朝步自周，至于豐"⑤，《武成》
"王來自商"，亦"至于豐"⑥，宗廟在是也，社必在是也。豐、
鎬相去二十五里，則四郊明堂一而已矣。四郊文王立之明堂，蓋
鎬京有之。文王受命，先郊而後伐，《棫樸》之詩是也。⑦"作
邑于豐"⑧，行郊祀審矣。《詩》曰"王公伊濯，維豐之垣"⑨，

①《禮記・祭法》："周人禘嚳而郊稷，祖文王而宗武王。"
②《禮記・明堂位》："魯公之廟，文世室也。武公之廟，武世室也。"鄭
　玄注："此二廟，象周有文王、武王之廟也。世室者，不毀之名也。魯
　公，伯禽也。武公，伯禽之玄孫也，名敖。"
③《禮記・祭統》："是故君子之齊也，專致其精明之德也，故散齊七日
　以定之，致齊三日以齊之。"
④《禮記・郊特牲》。孔穎達正義："凡祭，必散七日，致齊三日，不樂不
　弔，致齊三日，專其一心，用以祭祀，猶恐爲敬不足，故云'猶恐不敬'
　也。"
⑤《書・召誥》。
⑥《書・武成》："［武］王來自商，至于豐。"
⑦《詩・大雅・文王》小序："《棫樸》，文王能官人也。"
⑧《詩・大雅・文王有聲》："文王受命，有此武功。既伐于崇，作邑于
　豐。文王烝哉！"鄭箋："武功，謂伐四國及崇之功也。作邑者，徙都于
　豐，以應天命。"
⑨《詩・大雅・文王有聲》。鄭箋："文王述行大王、王季之王業，其事益
　大。作邑於豐，城之既成，又垣之，立宮室，乃爲天下所同心而歸之。"

皆以王者之制作之也。《詩》又曰"鎬京辟雍"①，《魚藻》曰
"有那其居"②，可以知王居之嚴，三雍之盛，宅鎬京而後備
矣。靈臺、辟雍，文王有之。惟辟雍，鎬京更作之，明堂則武王
所立也。③文王不以天子之宮室自處，三朝五門④，武王所立，
故曰"武王成之"⑤也。一豐一鎬相述作，皆聖人所不得已焉。
孔氏所謂"祭群廟"者，其宜與稱不可以莫之考也。祭日徹而不
燕，繹賓尸然後徹而燕諸父兄弟焉。

　　○樂具入奏，以綏后禄。爾肴既將，莫怨具慶。既醉既飽，
小大稽首。神嗜飲食，使君壽考。孔惠孔時，維其盡之。子子孫
孫，勿替引之。

　　傳："綏，安也。安然後受福禄也。將，行也。替，廢；引，
長也。"

　　箋："燕而樂皆入奏，以安後日之福禄。骨肉歡而君之福禄
安。同姓之臣無有怨者，而皆慶君，是其歡也。長幼皆再拜稽首，
曰：'神乃歆嗜君之飲食，使君壽且考。'此其慶辭。惠，順也。甚

---

①《詩·大雅·文王有聲》："鎬京辟雍，自西自東，自南自北，無思不
　服。"毛傳："武王作邑於鎬京。"
②《詩·小雅·魚藻》："王在在鎬，有那其居。"鄭箋："那，安貌。天下
　平安，王無四方之虞，故其居處那然安也。"
③《詩·小雅·斯干》孔穎達正義："《鄭志》答趙商云：'成王崩之時，
　在西都。文王遷豐，作靈臺、辟雍而已，其餘猶諸侯制度。故喪禮設
　衣物之處，寢有夾室與東西房也。周公攝政，致太平，制禮作樂，乃
　立明堂於王城。'"靈臺，天子所設觀象之臺，《詩·大雅·靈臺》鄭
　箋："天子有靈臺者，所以觀祲象，察氣之妖祥也。文王受命，而作邑
　于豐，立靈臺。"辟雍，天子所立之學校，《禮記·王制》："天子命之
　教，然後爲學。小學在公宮南之左，大學在郊。天子曰辟雍，諸侯曰
　頖宮。"明堂，天子宣政之堂，《孟子·梁惠王下》："夫明堂者，王者
　之堂也。"
④三朝，外朝、內朝、燕朝。《周禮·秋官·朝士》："朝士掌建邦外朝之
　灋"。鄭玄注："周天子諸侯，皆有三朝。外朝一，內朝二。內朝之在路
　門內者或謂之燕朝。"五門，周代天子有五門，外曰皋門，二曰雉門，
　三曰庫門，四曰應門，五曰路門，見《周禮·天官·閽人》鄭司農注。
⑤《詩·大雅·文王有聲》："鎬京辟雍，自西自東，自南自北，無思不服。
　皇王烝哉！考卜維王，宅是鎬京。維龜正之，武王成之。武王烝哉！"

順于禮,甚得其時,維君德能盡之,願子孫勿廢而長行之。”

正義:“燕、祭不得同樂,云‘皆入’者,歌咏雖異,樂器則同,故皆入也。後日,從今以後之日也。宗族不親,則公室傾危,故骨肉歡而君之福祿安。”

集傳:“凡廟制,前廟以奉神,后寢以藏衣冠。祭于廟而燕于寢,故樂皆入奏于寢也。”

案:《禮·郊特牲記》曰:“大夫之臣不稽首,非尊家臣,以辟君也。”《春秋》之法,王臣之貴者,皆謂之天子之大夫^①,三公稱公^②,亦曰三吏。^③《周官·典命》曰:“及其出封,皆加一等。”^④由是觀之,寰内諸侯不得純以臣禮臣其所屬。雖臣,不稽首也,辟天子也。《喪服傳》:“始封之君,不臣諸父昆弟。”始封,謂出封者也。寰内不得云始封,則其子孫烏得臣諸父昆弟哉?周公以蔡仲爲己卿士^⑤,所謂兩卿^⑥也,周公不以臣禮使蔡仲,蔡仲不以君禮事周公也。他不純用臣禮,蔡仲則絶不用臣禮,何也?天子之同姓也,不得有二君明矣。《太宰》職曰:“瀘則以馭其官,廢置以馭其吏。”大小都鄙之吏,統于朝廷而已矣。不然衆多如雨,而非所以爲正也。^⑦尋“大小稽首”之義,則知非公卿有田祿之詩。^⑧

①如《公羊傳》隱公元年:“祭伯者何?天子之大夫也。”文公三年:“王子虎者何?天子之大夫也。”
②《公羊傳·隱公五年》:“天子三公稱公,王者之後稱公。”
③《左傳·成公二年》:“王使委於三吏。”杜預集解:“三吏,三公也。”
④《周禮·春官·典命》:“王之三公八命,其卿六命,其大夫四命。及其出封,皆加一等。”
⑤《左傳·定公四年》:“王於是乎殺管叔而蔡蔡叔,以車七乘,徒七十人。其子蔡仲,改行帥德,周公舉之,以爲己卿士,見諸王,而命之以蔡。”
⑥卿,動詞,爲卿。謂蔡仲既爲周王之卿,又爲周公之卿。
⑦語出《詩·小雅·雨無正》小序:“衆多如雨,而非所以爲政也。”莊存與此處指官多而不統于上,非爲政之道。
⑧朱子以《楚茨》爲公卿有田祿之詩。

朱子《柏舟詩序辨説》正誤

○《周語》有之曰：“天子聽政，使公卿至列士獻詩。”①
《招》之詩曰：“畜君何尤？”②國尚愿而糾恭③，責難於君，
下至於芻蕘、商旅、執藝事者④，所以乂厥辟⑤，而“助成王
德顯”⑥也。幽、厲惟失此道，速戾厥躬，而顛覆大命。夫亦
惟執其昏愚，肆其惕慢，虐我烝黎，俾匹夫匹婦、惸獨老幼靡
所告愬，以自恣適己而已。若夫準人牧夫⑦、左右趨御、貴戚
之臣、耆艾之齒，朝夕諷議，繩愆糾謬，箴諫之篇、規誨之旨
未嘗絕也。先王之訓有之曰：“臣下不匡，其刑墨。”⑧故人
臣有伏死之爭，無從令⑨之義。面折君過，以直諫進藥石、鍼
膏肓。“《書》曰：‘若藥不瞑眩，厥疾不瘳。’”⑩微文刺譏以

①《國語·周語上》。
②《孟子·梁惠王下》：“［齊宣王］召太師曰：‘爲我作君臣相説之樂。’
蓋《徵招》《角招》是也。其詩曰：‘畜君何尤？’畜君者，好君也。”
③《周禮·秋官·大司寇》：“［以五刑糾萬民］五曰國刑，上愿糾暴。”
鄭玄注：“刑，亦法也。糾，猶察異之。”“愿，愨慎也。‘暴’當爲‘恭’
字之誤也。”
④《左傳·襄公十四年》：“自王以下，各有父兄子弟，以補察其政。史
爲書，瞽爲詩，工誦箴諫，大夫規誨，士傳言，庶人謗，商旅于市，百
工獻藝。故《夏書》曰：‘遒人以木鐸徇于路，官師相規，工執藝事以
諫。’”
⑤《書·君奭》：“劓咸奔走，惟兹惟德稱，用乂厥辟。”孔安國傳：“王猶
秉德憂臣，況臣下得不皆奔走？惟王此事，惟有德者舉，用治其君事。”
⑥《書·酒誥》。孔安國傳：“惟助其君成王道。”
⑦準人，謂獄官；牧夫，謂牧民之人。《書·立政》：“嗚呼！孺子王矣。繼
自今我其立政、立事、準人、牧夫，我其克灼知厥若，丕乃俾亂。”孔
穎達正義：“繼續從今已往，我王其與立政，謂大臣也，其與立事，謂
小臣也，平法之人及養民之夫，此等諸臣，我王其能察之灼然，知其順
於事者，則大乃使之治理。”
⑧《書·伊訓》。
⑨從令，遵從命令。《商君書·畫策》：“是以三軍之衆，從令如流，死而
不旋踵。”
⑩《孟子·滕文公上》。趙岐注：“《書》逸篇也。瞑眩，藥攻人疾，先使
瞑眩憒亂，乃是瘳愈。”

風諫,引微針治痼疾。《序》曰:"言之者無罪,聞之者足以戒。"①"國于天地,有與立焉"②,棄君于惡,謂之不臣。③夫惟詩人上奉先王之訓,下竭忠愛之誼,以劘切其君。言雖深痛,暴主不得以爲忤。不然,幽、厲豈能受盡言,而不以訕上之罪正於司寇也? 吾聞先王有不諫之刑矣,未聞有歸過之罰也。今將明大義,垂臣戒,而猥舉幽、厲之所不罪,斥爲懟上,等諸不道,開人君縱念之心,傷忠臣盡諫之志,啓萬世言語之禍,速國家危亡之憂,非所聞也。④

①《詩·周南·關雎》大序。
②《左傳·昭公元年》。杜預集解:"言欲輔助之者多。"
③《左傳·成公二年》:"臣,治煩去惑者也,是以伏死而爭。今二子者,君生則縱其惑,死又益其侈,是棄君於惡也,何臣之爲!"
④朱熹《詩集傳·詩序辨説·邶風·柏舟》:"又其爲説,必使《詩》無一篇不爲美刺時君國政而作,固已不切於情性之自然。而又拘於時世之先後,其或《書》《傳》所載當此之時偶無賢君美謚,則雖有辭之美者,亦例以爲陳古而刺今。是使讀者疑於當時之人絶無善則稱君、過則稱己之意,而一不得志則扼腕切齒、嘻笑冷語以懟其上者,所在而成群。是其輕躁險薄,尤有害於溫柔敦厚之教,故予不可以不辨。"

附　錄

資政大夫禮部侍郎武進莊公神道碑銘

龔自珍

　　卿大夫能以學術開帝者，下究乎群士，俾知今古之故，其澤五世十世；學足以開天下，自韜污受不學之名，爲有所權緩亟輕重，以求其實之陰濟于天下，其澤將不惟十世；以學術自任，開天下知古今之故，百年一人而已矣。若乃受不學之名，爲有所權以求濟天下，其人之難，或百年而一有，或千載而不一有，亦或百年數數有。雖有矣，史氏不能推其迹，門生、學徒、愚子姓不能宣其道，若是，謂之史之大隱。有史之大隱，于是奮起不爲史而能立言者，表其灼然之意，鉤日于虞淵，而懸之九天之上，俾不得終隱焉而已矣。

　　大儒莊君，諱存與，江南武進人也。幼誦六經，尤長于《書》，奉封公教，傳山右閻氏之緒學，求二帝三王之微言大指，閔秦火之鬱伊，悼孔澤之不完具，悲漢學官之寡立多廢，懲晉代之作僭與僞，恥唐儒之不學見絀，大笑悼唐以還學者之不審是非，雜金玉敗革于一衍而不知賤貴，其罪至于褻帝王，誣周孔，而莫之或禦。蓋公自少入塾，而昭昭善別擇矣。

　　既壯，成進士，閻氏所廓清，已信于海內，江左束髮子弟，皆知助閻氏；言官學臣，則議上言于朝，重寫二十八篇于學官，頒賜天下，考官命題，學僮諷《書》，僞《書》毋得與。將上矣，公以翰林學士，直上書房爲師傅，聞之，忽然起，逌然思，鬱然嘆，慄然而癙謀。方是時，國家累葉富厚，主上神武，大臣皆自審愚賤，才智不及主上萬一。公自顧以儒臣遭世極盛，文名滿天下，終不能有所補益時務，以負庥隆之期，自語曰：辨古籍真僞，爲術淺且近者也；且天下學僮盡明之矣，魁碩當弗復言。古籍墜湮十之八，頗藉僞書存者十之二，帝冑天孫，不能旁覽雜氏，惟賴幼習五經之簡，長以通于治天下。昔者《大禹謨》廢，"人心道心"之旨、"殺不辜寧失不經"之誡亡矣；《太甲》廢，"儉德永圖"之訓墜矣；《仲虺之誥》廢，"謂人莫己若"之誡亡矣；《説命》廢，"股肱良臣啟沃"之誼喪矣；《旅獒》廢，"不寶異物賤用物"之誡亡矣；《冏命》廢，"左右前後皆正人"之美失矣。今數言幸而存，皆聖人之真言，言尤疴癢關後世，宜貶須臾之道，以授肄業者。公乃計其委曲，思自晦其學，欲以借援古今之事勢，退直上書房，日著書，曰《尚書既見》如干卷，數數稱《禹謨》《虺誥》《伊訓》，而晉代剟拾百一之罪，功罪且互見。公是書頗爲承學者詬病，而古文竟獲仍學官不廢。

公中乾隆乙丑科進士，以一甲第三名，授翰林院編修，屢遷至禮部右侍郎[①]，誥授資政大夫。周時有仕爲漆園吏，著書內外篇者，其祖也。曾祖諱某，祖諱某，考諱某，妣氏某，皆封如公官。妣封夫人。子□人，某、某，述祖以文學最有聲[②]。孫□人，某、某，綏甲最有聲。公以乾隆五十三年卒于官[③]，年七十。以嘉慶□年葬某山某原。公它所著尚有《周官記》六卷。

公性廉鯁，典試浙江，浙巡撫饋以金，不受，遺以二品冠，受之。及塗，從者以告曰：冠頂真珊瑚也，直千金。公驚，馳使千餘里而返之。爲講官日，上御文華殿，同官者將事，上起，講儀畢矣。公忽奏：講章有舛誤，臣意不謂爾也。因進，琅琅盡其指，同官皆大驚，上竟爲少留，頷之。是二事者，于公爲細節。謹附書。

銘曰：大儒莊君既亡，粵嘉慶二十有三年，綏甲始爲書測君

①此處微誤，莊存與累遷至禮部左侍郎。
②此處有誤，莊述祖爲培因之子，存與侄。
③此處有誤，莊存與致仕兩年後卒於家。

志，以告綏甲友；其友籀其詞，肯銘，乃克銘君于武進之阡。

（嘉慶戊寅，莊君綏甲館予家，一夕，爲予言其祖事行之美，且曰碑文未具。是夕綏甲夢見公者再，若有所托狀。明日，綏甲以爲請。越己卯之京師，識公之外孫宋翔鳳，翔鳳則爲予推測公志如此。越壬午歲不盡三日，始屏棄人事，總群言而删舉此大者以報。自記。）

（《龔自珍全集》，上海人民出版社1975年版）

莊方耕宗伯經説序

阮　元

元少時受業于李晴川先生，先生固武進莊方耕宗伯辛卯會試所得士也。常爲元言宗伯踐履篤實，于六經皆能闡抉奧旨，不專專爲漢宋箋注之學，而獨得先聖微言大義于語言文字之外，斯爲昭代大儒。心竊慕之。歲丙午，與公之文孫雋甲同舉于鄉，是時公已解組歸田，未及以通家子禮求見，親炙其緒言也。公之弟學士本淳公之子述祖官山東，元視學時常嘆其學有本原，博雅精審爲不可及。歲辛未，公之外孫劉逢禄應春官試，館于邸寓，公之從外孫宋翔鳳亦時來講學，益嘆公之流澤長也。

元于庚寅[①]歲，建學海堂講舍于粵東，思欲蒐采皇朝説經之書，選其精當，臚其美富，集爲大成，爲後學津逮。兹劉君從其外兄莊綏甲録寄宗伯公遺書凡□種，元受而讀之，《易》則貫串群經，雖旁涉天官分野氣候，而非如漢宋諸儒之專衍術數比附史事也；《春秋》則主公羊董子，雖略采左氏、穀梁氏及宋元諸儒之説，而非如何劭公所譏“倍經任意、反傳違戾”也；《尚書》則不分今古文文字同異，而剖析疑義，深得夫子序《書》、孟子論世之意；《詩》則詳于變雅，發揮大義，多可陳之講筵；

---

①庚寅爲1830年，疑誤，當作“庚辰”，即1820年。

《周官》則博考載籍，有道術之文爲之補其亡闕，多可取法致用；樂則譜其聲、論其理，可補古《樂經》之闕；《四書説》敷暢本旨，可作考亭爭友，而非如姚江王氏、蕭山毛氏之自辟門户，輕肆詆詰也。

公通籍後，在上書房授成親王經史垂四十年，所學與當時講論或枘鑿不相入，故秘不示人，通其學者門人邵學士晉涵、孔檢討廣森及子孫數人而已。文孫綬甲慮子孫之不克世守，既次弟付梓行世，元復爲之序其大略，刊入經解，以告世之能讀是書者。

儀征阮元序。

～（莊存與《味經齋遺書》卷首，
道光十三年寶硯堂本）

《尚書既見》跋

莊綬甲

先大父嘗自言生平於《詩》《書》之學最明，蓋好學深思，能見聖人之深。於聖人之於天道之常變，三致意焉。題《尚書》曰“既見”，取《書》言“凡人未見聖，若弗克見；既見聖，亦弗克由聖”之意也。爲説多取之於《序》，以《書》爲孔子論次本《太史公書》，《序》與《書》相表裏，别嫌明微，推見至隱，與《春秋》同義，非聖人不能作，亦非游、夏所能贊也。《漢書·藝文志》以爲孔子纂《書》凡百篇，而爲之序，言其作意。初亦以今文、古文不同授讀先父、仲父輩，分别寫録爲課本，後見閻徵士若璩《古文尚書疏證》攻訐過甚，嘆曰：“此啓後人變亂古經之漸，五經將由此糜爛矣。漢唐以來，聖教衰微，獨賴有五經在，猶得依弱扶微，匡翊人主，默持世道，安可更有興廢哉！”于是屏不敢加以辨駁。

且謂古文多精理粹言，故《既見》一書，開宗一章即論列

《禹謨》，餘説經之作亦多徵引古文，欲以彌縫經傳，尊保彝訓，心至苦矣。既脱稿，未及手定，但連累書之。歲在癸丑，從父由山東任所寄資促刊，仍原本未分卷。今綏甲冥心諷誦，謹條其大旨，弟爲三卷。一卷首篇正後儒之誤解《禹謨》爲再征有苗，重爲《書》誣，因以明不攻古文之意；次篇釋《盤庚》，而證以二《雅》，因以著以經解經之法；三篇闡《書》之言天、言命、言性至明切，而怪後儒鹵莽讀之也。二卷皆論周公相武王、輔成王之事，一衷於經與序，以明文武之志事，述顯承之艱難，辨成王不能涖阼、周公踐阼攝政之誣。三卷皆論舜事父母之道，以孟子之言爲本，而證明逸《書》之《舜典》，後述伊尹、周公之遇，皆所以明聖人之於天道也。

　　從父珍藝先生從大父講授，有《尚書駁議》《尚書授讀》之著，亦考信於《序》，有《書序説義》之著。從父嘗嘆曰：“《書》所著，蓋文武之道，賢者識其大者，世父是也，余則不賢者，識其小者而已。”一時學者因目大父與從父爲大小夏侯焉。恪守家法，亦不爲墨守，如今文、古文，則從閻氏、惠氏之説，大指則無不合揆云。從父於諸兄子中尤好爲綏甲講論，令爲《尚書考異》，綏甲又私述所聞爲《尚書集解》，以《詩》《書》通《春秋》之大義，冀承先業而未能也。

　　《尚書既見》刊成後，先大人又蒐輯零章斷句爲一卷，題曰《尚書説》，今并附刊，都爲四卷。

　　　　　（莊綬甲《拾遺補藝齋文鈔》，《清代詩文集彙編》
　　　　　第512册，上海古籍出版社2010年版）

莊方耕先生《尚書既見》序

李兆洛

　　讀聖人之書，必求窺聖人之心。聖人之心，千萬人之心也，而孟子稱智足知聖，惟宰我、子貢、有若，七十子莫得與焉。子思子作《中庸》，引聖人之道于至淺至近，而顧難之曰：“苟不固聰明睿智達天德者，孰能知之？”然則聖人之心，果無智愚，皆足以知之乎？今夫日之在天也，庸夫孺子皆見之而知之，然而疇人子弟登靈臺、窺璣衡，其知必有與庸夫孺子異者。向使進羲和、容成而問之，其知又必有與疇人子弟異者。執庸夫孺子所知之日以爲日，盡于是也可乎？不可也。然使以疇人子弟所知之日，語庸夫孺子，則疑且笑之。更以羲和、容成所知之日而語之，則益非且怪之，何也？其知不足及此也。日未嘗異也，隨知之者而異也。聖人之心，未嘗異也，亦隨知之者而異也。竊怪夫循誦習傳之士，未得其一端而遽名曰“吾知聖”，則孟子所云智足知聖、七十子所不能者，今之士顧反能之。而大而化，聖而不可知之之云者，抑果易知也。

　　讀方耕先生《尚書既見》始卒業而爽然，徐尋繹之而怡然。舜、禹、文王、周公，得孔子、孟子之言而其心可知矣。後之讀《書》者，求端于孔子、孟子之言，而勿以凡所言者亂之，則幾乎其可矣。先生之言若與凡言之者異，而與孔子、孟子之言近矣。由是以求窺聖人之心，亦猶欲問日于羲和、容成，而以靈臺疇人爲之導也。夫不知聖人，不爲聖人損；不知而不求知，而自安于其所知，吾恐學道之見日益卑陋，遂錮于淺近，所造亦以益下，幾何不如疇人家言，更千年而天可倚杵也。承學之士，誠思擴其胸、高其識，無域乎庸夫孺子之見，請由是而之焉可乎！
　　　　（李兆洛《養一齋文集》卷二，《清代詩文集彙編》
　　　　第493冊，上海古籍出版社2010年版）

《越縵堂日記》論莊存與

李慈銘

　　閱莊氏《味經齋遺書》，凡《尚書既見》三卷，《尚書説》一

卷,刻于乾隆癸丑,無序;①《毛詩説》四卷,刻于道光丁亥,
亦無序;《周官記》五卷,刻于嘉慶癸亥,而末有其孫綬甲跋,
則題道光丁亥;又《周官説》五卷,據綬甲跋,《周官記》五卷
及《周官説》前二卷,皆侍郎手定,其後三卷,則綬甲于遺稿中
輯録者也;《春秋正辭》十一卷,附《舉例》《要旨》各一卷,亦
刻于道光丁亥,前有朱大興序,題嘉慶辛酉。(箋者按,日記首頁
有李慈銘眉批:"《味經遺書》尚有《象傳論》一卷,《象象論》一
卷,《繫辭傳論》一卷,《八卦觀象解》二卷,《卦氣論》一卷,此
非全帙也,計缺五種。此節子②所注,節子專搜目録,其書不知已刻否?"
次頁亦有眉批:"《春秋正辭》後尚有《樂説》二卷,《四書説》一
卷。此兩種豈可附《正辭》後。")

　　侍郎諸書,惟《正辭》九卷,《要旨》一卷,已刻入《學海堂
經解》中。今讀其《尚書既見》,皆泛論大義,多主枚書,絶無
考證發明之學。據仁和龔璱人《定庵文集》中《侍郎神道碑》,
言侍郎亦深知枚書之僞,其時攻者甚衆,其僞已明,侍郎居上書
房,深念僞書中如《禹謨》之"人心惟危,道心惟微",《太甲》
之"與治同道罔不興,與亂同事罔不亡",《旅獒》之"玩物喪
志,玩人傷德"等語,皆帝王格言,恐僞《書》遂廢,後世人主無
由知此,因作《尚書既見》三卷。書出而世儒群大詬之,蓋不惜
污其身以存道者。然其中如言成王即位時已非幼年,所云"沖
人"、"孺子",特家人壽耇相與之常言。惟周公之心,成王未能
知,即二公亦不知之,故有居東之避;而二公惟教成王以居喪之
禮,思慕之忱。當周公貽王以《鴟鴞》之詩,正二公及王歌《閔
予小子》諸詩之時,蓋二公亦以文王、武王之德克享天心,嗣王
之典學好問,思哀思難,未有過失,何周公之詩憂患迫切如不可
以終日者?心不然之,故王亦未敢誚公爾。至後二公日在王所,

①此處李慈銘所見,當爲道光七年本,蓋因封面所書誤以爲乾隆癸丑
　本也。
②節子,即傅以禮(1827~1898),清藏書家、目録學家、史學家,李慈銘
　同鄉好友。

而不能彌風雷之變，其時二公未嘗有一言。王獨深信天道，不待父兄百官議其儀法，即日具親逆周公之禮，遄行出郊矣。此必非漢以後守文良主之所能然，而豈羈丱成童之事乎？蓋《書序》爲荀卿、蒙恬所汩亂，于是大小《戴記》有成王幼不能涖阼之言，而周公負成王朝諸侯圖先賜霍光矣。其論甚辨，反覆至數千言。又痛斥鄭箋"罪人斯得"爲"成王誅周公官屬"之謬。皆未免輕棄傳記，憑私臆造。

其《毛詩説》，以"日居月諸"爲衛人殺州吁後，莊姜念先君兩子皆敗，自傷之詩。《葛覃》以后妃親葛爲儉而失禮，謂"葛之覃"爲美后妃之容，黃鳥之鳴爲美后妃之言，皆穿鑿不可信。侍郎專于《春秋公羊》，其説經惟主知人論世，而不爲名物訓詁之功，故經學雖無家法，而文辭奧衍，自成一子。

其《周官記》，卷一爲《冢宰記》，中著《五官官屬表》；卷二爲《司徒記》，附載《師任地譜》，以明均土分民之法；卷三爲《司馬記》，補《周官》闕文，文僅五葉；卷四爲《冬官司空記》，采《尚書》《國語》及以下諸傳記之説，爲《冬官》補亡，以存周公事典之略；卷五爲《司空記》，則搜撮周秦之書，可備徵引者，蓋存爲外篇，以當《冬官》傳疏之屬。《周官説》五卷，皆雜論五官之文，要旨疑義，多所詮釋。其第三卷、第四卷皆摘舉經文，爲之補注。第五卷中附《量地任民譜》。綬甲跋言"先大父之治經，最先致力于禮"，又言"先大父治禮本鄭氏學"。蓋侍郎之學，《春秋》最精，《禮》次之，具有功于先哲，而實非本于康成。至其從子葆琛氏，始究心于鄦、鄭，所著如《五經小學述》《弟子職集解》諸書，不可謂非漢學專門也。其《尚書今古文考證》，亦絕不同其世父之言。卿珊聞亦爲漢學，非專守家傳者。然侍郎雖不足爲醇儒，而無媿于通人，經制之學，亦昭代名家矣。《春秋正辭》等書，予已先讀之，不具論。

莊氏之《尚書既見》，向讀龔定盦所譔碑文云云，私揣其書必毛氏《古文尚書冤詞》之流，而侍郎素稱魁儒，又在毛氏後，既有爲而作，當更援據精慎，不似毛氏之武斷。乃今閲之，既無

一字辯證其真僞，亦未嘗闡發其義理，但泛論唐虞三代之事勢，
憑私決臆，蔓衍支離，皆于經義豪無關涉。其開首即論舜征苗
事，謂此尚是舜攝位而未爲天子時，則枚書述益贊禹之言，明云
"帝初于歷山"，舜但攝位而皋陶已稱之曰"帝"，不幾自相矛
盾乎？又據《孟子》帝使九男二女以事舜于畎畝之中語，謂舜徵
庸以後，未受堯官，故尚在畎畝，而有舜往于田號泣之事。皆遑
辨無理。其書僅三卷，卷不及五千字，而辨成王非幼年即位一
節，至七八千字，所引不出《孟子》。附會糾纏，浮辭妨要，乾隆
間諸儒經説，斯最下矣。阮氏《學海堂經解》中屏之不收，可謂
有識。

（《越縵堂日記·孟學齋日記·甲集·首集下》同治癸亥
十月十七日，廣陵書社2004年影印本）

《譚獻日記》論莊存與

譚　獻

1863年

閲莊方耕先生《尚書既見》，雖未決去僞古文，而文事深醇
古厚，直接荀、董。猶子葆琛先生無此淵懿也。國朝諸儒如惠氏
一家、王氏一家、莊氏一家，皆第一流。

仍閲方耕先生《尚書説》。似是未竟之緒，亦由依違僞古
文，究有其不可通者在。然龔禮部爲《莊侍郎墓表》，言先生有
不得已之苦心，故其言《舜典》一則，歸'慎徽五典'以下于《堯
典》，而舉《孟子》所引諸文爲《舜典》。則所以示來學、表古誼
者在此不在彼，是在後人心知其意耳。（《譚獻日記》，第6頁）

閲莊先生《春秋正辭》，此絶業也，兼采程伊川、胡康侯。
或者《尚書既見》之意乎？博大深至，條舉件繋，卓乎屬辭比事
之教。（《譚獻日記》，第7頁）

　　夜誦《珍藝宧文》，琅琅真作金石聲。説《書》《詩》數篇，風發泉涌，而淵淵㲿㲿，潛氣内轉。賈、董之倫，去人不遠。不欲爲一先生之言，故于相承師説微有異同，此與宗伯方耕先生大略相近，莊氏家學之所以爲大也。（《譚獻日記》，第10頁）

　　1864年

　　師儒表一時之見，未爲定論，録存日記備忘：

　　絶學一

　　莊方耕先生　　家學從子葆琛先生　　孫綬甲卿珊　　葆琛二甥劉申受先生　　宋于庭先生。

　　　（下略）（《譚獻日記》，第28頁）

　　1869年

　　閲莊宗伯《味經齋遺書》。閎深博大，卒不能得其涯涘。識大之賢，又高出諸經師上矣。（《譚獻日記》，第41頁）

　　1871年

　　讀莊侍郎《四書説》一卷，精實處且勝《孟子字義疏證》也。（《譚獻日記》，第221頁）

　　1873年

　　許邁孫示我《大戴禮記》校本。録莊方耕、丁小雅兩家校語，自署曰天民。（《譚獻日記》，第54頁）

　　1886年

　　温燖莊先生《味經齋遺書》，復記所見。《易説》深美閎約，如加王心焉，可以當浩乎沛然矣。《尚書既見》精深而有遠思，唐賢學漢文似未到此。《毛詩説》推見至要，抉經之心，古人如面語也。《楚茨集釋》推尋禮經，定爲天子大祀，亡一字泛設。《集傳》公卿有田禄之言，小矣。《八卦觀象》，善言天者必有驗于人，先生當之。薛子衡《後叙》窺著書之心，能提其要。《卦氣解》則西漢淮南王、東漢高密之言洞然無復障蔀。《繫辭傳論》依經立誼，旁推交通，致用之學，非經生之業，是正群言，所當者自廢。《象傳論》鬥亂不亂，有物有序，而言外之旨尤廣。《象象論》大義微言，同條共貫，而于用人之消長、宮府之舉措、武事之張弛、仁義之本末，重言申明，若重有憂者。古大臣之陳謨，豈徒儒者之著書也哉！先生之説《易》也，蓋深于《禮》《春秋》。故典常之小大，密于康成；天人之本原，究于江都。兩漢鉅儒，殆以兼美。《周官説》《周官記》不名一家，實事求是，似條迆未完。補《冬官》取裁群籍，未注所本，此後人之事。纂録《管子》《吕覽》以當義疏，亦僅題子目，不署本書，唐以後著書自以標楬爲宜。卿珊補輯後三卷，倫序尚簡率，札記之流，不當名之《周官説》也。《春秋正辭》十卷[①]、《舉例》、《要旨》，先生書多未竟之緒，《正辭》往往有目有[②]文，然而皆可推説。宗伯甘盤舊學，老成典刑，經説皆非空言，可以推見時事，乾嘉之際朝章國故隱寓其中。讀楚殺其大夫郤宛篇，于身後大奸脱距，如有先見。得無入告嘉猷有以開明睿知與？立言之效，于斯不朽。讀先生書，而左氏不傳《春秋》之義益明。即《公羊》之偏至，如衛輒父子之論，何嘗不講去其非以求其是乎？墨守者可以悟矣。《樂論》[③]二卷，絶學夙未問津，中有心知其意者，亦冰釋而理順。由莊子之言，悟琴弦之律，吾故曰周秦諸子亡空言，精神皆與六藝通也。《四書説》盧牟六籍，貫串四科，不當以箋釋求之。章法完密，起伏有神，可入經師文鈔，授學子讀。

（《譚獻日記》，第143—144頁）

　　1893年（光緒十九年）

　　莊仲愚以新刻味經、珍藝《遺書》各種見貽，蓋未全。葆琛先生考文孝狀元仲淳學士《虛一齋集》，則夙昔未見者。味經二説未刻者：《周官記》《周官説》《四書説》《樂説》及附刻之卿珊遺著。珍藝書之已刻者：《夏小正考釋》附劉氏《夏時等列説》。又刻《五經小學述》《古文甲乙篇目》《石鼓然疑》，排印

①微誤，當作“十一卷”。
②疑誤，當作“無”。
③微誤，當爲《樂説》。

《珍藝詩鈔》，又《宛鄰古詩録》。予擬舉藏書《莊氏遺書》中未刻者，畀之全刻。（《譚獻日記》，第311—312頁）

（范旭侖、牟曉朋整理《譚獻日記》，

中華書局2013年版）